国家自然科学基金项目（71764009）
全国统计科学研究重点项目（2015LZ37）
江西省教育厅科学技术研究项目（GJJ151605）

产业结构调整
对能源消费影响的统计测度研究

THE STUDY ON THE STATISTICAL EVALUATION OF
THE IMPACT OF THE INDUSTRIAL RESTRUCTURING ON
THE ENERGY CONSUMPTION

陆宇海 ◎ 著

图书在版编目（CIP）数据

产业结构调整对能源消费影响的统计测度研究/陆宇海著.—北京：经济管理出版社，2018.12
ISBN 978-7-5096-6222-9

Ⅰ.①产…　Ⅱ.①陆…　Ⅲ.①产业结构调整—影响—能源消费—研究—中国　Ⅳ.①F426.2

中国版本图书馆 CIP 数据核字（2018）第 288120 号

组稿编辑：杜　菲
责任编辑：杜　菲
责任印制：黄章平
责任校对：赵天宇

出版发行：经济管理出版社
　　　　　（北京市海淀区北蜂窝 8 号中雅大厦 A 座 11 层　100038）
网　　址：www.E-mp.com.cn
电　　话：（010）51915602
印　　刷：三河市延风印装有限公司
经　　销：新华书店
开　　本：720mm×1000mm/16
印　　张：12.75
字　　数：228 千字
版　　次：2019 年 7 月第 1 版　2019 年 7 月第 1 次印刷
书　　号：ISBN 978-7-5096-6222-9
定　　价：68.00 元

·版权所有　翻印必究·

凡购本社图书，如有印装错误，由本社读者服务部负责调换。
联系地址：北京阜外月坛北小街 2 号
电话：（010）68022974　　邮编：100836

前　言

我国现有的经济社会发展和能源环境矛盾日益尖锐，对产业结构调整与能源消费的关系进行研究具有重要的理论和现实意义，不仅能够系统厘清产业结构调整与能源消费的双向互动关系，也为现实的能源环境和经济结构工作提供依据，以进一步拓展资源环境经济理论。

本书首先对研究的核心主题——产业结构和能源消费所涉及的最基础的理论进行建构，主要包括产业结构的演变与调整、能源经济理论以及产业结构调整与能源消费的相互影响理论。

其次，在对产业结构高级化和合理化进行测度的基础上，通过BP神经网络分析，将产业结构、第二产业劳动生产率和信息化3个因素采取逐次进入的方式，模拟能源效率的变化。并计算在各个模拟中的4个指标的相对重要程度。

再次，在参考已有文献的基础上，将2015年投入产出表中所有的42个行业合并为31个行业；以环境污染指数为主，能源强度指标为辅，将全部31个行业分为高污染、中污染、低污染三大类；采用多目标线性规划法，通过设置能源消费最小化的单目标和经济增长与节能的双目标，以投入产出均衡、节能双控指标（能源强度和能源消费总量）以及经济产出波动为三大约束条件，计算产业结构调整。

又次，在对农业现代化、工业化、城镇化和信息化代表的新四化进行界定的基础上，构建衡量指标体系，并对四化进行统计测度，进而检验四化与能源效率的协整关系，再利用空间面板模型，研究四化对能源效率和能源消费总量的影响。在四化对能源消费总量的影响研究中，将分别研究四化的单独影响以及两化融合、三化融合和四化融合的影响。

并且，在对科技进步衡量方式进行选择后，采用基于DEA-Malmquist

指数法，在假定规模报酬不变的基础上，利用软件 DEAP 2.1 选定投入法对要素进行分解。分别将技术进步分解，研究指数分布的时空规律。依据 Jones（1989，1991）和 Sadorsky（2013）的模型，分别以 30 个省市区、4 个区域为样本，计算能源效率和能源消费总量的变化对其影响因素的路径依赖性。

最后，总结了研究结论，并提出相关的政策建议；依据 CiteSpace 分析软件，研究了产业结构与能源消费总量、能源消费结构和能源效率的已有中外文文献，由以上分析可见，在产业结构与能源消费方面，城市化、空间研究和深入的更加具体的地区研究是研究的重要方向。本书主要研究了产业结构与能源效率的双向互动的关系，是因为能源效率被认为是解决能源环境问题的最佳良方。对产业结构与能源结构以及产业结构与能源消费总量的研究不多。因此，未来需要深入剖析城市化对产业结构与能源效率关系的影响、精准模拟产业结构与能源结构及能源消费的关系。

本书撰写过程中，池城在第六章和第七章，项雯静在第二章和第五章，陆琳茁在第三章和第四章进行了资料收集、整理和分析。在本书完成的过程中，还得到了众多领导、同事和朋友的帮助，在此表示感谢。由于水平有限，疏漏之处，敬请谅解。

目 录

第一章 绪论 ··· 001
　一、研究背景与意义 ································· 001
　二、研究内容与研究方法 ····························· 008
　三、研究思路与创新之处 ····························· 010
　四、本章小结 ······································· 012

第二章 国内外相关研究与理论基础构建 ················· 013
　一、产业结构演变与调整 ····························· 014
　二、能源经济学理论 ································· 020
　三、产业结构调整与能源消费的关系 ··················· 023
　四、研究评述 ······································· 027
　五、本章小结 ······································· 028

第三章 产业结构异质性的能源消费效应研究 ············· 029
　一、文献分析 ······································· 029
　二、理论分析与模型的构建 ··························· 032
　三、数据挖掘分析 ··································· 036
　四、神经网络实证分析 ······························· 046
　五、进一步讨论 ····································· 055
　六、本章小结与政策建议 ····························· 073

第四章　能源消费约束下产业结构动态优化调整 …… 076

一、理论基础构建 …… 077
二、行业划分 …… 081
三、多目标规划模型构建 …… 085
四、产业结构优化调整 …… 088
五、产业结构优化分析 …… 094
六、本章小结与政策建议 …… 098

第五章　产业结构政策的能源消费效应研究 …… 100

一、文献综述 …… 101
二、模型构建 …… 104
三、我国新四化与能源强度特征分析 …… 106
四、新四化与能源消费总量关系研究 …… 113
五、本章小结与政策建议 …… 125

第六章　影响路径依赖性研究 …… 127

一、研究方法 …… 127
二、DEA – Malmquist 分解 …… 131
三、对能源效率影响分析 …… 146
四、对能源消费总量影响分析 …… 151
五、本章小结与政策建议 …… 157

第七章　结论与展望 …… 159

一、研究结论与建议 …… 159
二、研究展望 …… 164

参考文献 …… 184

第一章 绪论

为促进经济社会全面协调可持续发展,解决能源短缺和环境保护日益尖锐的矛盾,我国政府已深刻领悟到产业结构调整的重要性和紧迫性,在"十二五"规划中已明确提出产业结构调整的目标、手段及措施等,调整是为了环境的优美、民生的改善和能源的安全,而这诸多方面与能源消费有着不可割裂的联系,因此,对产业结构调整可能引起的能源消费变化进行深入系统的研究,尤其是准确的统计研究是目标得以顺利达成的前提和关键。

一、研究背景与意义

(一)研究背景

随着工业革命的迅速发展,能源大量消耗的现实使能源问题逐渐进入研究者的视野,成为经济研究的焦点,并呈现明显的阶段性特征。英国经济学家 William Stanley Jevons(1865)的著作——《煤的问题》是最早从经济学角度全面分析能源问题的专著,他认为靠煤炭而繁荣的英国经济总有一天不得不停止发展。能源的供需缺口、能源价格成为能源经济学早期研究的主要重点。由于能源的可耗竭性和战略商品性等,能源研究内容涉及经济、管理、工程技术、系统管理等多学科领域,研究层次由中观逐渐向宏观、微观方向拓展;研究方法逐步由定性分析向定量分析转变,由简单的统计学方法转向使用多方程、多因素、系统化、结构化建模。能源按研究模型的不同可分为能源—经济模型、能源—环境模型、能源仿真模型、能源—经济—环境模型、综合模型等；按研究目标方法的不同可分为能源优化模型、能源均衡模型、能源投入产出模型；按研究流程方法的不同可分为能源供应模型、能源需求模型、能源技术模型；按研究区域模型的不同可分为全球能源模型、区域能源模型、国家能源模型、部门能源模型；按建模方法的不同可分为自顶向下模型、自底向上模型、混合能源模型。人口、资源、环境和发展等可持续发展问题都与能源资源及其开发利用密切相关，当前能源经济学研究重点转向能源的可持续性研究、能源价格变动对经济冲击的影响，包括增长率、通货膨胀率、资本市场、劳动力供给、真实工资等方面，还包括能源价格的预测、能源的政府公共政策问题等。

与能源消费相关的环境问题结合的节能减排已成为研究热点，碳排放、碳交易以及碳捕捉、碳泄漏、内涵能源等科研成果层出不穷。能源消费对产业结构、国际贸易、国家安全、可持续发展等方面产生较大影响。

能源消费研究主要从三个指标入手，即能源消费总量、能源消费结构和能源利用效率。从产业层面必然涉及其具体载体——产业的研究，而产业结构调整方面的研究亦是能源经济学研究较多的领域。产业结构调整一方面有利于能源效率的提高，这已经被国内外许多学者研究证实，如Samuels等（1984）研究认为能源从生产效率低的部门流向生产效率高的部门，有利于资源优化配置，提高能源效率。但产业结构对于能源效率的提高不是永恒的，在某些时期并不正相关。中国自改革开放以来产业结构一直在调整，最显著特点是第三产业比重迅速扩大，工业重型化在一定程度上有所提高。但能源效率变动表现出明显的阶段性特征，在重工业化时期，中国的能源效率还有明显的下降趋势。

另外，要想剖析能源消费到底如何制约经济，如何促使产业结构调整，这有必要从经济增长的理论角度加以阐述，而这方面的相关文献并不多。在新古典经济增长理论中，常常将资本、土地、劳动、技术等假设为经济增长的主要投入要素，技术进步是外生的，内生经济增长模型放宽了新古典经济增长中的某些条件，如规模效应不变或者技术内生等，来研究经济增长。而侧重能源制约对产业结构变动影响的文献并不多，如何在经济增长理论的框架内阐述能源制约对产业结构变动的影响，或者产业结构调整如何缓解经济中的能源短缺问题，提高能源利用效率，这是一个比较有意思的问题。

当前,能源消耗急剧上升,能源对经济发展的制约作用日趋凸显。2003~2017年,我国能源消耗平均增长率为11.07%,从一个能源出口国转为世界最大的能源消耗国。我国的能源消费以原煤、原油为主,自2010年以来,能源消费总量居世界首位,但能源使用效率低下,导致每单位GDP对应的能源消耗量和二氧化碳排放量远高于发达国家水平。现阶段,高排放行业往往也具有较高的能耗水平,节能减排逐渐引起重视。2016年11月,《巴黎协定》正式生效,为中国的节能减排工作带来了更大压力[1]。因为我国还处于社会主义初级阶段,人口约占全球的1/5,国家的繁荣和可持续发展,基础工业和经济增长是必需的前提,但随着工业的发展,对能源的需求快速提高,我国逐渐成为世界能源消费大国。2000年以后,我国能源消费总量以更高的速度增长,年复合增长率约7.8%,并于2010年超越美国成为世界第一能源消费国[2]。2015年,我国主要能源消费总计3013.96百万吨油当量,占世界能源消费总量的23%[3]。2016年11月4日,《巴黎协定》正式生效,中国将兑现二氧化碳排放2030年左右达到峰值并争取尽早达峰等一系列承诺。2017年1月5日,国务院印发《"十三五"节能减排综合工作方案》;同日,能源局召开新闻发布会,发布《能源发展"十三五"规划》和《可再生能源发展"十三五"规划》[4]。新年伊始三部文件同时发布,给予了节能减排工作充分的重视,明确了节能减排在未来4年间的主要工作目标。2018年1月16日,中国石油集团经济技术研究院发布的《2017年国内外油气行业发展报告》称,2017年中国国内石油净进口量约为3.96亿吨,同比增长10.8%,增速比上年高1.2个百分点。2017年中国国内原油产量连续两年下降,估计全年产量1.92亿吨,同比下降3.1%,较上年的降幅收窄4.3个百分点。2017年,石油

---

[1] 郭丽颖.《巴黎协定》今天正式生效 这份重要协定关乎你我[EB/OL]. https://news.china.com/international/1000/20161104/23850729_all.html.

[2] 智研咨询.2017年中国能源总体发展情况分析[EB/OL]. http://www.chyxx.com/industry/201802/611045.html.

[3] 中国产业信息网.2017年中国节能减排行业未来发展趋势分析[EB/OL]. http://www.chyxx.com/industry/201703/505133.html.

[4] 能源局.能源局发布《能源发展"十三五"规划》等[EB/OL]. http://www.gov.cn/xinwen/2017-01/05/content_5156795.htm#1.

对外依存度达到 67.4%，较上年上升 3%①；2017 年，中国进口煤炭 27090 万吨，同比增加 1547 万吨，增长率为 6.06%。全年煤炭平均进口价格为 566.86 元/吨，较上年进口均价 367.32 元/吨提高了 199.54 元/吨，同比增长 54.3%。追溯近年中国煤炭进口量走势，2013 年达到峰值 3.27 亿吨，之后逐年下滑，至 2015 年跌至谷底（2.04 亿吨），2016 年，借国内煤炭供给侧改革之势，进口煤量反弹至 2.55 亿吨，同比增速高达 25.2%。2017 年，虽然增速大幅放缓，进口煤总量仍然突破了 2.7 亿吨，说明国内市场对于进口煤已经有一定程度的刚需②。近年来，我国能源利用效率显著提高，但与发达国家相比还存在明显差距。以 1978 年价格计，中国每万元 GDP 耗能从 1978 年的 17.22 吨标准煤下降到 2017 年的 3.02 吨标准煤，下降幅度很大，年均环比下降 4.45%。但水平还远不及日、美等发达国家，与世界平均能源强度水平已经较为接近③。可见，我国能源利用效率仍处于较低水平，节能潜力巨大，节能降耗、提高能源效率一直是我国经济建设中的一个重要问题④。能源需求的过快增长导致能源价格明显走高，每年的能源要素投入成本使产品的国际竞争力受到很大的影响，能源已成为制约我国经济发展的重要因素之一⑤。

能源的过量消费和温室气体过量排放已引起许多严重自然灾害。世界性的自然问题有两极冰层融化、气候异常、海平面上升等⑥。有关统计表明，中国 1/3 的国土已经被酸雨污染，全国流经城市的河流中 90% 的河段受到比较严重的污染，75% 的湖泊出现富营养化，环境问题非常严重，治

---

① 中国石油集团经济技术研究院. 中石油：2017 年中国石油对外依存度达到 67.4% [EB/OL]. https://www.sohu.com/a/217021243_669200.
② 今日煤炭. 2017 年中国进口煤年度市场分析及 2018 年预测 [EB/OL]. http://www.sohu.com/a/221180806_520407.
③ 张瑞，丁日佳. 能源价格、经济增长与我国能源强度的变动——基于 LMDI 分解与计量模型的实证研究[J]. 软科学，2018（3）.
④ 张勇，蒲勇健. 产业结构变迁及其对能源强度的影响[J]. 产业经济研究，2015（2）：15-22.
⑤ 徐建中，王曼曼. 绿色技术创新、环境规制与能源强度——基于中国制造业的实证分析[J]. 科学学研究，2018（4）.
⑥ 方修琦，萧凌波，苏筠，等. 中国历史时期气候变化对社会发展的影响[J]. 古地理学报，2017，19（4）：729-736.

理压力巨大，能源的过度消耗超出了环境的承受力①。与此同时，我国对外出口产品主要以低技术含量、高能耗产品为主，出口增加导致国际贸易摩擦增多，往往出口1件衬衫只能赚取1美元，在国际贸易格局中处于劣势地位②。我国现有产业结构也出现明显问题，改革开放40年的粗放式增长，对能源、原材料消耗极大，造成严重的环境污染，超出环境的可承受范围，中国廉价劳动力无限供给的特征也不复存在③。种种现象表明，粗放式生产、贸易模式难以继续，产业结构迫切需要进行深度调整，能源效率迫切需要提高④。

我国能源的分布极不均衡、利用水平的地区差异巨大。北方、西南地区能源资源丰富而经济落后，能源的利用效率低下；东部沿海经济发展水平高而能源贫乏，能源的利用效率相对较高⑤。能源的分布不均又与各地的经济发展水平相联系，与产业结构、投资、就业、外资等因素相关。能源与产业结构的研究可以为区域发展、产业政策制定提供建议。

（二）研究意义

本书主要采用实证分析方法多角度研究产业结构与能源消费的互动平衡关系，其现实意义与理论意义归纳如下。

1. 现实意义

能源环境约束已经成为当前我国经济社会发展的一个重要现实⑥。作为一种战略性商品，世界能源及原材料价格迅速上涨不仅给我们增加了巨大的货币支出，也会严重影响我国的能源供应安全。这种制约会迫使经济

---

① 钱嫦萍，陈振楼，刘杰. 长江三角洲河流污染现状及变化趋势[J]. 环境科学研究，2002，15（6）：24-27.

② 傅帅雄，罗来军. 技术差距促进国际贸易吗？——基于引力模型的实证研究[J]. 管理世界，2017（2）：43-52.

③ 原新，高瑷，李竞博. 人口红利概念及对中国人口红利的再认识——聚焦于人口机会的分析[J]. 中国人口科学，2017（6）：19-31.

④ 金碚，吕铁，邓洲. 中国工业结构转型升级：进展、问题与趋势[J]. 中国工业经济，2011（2）：5-15.

⑤ 梁竞，张力小. 中国省会城市能源消费的空间分布特征分析[J]. 资源科学，2009，31（12）：2086-2092.

⑥ 王志雄，祁卓娅，徐海龙，等. 基于环境约束的我国能源效率演进趋势研究[J]. 现代管理科学，2018（1）：81-84.

停滞、产业结构发生变动、现有的企业将被迫去争抢有限资源。能源价格波动幅度过大,经济健康有序的发展态势将被打乱。能源必将对产业结构产生重要影响①。

能源约束将会改变粗放式的经济增长模式。以往我国发展经济的主要方式是出口、投资和内需三种②。以出口拉动的外需,政府采用出口退税、出口补贴等方式鼓励出口。国际贸易的能源消耗较大,既增加了环境污染,也使得国际摩擦增多③。当经济萧条时主要采用刺激内需的方式来推动经济增长,其中又以国家财政投资的"铁公基"项目来拉动经济④。在近十年间,我国多个城市建设了轨道交通,国家高速公路、飞机场、高铁等项目投资几十万亿元⑤。尤其是高铁项目,据中国轨道交通网⑥统计,截至2017年底,中国高速铁路运营线路共计92条(段),运营总里程接近3万千米,位居世界第一。其中,2017年新增运营线路共计10条(段),新增运营里程3040千米。未来,中国高铁网将向"八纵八横"迈进。根据2017年11月发布的《铁路"十三五"发展规划》,到2020年,全国铁路运营里程将达到15万千米,其中高铁3万千米⑦。在国际经济出现危机的情况下,如果国内不再以"铁公基"为刺激内需的手段,中国需要摸索一条新的经济发展思路⑧。经济模式的转变将是一种艰难的调整,它需要从思想理念上进行转变,摒弃以往积累的经验理念,重新摸索新的经济调控方式。未来,我国的发展模式将明显提升产品的技术含量,以研究

---

① 汪小英,成金华,易杏花. 产业结构和能源消费结构协调性分析及对策[J]. 武汉理工大学学报(社会科学版),2013,26(2):201-208.
② 蔡昉,都阳,王美艳. 经济发展方式转变与节能减排内在动力[J]. 经济研究,2008(6):4-11.
③ 万建香,钟以婷. 社会资本对企业绩效的影响——基于中国经济转型阶段的研究[J]. 管理评论,2018(1):60-66.
④ 张伟,骆雪平. 基于系统思维的基础设施项目全生命周期智慧管理平台框架[J]. 工程管理学报,2017,31(1):60-65.
⑤ 百家号. 拉动中国经济增长的三驾马车. https://baijiahao.baidu.com/s?id=1605751480703222546&wfr=spider&for=pc.
⑥ 中国轨道交通网. www.rail-transit.com.
⑦ 轨道交通网. 2017年中国高铁运营里程接近3万公里. https://www.sohu.com/a/218433258_617324.
⑧ 尚勇敏,曾刚. 科技创新推动区域经济发展模式转型:作用和机制[J]. 地理研究,2017,36(12):2279-2290.

创新型为未来经济的特色，为此需要从教育、科研经济管理、产学研合作，为新能源产业、节能型产品等发展制定规划，逐步走出对重工业的路径依赖，从产品角度加强质量管理和控制，从产业链角度占据高端，从价值链角度开发高附加值产品，使产业结构得以优化，环境污染得以控制①。

为此，本书基于面板数据模型，研究中国产业结构与能源效率、能源强度、能源消费总量的区域差异分析有利于制定合适的区域调控政策。中国先东南沿海开放，后西部大开发，这种发展思路本身就是建立在区域差异的前提下②。我国各地经济发展条件差异很大，发展的路径、发展的快慢都有明显不同，研究中国经济各区域的差异及差异变动有利于把握各地区的发展趋势及总体趋势，从而制定合适的区域政策、产业政策、宏观调控政策、外贸政策等，同时也可以为西部大开发、东北工业振兴等区域政策效果研究提供借鉴。

2. 理论意义

能源与产业结构是相互制约、相互推进的，在经典的经济增长理论中，投入要素一般是劳动、资本、土地，有些学者增加了企业家等③。在以前的研究中资源不是决定经济发展的主要问题，在经济理论研究中往往忽视了资源对经济增长的影响④，同时产业结构变动对经济增长的影响也是研究中被忽略的一点。在新古典经济增长理论、内生经济增长理论中，人们将主要关注点集中于技术进步，将技术进步作为经济考虑的一个重要因素。如何将资源作为一个要素放入经济生产函数内，研究资源约束、能源约束对产业结构的影响，双方如何在相互影响、相互作用的条件下达到平衡，这是对经济理论研究的进一步深入探讨。

---

① 周维富. 我国实体经济发展的结构性困境及转型升级对策[J]. 经济纵横，2018 (3).
② 李军，徐新良，胡云锋. 基于GIS的我国三次产业结构空间变化研究[J]. 地球信息科学学报，2010，12 (3)：372 – 379.
③ 封永刚，蒋雨彤，彭珏. 中国经济增长动力分解：有偏技术进步与要素投入增长[J]. 数量经济技术经济研究，2017 (9)：39 – 56.
④ 刘志彪. 建设实体经济与要素投入协同发展的产业体系[J]. 天津社会科学，2018 (2).

二、研究内容与研究方法

（一）研究内容

在现有的经济条件下研究我国产业结构调整与能源消费的关系，本书按照如下内容框架进行。

第一章，在研究背景论述的条件下，指出在我国现有的经济社会发展和能源环境矛盾日益尖锐的困境中，对产业结构调整与能源消费的关系进行研究具有重要的理论和现实意义，不仅能够系统地厘清产业结构调整与能源消费的双向互动关系，也为现实的能源环境和经济结构工作提供依据，进一步拓展资源环境经济理论。依据研究的主题，对研究方法和研究思路进行选择和设计，并指出可能的创新之处。

第二章，对研究的核心主题——产业结构和能源消费所涉及的两个最基础的理论进行建构，包括产业结构的演变与调整；能源经济理论以及产业结构调整与能源消费的相互影响理论。

第三章，在对产业结构高级化和合理化进行测度的基础上，通过 BP 神经网络分析，将产业结构、第二产业劳动生产率和信息化三个因素采取逐次进入的方式，模拟能源效率的变化；并计算在各个模拟中指标的相对重要程度。

第四章，在参考已有文献的基础上，将 2015 年投入产出表中所有的 42 个行业合并为 31 个行业；以环境污染指数为主，能源强度指标为辅，将全部 31 个行业分为高污染、中污染、低污染三大类。采用多目标线性规划法，通过设置能源消费最小化的单目标和经济增长与节能双目标，以投入产出均衡、节能双控指标（能源强度和能源消费总量）以及经济产出波动为三大约束条件，计算产业结构调整。

第五章，在对农业现代化、工业化、城镇化和信息化代表的新四化进行界定的基础上，构建衡量指标体系，并对四化进行统计测度；进而检验四化与能源效率的协整关系；利用空间面板模型，研究四化对能源效率和能源消费总量的影响。在四化对能源消费总量的影响研究中，将分别研究四化的单独影响以及两化融合、三化融合和四化融合的影响。

第六章，在科技进步衡量方式选择后，采用基于 DEA – Malmquist 指数法，在假定规模报酬不变的基础上，利用软件 DEAP 2.1 选定投入法对要素进行分解。分别将技术进步分解，研究指数分布的时空规律。依据 Jones（1989，1991）和 Sadorsky（2013）的模型，分别以 30 个省域、4 个区域为样本，计算能源效率和能源消费总量的变化对其影响因素的路径依赖性。

第七章，总结了研究结论，并提出相关的政策建议；依据 CiteSpace 分析软件，研究了产业结构与能源消费总量、能源消费结构和能源效率的已有中外文文献，由以上分析可见，在产业结构与能源消费方面，城市化、空间研究和深入的更加具体的地区研究是研究的重要方向。本书主要研究了产业结构与能源效率的双向互动关系，主要是因为能源效率被认为是解决能源环境问题的最佳良方。且对产业结构与能源结构以及产业结构与能源消费总量的研究不多。因此，未来需要深入剖析城市化对产业结构与能源效率关系的影响、精准模拟产业结构与能源结构及能源消费的关系。

（二）研究方法

根据研究需要，主要选择投入产出法、统计测度方法和神经网络分析法等研究方法，具体如下。

1. I – O 投入产出分析法

利用投入产出表和能源平衡表等计算三次产业的能源利用效率、结构及总量等数据，对产业结构演进的能源消费影响和作用路径予以定量分析；采用协整理论研究能源消费与产业结构调整的耦合关系，对具有长期均衡关系的变量构建具有误差修正项的长期均衡方程，统计描述产业结构调整与能源消费的动态均衡状态。

2. 神经网络法分析法

采用神经网络分析法建立我国产业结构合理化、高级化对能源消费影响的计算模型，并采用逐次进入法，考察第二产业劳动生产率和信息化因子对能源利用效率的影响，以便量化产业结构调整的能源消费影响效应。

3. 多目标线性规划法（GLP）

给出不同产业结构调整范围、不同产业发展路径，并利用多目标线性规划法，计算不同经济发展和节能目标在三种约束条件下，产业结构的调整情景，力求以我国产业结构调整和能源消费规划目标的量化评价标准为决策目标，选择产业结构调整描述指标为决策变量，分解能源消费，即以国家能源消费为存量投入条件约束，以节能和相关指标为增量条件约束，模拟多目标下的中国产业结构调整。

三、研究思路与创新之处

（一）研究思路

本书以我国的产业结构调整对能源消费影响的统计测度为思维主线，按照分析—预测—建议的系统评价思想和实证研究思路展开。首先，利用行为选择理论和动态博弈论，建立我国产业结构调整与能源消费影响的理论体系，并构建测度（评价及诊断）指标体系、方法和模型。其次，根据所建立的理论体系和模型，利用投入产出分析、神经网络分析、线性规划法等测度（评价及诊断）我国产业结构调整和能源消费状况、发展趋势和演化规律。最后，根据以上分析，研究我国的产业结构调整和能源消费双赢的策略选择。我们在研究中注意理论深度和可操作性，力求准确统计和测度中国产业结构调整对能源消费影响的双向互动情景。基本思路展开路线图如图 1-1 所示。

（二）创新之处

本书针对我国产业结构调整和能源消费研究，在三个方面做出了创新。

1. 学术观点

在明确我国产业结构调整与能源消费相互影响的理论体系、作用机制等基础上，研究能源消费与产业结构演进的关系，提出产业结构调整与能源消费存在动态均衡理想状态的观点。

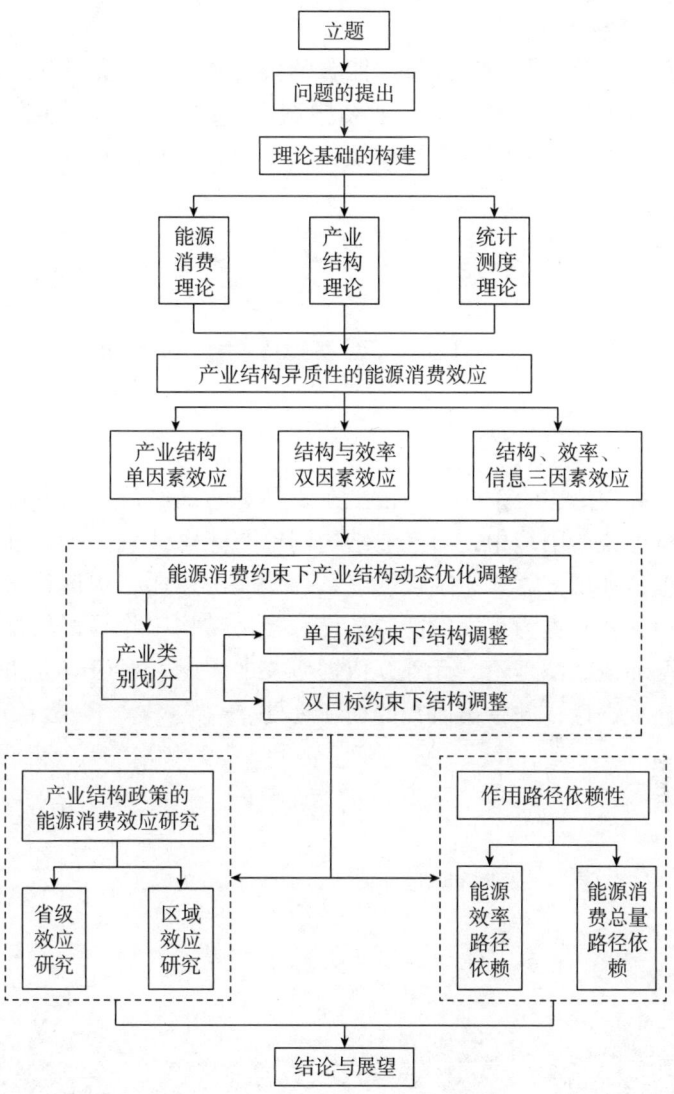

图1-1 研究技术路线

2. 研究方法

基于I-O投入产出分析与线性规划法（GLP）等相关统计分析方法，定量化测度产业结构调整对能源消费的影响，弥补国内在研究此类问题时系统化和定量化方法的不足。

3. 研究内容

内容不仅包括产业结构调整对能源消费总量、结构和效率等影响的统计测度，还将考虑能源消费对产业结构调整的约束以及调整值的确定等。改变传统的单项作用研究为双向反馈作用研究，为双赢目标的达成提供更现实的可供选择的路径。

四、本章小结

在研究背景论述的条件下，指出在我国现有的经济社会发展和能源环境矛盾日益尖锐的困境中，对产业结构调整与能源消费的关系进行研究具有重要的理论和现实意义，不仅能够系统地厘清产业结构调整与能源消费的双向互动关系，也为现实的能源环境和经济结构工作提供依据，可进一步拓展资源环境经济理论。此外，依据研究的主题，对研究方法和研究思路进行选择和设计，并指出研究的创新之处。

第二章 国内外相关研究与理论基础构建

随着全球人口和经济发展规模的急速增长,碳基能源及其环境问题已经成为政府与学术界关注的焦点。国际上,联合国气候变化框架公约给我国以重工业为主的产业结构提出挑战。考虑到连续召开的哥本哈根①、坎昆②、德班③和多哈④4次世界气候变化大会上我国承诺的减排目标,至2017年11月8日,联合国气候变化框架公约第23次缔约方大会——波恩气候大会召开⑤,迫使我国下一阶段必须以更加积极的方式参与全球减排。在国内,经济社会发展的要求、民生福祉提高的愿景、与能源环境安全的矛盾日益尖锐,却给我国以重工业为主的产业结构压力重重。在这内忧外患的状况下,我国将不得不采取行动,而且据2006年英国政府独立发表的斯特恩报告证实,各主要发达国家和大部分发展中国家均已在或欲在产业结构调整上采取重要举措⑥。

我国中央政府也已清楚地意识到这一问题,中共十八大报告明确指出,推进产业结构战略性调整,着力解决制约经济持续发展的重大结构性问题⑦,应从产业结构、需求结构和收入结构三个维度进行观察和比较。而从产业结构来看,中国三大部门中的工业部门是中国的专业化部门,以工业为主导产业是我国能耗水平居高不下、环境污染问题日益严峻的根

---

① 聚焦哥本哈根气候变化大会,人民网(http://env.people.com.cn/GB/146189/175118/)。
② 坎昆世界气候大会,网易财经(http://money.163.com/special/cc2010/)。
③ 德班世界气候大会,网易财经(http://money.163.com/special/cop17/)。
④ 多哈世界气候大会,网易财经(http://money.163.com/special/cop18/)。
⑤ 历届世界气候大会. 搜狐财经(https://www.sohu.com/a/203171287_752843)。
⑥ 任小波,曲建升,张志强. 气候变化影响及其适应的经济学评估——英国"斯特恩报告"关键内容解读[J]. 地球科学进展,2007,22(7):754-759.
⑦ 中共十八大报告解读:推进经济结构战略性调整[EB/OL]. 新华社,http://www.gov.cn/jrzg/2013-01/07/content_2306329.htm.

源。因此，对于能源消费联系最为紧密的就是产业结构。但产业结构调整对我国能源消费的影响到底有多大，如何进行计量，无论是理论，还是实践，都迫切需要解决并进行深入的统计研究。

一、产业结构演变与调整

经济增长伴随产业结构的演变，在产业结构演变进程中，消耗了大量的能源资源并产生大量的碳排放，威胁到全球大气环境。所以，产业结构演变的相关理论是本书研究的理论基石，最早提出劳动力由低收入产业向高收入产业转移的是配第—克拉克定律，然后在配第—克拉克定律的基础上，库兹涅茨不仅阐明了劳动力与国民收入在三次产业间的转移，同时也细分了农业、工业和服务业部门，明确指出三大部门结构随着经济发展的演变规律。库兹涅茨法首次提到工业，本书的研究是以工业化的发展程度衡量一国的能源消费与碳排放水平，所以本书对库兹涅茨法则的分析很有必要。罗斯托则将经济成长过程划分为6个阶段，并且每个阶段的演变均是以主导产业部门的转换为前提。在不同的发展阶段下，主导产业部门的不同决定了一国能源消费的水平与能源消费结构，不同程度的能源消费结构直接影响碳排放水平。钱纳里的工业化阶段理论提出工业化的发展进程是一个漫长的过程，他提出工业化发展呈U形曲线变化的理论，也是本书关于产业结构演变系数曲线呈倒U形走势的理论基础。能源在产业结构演变进程中起到推动力的作用，能源经济学实际上也是经济学理论的一个分支，能源消费与经济增长具有直接联系，在发展经济的过程中逐渐优化能源配置，对于发展循环经济的影响很大。能源消费在推动产业结构演变的同时，也带来大量碳排放，污染大气环境，大气环境作为公共产品被动地接受经济发展与产业结构演变带来的碳排放这一负外部性，所以，在碳排放控制的相关理论中关于公共产品理论与外部性理论的阐述至关重要。本章将对以上理论进行详细的阐述。

（一）产业结构调整[①]

19世纪开始于英国的工业革命，是人类历史上最重要的社会经济学事件。Lucas（2002）指出，它是发达经济转变的开始，也是两种生产技术转换的开始。在早期对工业结构演变规律和发展阶段的分析中，Hoffmann（1931）开创性地提出霍夫曼定理。Fischer（1939）分析了人均国民收入变动推动劳动力在各部门之间的转移，并首次提出三次产业分类法。在此基础上，鉴于威廉·配第思想，Clark（1940）从经济增长与产业结构变化关系出发，得出配第—克拉克定理，开创了现代产业结构理论研究的先河。许多学者进一步研究发现了产业结构演变的标准形式。Kuznets（1966，1971）以经济增长总量为出发点，统计了50多个国家的长期截面历史数据，并做回归分析研究产业结构演变在各经济总量增长时点上的特点。此后，为了实现对低收入发展中国家产业结构演变的分析，Chenery（1975，1986）利用投入—产出分析法、一般均衡分析法以及经济计量模型，促进了产业结构演变分析方法的形成。Rostow（1956，1959）以工业化发展程度、主导产业部门的演变特点，将一国经济的发展历程分为6个经济成长阶段，即传统社会阶段、为起飞创造前提阶段、起飞阶段、向成熟推进阶段、高额群众消费阶段和追求生活质量阶段。并将工业化发展进程分为劳动力密集型发展阶段、资本密集型发展阶段以及知识密集型发展阶段，在不同的发展阶段内，能源的消耗与碳排放量是不同的。

对于发达国家与发展中国家产业结构演变的分析，Maddison（1982）研究了16个工业化国家在1820~1973年的经济发展进程。Duarte和Restuccia（2007）于1956~2000年建立了由29个国家组成的专门小组，证明了每个国家随着时间变化的产业结构演变。同时，庄贵阳（2007）指出发达国家和发展中国家在经济发展上并非同步。Buera和Kaboski（2008）建立了一个长期数据，包括1820~2001年的30个国家的主要部门当前价值在GDP中份额的数据。Stefański（2009）认为结构演变是产业结构的演变，从农业向工业和服务业的转换，并伴随着经济增长。已有大量文献记录了结构演变的进程，其特点是农业中的就业份额和附加值逐渐下降，服

[①] 栾晏．发达国家和发展中国家能源消费与碳排放控制研究［D］．吉林大学博士学位论文，2015．

务业逐渐上升，工业最初上升后来下降；并且跨部门间或各国的就业份额和附加值份额都会随时间变化。Stefański（2009）建立模型证明，1952～2004年以结构演变为特征的中国和印度劳动力的跨部门转移，以及美国1860～2004年就业份额的典型形式。他发现从农业中就业份额的结构转变可以看到一个国家的进步。农业在GDP中的就业比重高，说明这个国家在结构上相对不发达，而比重低则说明在结构上很发达。由此可见，产业结构所处阶段会决定国家的发达程度，以及能源使用与碳排放量的程度。

以上研究探讨产业结构理论的形成过程，发达国家与发展中国家由农业转向非农业，由劳动力密集型到资本密集型，再到知识密集型的过程中，就业份额和附加值份额变化的规律，即产业结构演变的过程。但发达国家与发展中国家的产业结构演变存在非同步性，所以，在产业结构发展的不同时期，能源需求和碳排放水平存在差异性。

（二）产业结构演变

产业结构演变主要表现为产业结构的多元化、合理化与高级化，并与工业化发展进程相关，产业结构演变呈现明显的规律性，在前工业化发展阶段，国民经济中第一产业占据主导地位，但呈逐渐缩小趋势，第二产业开始由轻工业主导过渡至基础工业，第三产业发展幅度不大。在工业化中期发展阶段，第二产业以高加工度工业为主导，第三产业开始发展，在国民生产总值中的比重逐渐上升。在工业化后期发展阶段，第二产业在国民生产总值中的比重最大，占据绝对支配地位。在后工业化发展阶段，第二产业已发展成熟，过渡到以第三产业为主，第三产业以信息化、知识化为主要特征。可见，产业结构演变的过程就是逐渐由第一产业过渡到第二、第三产业为主导，不断调整至更高级发展阶段的过程。关于产业结构演变的理论，学者主要是从产业结构的变化与调整以及演变模式上进行深入细致的研究的。不同国家产业结构演变进程下国民收入的增加推动主导产业转移的同时，也带动了居民消费模式的改变，进而影响各国一次能源消费量、能源消费结构以及碳排放水平，因此，研究产业结构演变的相关理论对于分析能源消费与碳排放控制至关重要。

1. 配第—克拉克定律

产业结构演变的相关理论最早可以追溯到17世纪，英国古典经济学家威廉·配第（1691）根据英国产业发展情况提出服务业比工业、农业附加价值高，劳动力在不同产业间相对收入差异的推动下逐步向高收入产业转移。威廉·配第的理论说明了经济增长的过程与产业结构演变存在直接联系，为产业结构演变理论的发展明确了前进的方向。英国经济学家科林·克拉克（1940）在威廉·配第理论研究的基础上，针对部分国家劳动力随着时间推移在三次产业间移动的情况进行分析，验证了威廉·配第的观点，后人将其称为配第—克拉克定律。该定理首次提出三次产业分类法，阐述随着国民经济的快速发展，人均收入水平逐渐得到提升，劳动力将逐渐由第一产业向第二、第三产业转移，直至第三产业彻底替代第二产业成为国民经济主导产业时，第三产业内的劳动力数量达到最大。由配第—克拉克定律我们可以验证本书关于产业结构演变一般规律的分析是正确的，产业结构在经济发展的过程中逐步由第一产业向第二产业转移，再向第三产业转移，且三次产业的转移过程实质上都是由所创造的收入与附加价值推动的，在转移的过程中产业结构实现由低级向高级的演变。同时，人均国民收入水平的不断提升也逐渐改变了居民的生活消费模式，不同产业结构发展阶段下的居民生活消费模式具有很大的差异性。

2. 库兹涅茨法则

20世纪40年代，在克拉克研究基础上，美国经济学家西蒙·库兹涅茨分别从劳动力分布与国民收入两个角度探讨产业结构演变与经济发展之间的关系。他分别以农业、工业和服务业定义三次产业，并指出各个部门内部结构的显著性变化，在对十多个国家统计数据进行分析后得出结论，即大多数国家农业部门创造的国民收入比重下降，劳动力在全部劳动力中所占比重也随之下降。工业部门创造的国民收入不断上升，制造业产值与劳动力占工业部门总值的2/3，成为上升幅度最大的部门。服务部门创造的国民收入大体不变或略有上升，服务业内部的教育、科研、政府部门的劳动力相对比重上升最快。

可见，库兹涅茨法则在配第—克拉克定律的基础上又前进了一大步，不仅阐明了劳动力与国民收入在三次产业间的转移，同时也细分了农业、工业和服务业部门，明确指出随着经济的发展三大部门结构的形成演变规律。在工业化初期，第一产业比重较高，第二产业比重较低。随着工业化的发展，第二产业比重逐渐上升，进入工业化中期发展阶段，当第一产业比重降低到10%左右时，第二产业占GDP比重最大，进入工业化后期发展阶段。当进入后工业化发展阶段时，第二产业比重明显下降。我们可以看到，工业在国民经济中的比重呈倒 U 形变化，目前大多数发展中国家尚未完成倒 U 形的工业化发展进程，而发达国家则已走过此阶段进入后工业化发展阶段，所以，工业化发展进程是产业结构演变的必然阶段，也是国家摆脱贫困发展经济的必然选择。由于工业在国民经济中的比重呈倒 U 形变化，所以，本书的产业结构演变系数曲线呈 U 形变化，说明结论与理论吻合。

3. 罗斯托的主导产业理论

美国经济学家罗斯托根据技术标准把经济成长划分为 6 个阶段，分别为传统社会阶段、为起飞创造前提阶段、起飞阶段、成熟阶段、高额群众消费阶段、追求生活质量阶段。每个阶段的主导产业部门不同，主导产业部门的更替推动各经济阶段的演进。在传统社会阶段，生产力水平低下；随着科学技术的发展，进入为起飞创造前提阶段，农业的劳动力逐渐转移到工业与服务业。中国在 1978～2000 年为起飞创造前提阶段，轻工业为经济发展的主导产业。而日本则要早于中国进入劳动密集型的轻工业发展阶段，20 世纪 50 年代前期为日本的起飞创造前提阶段。产业革命的到来推动了经济发展的速度，经济进入起飞阶段，由多个经济主导部门共同带动国民经济增长。1869～1890 年美国实现工业化起飞，铁路是美国起飞的主导产业，1955～1965 年日本大力发展钢铁、石油化工等资本密集型企业，实现工业化起飞。目前，许多发展中国家正处于这一发展阶段，为了推动经济起飞大力发展工业经济，消耗大量能源资源，产生大量碳排放，但这是经济发展进程中必须经历的阶段。中国在 2000 年进入经济起飞阶段，主导产业是房地产以及钢铁、造船等重化工业。目前已形成完备的工业体系，实现了以铁路为代表的工程学和技术装备的积累。当技术创新得以应用于非耐用消费品的生产时，涌现出许多新兴产业，经济向成熟阶段挺进。美国工业化走向成熟阶段的时间在 1891～1900 年，日本则在 1962～1966 年，并于 1970 年初期实现重化学工业化。所以，20 世纪 50～70 年代是日本工业化快速发展时期，为碳排放量加速上升时期，环境压力增大。当工业高度发达，进入高额民众消费阶段。当主导经济发展的部门转移至文教、医疗、福利、文娱等提高生活质量的部门时，就进入追求生活质量阶段。目前，许多发达国家正处于第 6 阶段，以追求生活质量为主，消耗大量能源以维持高品质的生活质量，产生大量碳排放污染环境。

罗斯托的主导产业理论阐述经济成长的 6 个阶段是对各工业化国家经

济发展历程的经典描述,本书关于发达国家与发展中国家产业结构演变趋势的阐述中,详细介绍了处于不同经济发展阶段的发达国家与发展中国家支持国民经济的主导部门的差异,由不同的主导部门也决定了5个国家在经济发展进程中能源消费与产生碳排放水平的不同。

4. 钱纳里的工业化阶段理论

美国经济学家霍斯·钱纳里在克拉克和库兹涅茨研究基础上,将研究对象从发达国家扩展到典型二元经济结构的低收入发展中国家,这是一个历史性的突破。钱纳里归纳分析了9个准工业化国家在1960～1980年的数据,提出了国家在不同经济发展阶段所具有的标准产业结构。以人均国内生产总值为依据,通过产业结构转化推动不发达经济向成熟工业经济演变的进程,需要经过初级产业、中期产业、后期产业三个阶段。初级产业阶段包括不发达经济阶段与工业化初期阶段,不发达经济时期的国民经济以农业为主,而在工业化初期阶段则以劳动密集型产业为主。中期产业阶段包括工业化中期和后期发展阶段,国民经济均以资本密集型产业为主。后期产业阶段包括后工业化发展阶段和现代化社会发展阶段,分别以技术密集型产业和知识密集型产业为主[①]。

钱纳里的工业化阶段理论以发展形势的理论和方法归纳出工业化的一般特征和结构转变的一致性。将产业结构演变划分为初级产品生产、工业化和发达经济三个阶段,这一演变的基本特征是国民生产总值中工业所占份额逐渐上升,农业所占份额不断下降,但工业所占份额变化缓慢,第三产业将吸收来自农业的大量劳动力。虽然,各国产业结构演变受到国家资源禀赋、经济的初始结构以及产业政策影响,工业化的发展时间、发展水平不同,但趋势是相同的,且各国的工业化发展进程都是一个漫长的过程。从钱纳里关于美国、德国、日本产业结构演变系数的分析中可以看出,三个发达国家的产业结构演变系数曲线呈完整的U形,说明三个国家同样经历过工业化发展的漫长历程,所消耗的能源与产生的碳排放依旧存在,是不容忽视的[②]。而相比之下,中国、印度的产业结构演变系数曲线则正接近U形曲线的底点,说明两个发展中国家正处于工业化发展时期,

---

① 赵儒煜,邱振卓. 产业结构与碳排放关系研究述评[J]. 经济纵横,2014(10):110-113.

② 张维阳,段学军. 经济增长、产业结构与碳排放相互关系研究进展[J]. 地理科学进展,2012,31(4):442-450.

且工业化的发展之路还很漫长①。

综上所述,产业结构演变的程度与经济发展阶段密切相关,主导产业的转移逐渐推动产业结构的演变②。在前工业化发展阶段,以农业为主导的不发达经济时期,农业对环境的污染以农药及化肥残留为主,能源需求小、碳排放低。在工业化初期发展阶段,能源需求不大、碳排放低的轻工业产品和消费品工业占据主导地位。在工业化中后期发展阶段,以资本密集型产业为主的重化工业消耗了大量的能源,能源消耗强度明显高于农业与服务业,为碳排放最大时期,所以,当一国产业结构演变至此阶段时的环境污染问题将会很严重。在后工业化发展阶段,以高新技术产业的发展为主体,能源消耗相对于工业化阶段明显减少,此阶段的主要问题是如何管理废弃物与居民生活消费模式的定位③。另外,在此阶段以教育、金融、咨询等服务业的发展为主,所以能源需求与碳排放都得到很大程度的缓解。可见,产业结构演变的程度与碳排放水平密切相关,高度依赖能源的重化工业碳排放强度明显高于农业、轻工业与服务业,重化工业发展阶段下的碳排放压力最大④。而以高技术产业为主的技术密集型阶段的碳排放强度呈下降趋势,碳排放压力得到缓解。随着经济的快速发展,工业化发展进程加快,工业部门内部由轻工业向重工业的发展致使一国国内碳排放量的激增,因此,分析产业结构演变下的能源消费与碳排放问题具有重要的现实意义。

二、能源经济学理论

能源是经济发展的前提与保障,无论一国经济发展阶段、发展水平如

---

① 陈永国,褚尚军,聂锐.我国产业结构与碳排放强度的演进关系——基于"开口P型曲线"的解释[J].河北经贸大学学报,2013,34(2):54-59.
② 张萍.中国产业结构变迁对经济增长和波动的影响[J].财经界(学术版),2017(23).
③ 韩永辉,黄亮雄,王贤彬.产业结构优化升级改进生态效率了吗?[J].数量经济技术经济研究,2016(4):40-59.
④ 吴振信,谢晓晶,王书平.经济增长、产业结构对碳排放的影响分析——基于中国的省际面板数据[J].中国管理科学,2012,20(3):161-166.

何都离不开能源消费①。在产业结构演变进程中，一次能源消费量、能源效率和能源消费结构都会不断调整。能源经济学是一门新兴的边缘性学科，直到20世纪70年代石油危机发生时，石油价格的上涨导致能源消费大幅下降并影响到经济增长后，经济学家们才开始针对能源的稀缺性及如何合理配置能源等问题，研究能源在开发、利用过程中的各种现象及该现象的演变规律，逐渐形成了能源经济学，与本书相关的研究内容主要涉及能源与经济增长、碳排放的关联性、优化能源配置以及发展循环经济四个方面的内容②。

（一）能源与经济增长

关于能源与经济增长关系的研究始于20世纪70年代初，经济增长以能源供给为基础，能源作为经济增长的基础与保障，为国民经济的发展提供动力。一国产业结构演变的程度决定了经济增长下的一次能源需求量，本书将在第四章对五个国家一次能源消费与产业结构演变的关联度进行回归分析。在不发达国家或发展中国家中，由于技术水平落后或正处于工业化发展进程中，经济的快速发展需要大量的能源资源配合，单位GDP能耗增加量将会大于经济增长的速度，或者单位GDP能耗与经济增长速度同样增加，此时一次能源需求与经济增长绝对正相关③。中国就是处于工业化发展进程中的发展中国家，经济的增长带来大量的能源消耗与大量的碳排放，环境压力非常大，所以，在未来中国处理好一次能源消费与经济增长的关系十分重要④。相反若在发达国家中，经济发展程度较高，可以通过技术进步提升能源效率、能源利用率与能源消费结构，减少生产、生活中对一次能源的需求量，这样单位GDP能耗增加量就会低于经济增长的速度，即经济增长所需要的能源总量在减少，两者负相关⑤。

---

① 陈煜，谭睿鹏，林伯强，等. 能源发展路径和价格变化：经济、环境和能源的综合影响评价[J]. 当代经济科学，2018（3）：95-102.

② 林伯强，孙传旺，姚昕. 中国经济变革与能源和环境政策——首届中国能源与环境经济学者论坛综述[J]. 经济研究，2017（9）.

③ 张华明，王瑜鑫，张聪聪. 中国省域能源强度趋同俱乐部存在性及影响因素分析[J]. 长江流域资源与环境，2017，26（5）：657-666.

④ 邵庆龙. 中国经济增长与三个产业能源消耗的结构调整[J]. 科研管理，2017，38（1）：127-136.

⑤ 李影，沈坤荣. 能源结构约束与中国经济增长——基于能源"尾效"的计量检验[J]. 资源科学，2010，32（11）：2192-2199.

能源在推动经济增长的同时，也实现了自身的提升与发展。经济增长需要大规模的能源开发与利用，有限的化石能源不足以满足经济增长的需求，除了提高能源利用效率外，开发新能源、提升能源消费结构才是未来经济发展的重点[1]。而经济增长正是新能源的研发与应用的资金保障，只有一国经济实现可再生能源对化石能源的替代后，碳排放才能大幅减少，环境压力才会真正减轻，才能实现可持续发展的经济状态。可见，能源与经济增长是互为依存、共同成长的关系。

（二）能源与碳排放

经济发展开发利用大量能源资源，当一国能源消费结构以传统化石能源煤炭为主时，产生的碳排放量最大，如中国能源消费结构中煤炭占一次能源消费的比重为67.5%，已经跃升为世界第一碳排放大国[2]。一国随着经济的发展与技术水平的提高，逐渐实现了石油与天然气对煤炭的替代时，碳排放程度会有一定程度的缓解，但若想彻底解决由能源消费产生的碳排放问题，还需要研发更清洁、更有效的能源利用技术，加大可再生能源的开发与利用，并使用零排放或密闭式的工艺方法降低废料和污染物的产生，才能从根本上解决碳排放过量的问题[3]，除了生产环节需要能源消费以外，生活环节同样离不开能源消费，这就需要人类改变过度奢侈的生活消费模式，从可持续利用能源的角度减缓能源的利用，尤其对于发达国家的民众，优越的经济条件造就了其过度奢侈的生活模式，不利于经济的可持续与低碳发展。所以，在全球气候环境压力日益严重的情况下，改变能源消费模式、有效利用能源、提高能源利用率、充分开发可再生能源，量化能源开发利用对环境的影响，并在保护环境的前提下充分利用能源，都是能源经济学研究的重点领域，也是有效控制碳排放、保护环境的有效策略[4]，本书的研究内容与能源经济学的研究方向一致，能源经济学为我

---

[1] 贺嫒. 中国能源结构与经济增长模式转变 [D]. 华东理工大学博士学位论文, 2012.
[2] 王安静, 冯宗宪, 孟渤. 中国30省份的碳排放测算以及碳转移研究[J]. 数量经济技术经济研究, 2017 (8): 89 - 104.
[3] 施锦芳, 吴学艳. 中日经济增长与碳排放关系比较——基于EKC曲线理论的实证分析 [J]. 现代日本经济, 2017 (1): 81 - 94.
[4] 林伯强, 刘希颖. 中国城市化阶段的碳排放：影响因素和减排策略[J]. 经济研究, 2010 (8): 66 - 78.

们关于能源与碳排放关联性的研究提供了理论基础①。

(三) 能源配置优化

优化能源配置的目标有两个:一是从宏观的角度来看,保证能源的供需平衡;二是能源生产与消费成本的最小化、收益的最大化。第一个目标涉及能源储备与能源安全问题,如果一国国内能源资源丰富,能满足自身能源消费需求,则不需要进口外国能源,当然这是理想状态,大多数国家都存在能源资源匮乏的情况。因此,能源匮乏国家为了自身经济发展需要只有进口能源,但同时又存在能源安全问题的隐患。如果过度依赖国外能源进口,就容易受制于能源出口国,而且当发生能源危机时,能源价格上升将导致经济大幅下滑②。所以,为了保障本国能源安全,需要在建立国内能源储备的同时,发展可再生能源才能从根本上解决能源短缺的问题。第二个目标的实现需要以经济手段辅助实施才能完成,如采取主导能源价格、实施能源税或碳税政策调控能源供需平衡,提高企业能源利用率,引导能源生产投资与消费,实现能源配置最优化③。基于此理论的研究,拟将提出一系列经济手段辅助实施完成中国能源与经济的发展。

三、产业结构调整与能源消费的关系

(一) 产业结构调整对能源消费影响的研究

能源消费与碳排放显然是从属于经济发展规律的,或者说,是随一国产业结构发展状况而变化的。如处于工业化初期的发展中国家,生产性能

---

① 林伯强. 能源经济学视角的科学发展观的理论探索——评《节能减排、结构调整与工业发展方式转变研究》[J]. 经济研究, 2012 (3): 154-159.

② 杨瑾, 曹梦楠. 能源价格、全要素生产率变动对我国工业能源强度影响的实证研究[J]. 科技管理研究, 2017, 37 (2): 255-260.

③ 郭小哲, 葛家理, 涂彬. 基于科学发展观的能源系统协调优化配置理论与应用[J]. 系统工程理论与实践, 2005, 25 (10): 138-144.

源消费开始呈现增长现象,碳排放随之不断增加;当工业化发展以劳动力密集型产业为主时,能源消费有限且呈稳定增长态势,碳排放也随之稳步上升;而在资本密集型工业化阶段,能源消费高速增长,碳排放将达到高峰;在后工业化发展阶段,由于能源消耗低的第三产业在国民经济中占据主导地位,所以此时的能源消费增长幅度不大,对于可持续性经济发展较好的国家来说,此时的能源消费应呈递减式增长,同样,碳排放也随之呈下降趋势。所以,产业结构与能源消费、碳排放的演化将经历一个倒 U 形的由低到高再由高到低的过程。也可以说是随着产业结构的变化,影响能源需求结构,进而影响碳排放。下面先探讨产业结构演变对能源消费的影响,再研究产业结构演变对碳排放的影响。

产业结构对能源消费影响的研究主要是基于 Granger 因果关系、总量均衡增长模型、投入—产出模型,来说明能源消费与产业结构演变、能源需求与碳排放变化、能源消费强度与产业结构演变的关系。Kraft 等 (1978) 在研究了美国在 1947~1974 年的国民生产总值与能源消费后,发现国民生产总值对能源消费具有单向因果关系。Ma (2007) 指出,能源消费和经济增长有高度相关性。在长期中,经济增长和能源消费存在双流向 Granger 因果关系,但在短期内,因果关系会从经济增长流向能源消费;所有相关的敏感度分析显示,在多元生产函数里,能源是内生变量,说明中国产业结构的变化确实增加了 1980~2003 年的能源强度。

Anthony (2001) 用总量均衡模型分析中欧和东欧以及苏联在过度经济时期能源利用和工业产出的转换形式。Stefański (2009) 开发出与 Echevarria (1997)、Duarte 和 Restuccia (2007)、Rogerson (2007) 相似的多部门、多国家总量均衡增长模型,说明中国和印度正在变化的部门结构对世界石油需求和 OECD 国家石油价格的影响。结果指出,中国和印度不断的产业结构转换导致石油强度下降,并存在倒 U 形石油强度曲线。Anthony (2001) 指出,在产业结构转变过程中,技术变化强烈刺激增长,生产效率显著增加,能源使用向清洁化石燃料转换,能源强度下降。Wu (2002) 通过建立投入—产出模型,分析和解释发展中国家以及中国的能源需求与碳排放变化。Stefański (2009) 指出一个国家的能源使用包括基于能源的化石燃料、可持续非燃烧能源(如风能、水能、核能)、可持续燃烧能源(如木材和生物质能)。欧盟部分国家 1850~2000 年、美国 1800~2001 年的历史能源强度都随人均 GDP 下降,表明在富裕国家和贫穷国家，能源产出均比 GDP 增长慢。Stefański（2009）指出，当经济结构发生变化时，尤其从农业转变到非农业时，经济发展所需能源的燃料组合也会发生变化，即从可持续的生物质材料转向以化石燃料为主，如煤炭、石油或天然气；并且随着经济的发展，单位产出所消耗的能源量、能源需求结构都会发生变化。有数据证明，美国能源组合怎样随时间而变化。

聂国卿（2007）指出，中国的工业化进程与工业发达国家的进程相反，一开始就把重工业放在优先发展地位，工业结构趋于重型化，以能源和矿产品为主要原料，加大了环境的负荷。所以，庄贵阳（2007）分析了中国能源消费和温室气体排放路径，指出中国能源需求和温室气体排放都将呈增长态势。林艳君等（2006）指出，三次产业能源利用率和能耗的高低都会影响能源强度的大小。庄贵阳（2007）对 1980～2005 年中国能源强度的变化趋势进行细致分析，指出经济总量和能源强度决定能源消费量。能源消费强度受产业结构和各产业能源利用效率的影响，由产业结构比重和各产业的能源利用效率决定。徐玉高（1994）、张雷（2003）、宋德勇等（2009）采用结构分析方法分析能源消费结构、能源强度、经济规模、产业结构和碳排放的关系。

总之，正如 Sun（1999）指出的，发达国家能源消费强度随时间演变呈倒 U 形曲线规律，可用能源经济学中的能源强度峰值理论来解释。在倒 U 形曲线的拐点处，产业结构实现了由高能耗的重工业向低能耗的轻工业转变，产品结构会从一般附加值向更高附加值转变，从物质生产向知识生产转变。Galeotti（2006）基于 36 个国家和地区 1973～1997 年面板数据的研究表明，OECD 国家收入与人均能源利用之间存在拐点。2009 年，中国可持续发展战略报告采用人均能源消耗或人均碳排放指标证实人均 GDP 与人均能源消费呈倒 U 形曲线关系的存在性。由以上分析可见，能源消费结构与产业结构演变进程呈正相关，经济增长带来产业结构的转换，同时带动能源消费的增长，对进一步研究碳排放提供了理论与现实基础。

对产业结构调整对能源消费影响的研究，国内外的文献相对较多，主要集中在以下两个方面：国外研究成果多为产业结构对能源利用效率影响的研究（Chakrabarti，1991；Padmore & Gibson，1998；Chen，2009，分别以美国、日本、英国、法国、德国及加拿大等国为样本）；产业结构对能源消费总量的研究（马歇尔，1981；Watanabe，2002；Hsu，2003；Storto，2005；Baas，2008，主要以美国、日本、瑞典等国为研究对象）。国内学者关于产业结构调整对能源消费的研究主要在影响模式、发展历程、影响程度、政策建议等领域。在影响模式方面,林学军等(2012)对三次产业的能源消费方式进行了分析;郝凤霞(2011)提出了三次技术规模效应模式;段小华(2011)从产业演化与能源利用效率的视角,划分了能源利用效率不同的发展阶段;熊勇清、李世才(2010)对区域三次产业与能源利用效率耦合发展阶段和作用机制作了具体研究。在影响程度方面,霍影(2012)和吴佐(2013)从科技实力、产业发展及政策环境三个方面评估了各省节能减排的潜力;乔芳丽、杨军、孟祥芳(2010)和吉敏(2013)等以辽宁、天津为例建立了有关能源消费的结构、效率和总量等方面的模型和计算等。

(二)能源消费对产业结构调整约束作用的研究

国内外关于产业结构调整的能源约束研究主要源于能源供应安全和能源消费所引起的环境污染两个方面的考量,而且,近年来,这两个方面越来越密不可分,因此在能源环境约束理论和实践中,基本是围绕着经济发展和产业结构演进进行的。而近期学术界借助脱钩理论(Carter,1966),对 OECD 和我国的经济发展、资源消耗、环境影响等的响应关系进行实证研究充分表明,产业结构演进有利于环境优化(Soytas et al.,2006);Granovskii 等(2007)、Goldemberg(2009)、Lawson(2010)、Nishioka(2012)分别对美国、欧盟、德国和日本进行研究,强调产业结构演化和技术创新是破解矛盾的关键,在宏观方面,政府通过价格、法律、财税等多种手段影响企业最为关注的产品成本和物流供应链费用等,促进生产要素的替代,达成产业结构优化的目的。国内的冯之浚、周荣(2009)、赵广华(2010)、王文军(2011)、姬振海(2012)、王开科(2013)和薛澜等(2013)等对中国的能源环境约束与经济发展、产业结构等的关系进行了实证研究,均提出能源环境约束下产业结构演进的方向和政策建议。

(三)产业结构调整与能源消费动态均衡下统计测度的研究

在产业结构调整对能源消费的影响和能源环境对产业结构优化的约束两个方面,国内外的研究成果都较多,但在现实中,产业结构和能源消费的统计数据,一定是在某一时间节点或某一段时间段内所达到的动态均衡,这方面的研究较少,Mamuneas(1999)、Hsu(2003)、刘志阳、程海狮（2010）、李藏等（2011）、杨阳腾（2010）分别从世界产业结构演进和能源利用效率等历史发展的宏观角度和 Storto（2005）、于永慧（2011）、李遵白（2011）、张晓璐（2011）、王开科（2013）分别从区域差异、产业目标、技术预测和技术选择等中观和微观角度作出比较科学的对比研究。在调整政策方面主要集中于政府引导（Baas et al.，2009）、经济政策（朱瑞博等，2010；尹小平，2012；薛澜等，2013）和技术政策（万钢等，2011；纪晶华等，2013）等的设计。

综上所述，我国产业结构调整对能源消费的统计测度研究是经济发展、能源安全和环境保护研究的实质性内容。该项研究对推进产业结构调整、能源和节能统计工作，准确衡量和动态监控国家能源消费状况，有效制订国家产业结构优化和能源安全战略，完善国家经济和能源管理体系，发挥能源对国家、社会的服务作用，提高环境友好和社会福利水平，破解经济发展和能源消费、环境污染矛盾等，具有重要的科学理论意义和现实意义。

四、研究评述

已有研究的重点是能源对产业结构调整的影响，对双向关系的研究并不多，需要进一步研究的相关问题如下：

在理论上，产业结构调整与能源消费存在动态均衡状态，通过研究两者之间的作用机理，可以建立动态均衡模型。

在方法上，产业结构调整对能源消费的影响可以进行统计测度，并能够运用经典的统计方法，如统计指标体系、统计测度方法和测度模型等进行描述。

在实际应用上，我国未来产业结构调整对能源消费的影响具有统计上的时间延续性，现有研究发现的变动规律对未来的政策制定等具有指导意义。

五、本章小结

对研究的核心主题——产业结构和能源消费所涉及的两个最基础的理论进行建构，包括产业结构的演变与调整、能源经济理论以及产业结构调整与能源消费的相互影响理论。

第三章 产业结构异质性的能源消费效应研究

多年来,我国的第二产业、GDP快速增长呈现一枝独秀之状,然而资源与环境的压力却与日俱增[①]。快速、合理地调整产业结构是适应新常态下的发展模式的必由之路。伴随着改革开放带来的百废俱兴,经济发展对于能源的依赖性越来越强,提高能源效率、降低能源消耗符合绿色发展理念。我国各省在资源禀赋、产业结构等方面表现出了不同的发展思想、发展战略,也得到了不同的发展结果,如何结合各地情况,因地制宜地制定合理的发展方向在现阶段具有重大意义。同时,随着市场经济的发展与推动,产业结构是否有效地促进了资源的合理配置,从而使有限的资源获得最大的效益仍然有待讨论。除了产业结构之外是否还存在着其他因素能有效地促进能源消费效率也是现今值得讨论的问题。

一、文献分析

(一)产业结构划分的相关研究

针对产业结构与能源效率的影响这一方向要解决的首要问题就是产业该如何划分?因不同的研究目的,产业划分方式存在巨大差别。从产品角

[①] 贺俊,刘启明,唐述毅. 转移支付、产业结构与碳排放——基于内生增长的理论和实证分析[J]. 东北大学学报(社会科学版),2017,19(2):153-159.

度可利用三分法将产业划分为第一产业、第二产业、第三产业；根据生产要素角度可划分为劳动密集型产业、资本密集型产业以及技术密集型产业等；从技术特点可分为传统产业和新型企业；还可以根据对环境污染程度划分为高污染产业、中度污染产业和低污染产业等[①]。然而单独按照某一标准进行划分却不能完全描述一个国家或地区产业优化的程度，一般而言，产业结构优化包括横向的合理化和纵向的高级化，合理化指各产业间的协调状态；高级化指一国产业结构在世界产业结构进化的等级系列中所处的阶段，共同把握高级化和合理化才能较好地刻画一个国家或地区的产业结构调整状况[②]。

在产业结构高级化的测度上，由于经济发展和科学技术进步等的作用，一个国家或地区产业间的比例总是处在动态过程中[③]。为了分析这种动态结构的合理性，通常要借助一个动态的参照结构。这个动态参照结构有两类：一是以某一发展模式或发达国家为参照，将被分析的产业结构与参照结构进行比较，借此来评价产业间比例的合理性。其基本方法有标准结构法、相似判别法和距离判别法等[④]。这种方法往往会因为后起国家与发达国家之间的资源禀赋差异、经济制度、历史文化等差异而难以匹配，因此只能用于简单判断，此外，三次产业结构所涉及部门少，其指导意义受到限制。二是从一国或地区自身发展的时间序列出发，实现产业结构高度化的衡量，主要方法有结构年均变动值、Moore 结构值和产业结构超前系数。其中，结构年均变动值和 Moore 结构值能够衡量产业结构变化的剧烈程度；产业结构超前系数更能体现产业结构的变化方向，但是该算法并不完美，不能满足超前值和滞后值之和等于 0[⑤]。总之，这些参照结构在一定程度上反映出动态产业间的合理比例，但不能作为评价合理性的绝对标准。产业结构合理化状况多通过一些判断标准来考察，最常用的是国际基

[①] 肖兴志. 产业经济学（第 2 版）[M]. 中国人民大学出版社，2016.

[②] 熊映梧，吴国华. 论产业结构优化的适度经济增长[J]. 经济研究，1990（3）：3－11.

[③] 付凌晖. 我国产业结构高级化与经济增长关系的实证研究[J]. 统计研究，2010，27（8）：79－81.

[④] 刘嘉毅，陈玉萍. 产业结构合理化、高级化与城市空间扩展[J]. 华东经济管理，2018（4）.

[⑤] 何平，陈丹丹，贾喜越. 产业结构优化研究[J]. 统计研究，2014，31（7）：31－37.

准、需求基准、产业间比例平衡基准①。事实上，国际基准、需求结构基准和产业间比例平衡基准这三个基准也都有不同程度的缺陷。国际基准没有考虑国家之间不同的经济条件和经济环境；需求结构基准要在需求状态正常的情况下才能对合理性进行判断；产业间比例平衡基准忽略了经济非均衡增长对产业间比例的积极影响②。

(二) 产业结构调整对能源消费影响研究回顾

自1978年改革开放以来，我国能源消费日益增加，经济对能源消费的影响路径多样复杂，本书选取其中最具有代表性的一点，即产业结构对能源消费的影响。从已有研究成果看，主要集中于产业结构调整对能源消费的影响，包括对能源消费总量和能源使用效率的影响两个方面，而本书的关注重点是产业结构对能源消费效率的影响。因为，能源效率被称为第五种能源，是解决现有能源环境与经济矛盾的最佳方式。

就研究成果而言，国内外学者对产业结构和能源使用效率的关系尚无定论，主要有三种观点。一种观点认为，产业结构调整对能源效率具有显著的促进作用；一种观点指出，产业结构调整对能源效率的改善作用甚微，甚至产生阻碍作用；还有一种观点认为产业结构调整和能源效率的关系具有不确定性，会受到多种因素的影响。于斌斌 (2017) 从幅度与质量两个维度，分析了2003~2013年285个地级市及以上城市的产业结构调整与能源效率变化的演变特征和相互关系，研究结果表明，中国的产业结构调整和城市能源效率呈现M形变化趋势③。而且，现有研究大多没有对产业结构调整做出系统性的考察，仅从产业结构变动的角度（如第二、第三产业比重）进行分析，尚未深入到产业结构优化升级对能源效率影响的本质④。大多数学者主要着眼于产业部门之间相对比值的变化来反映产业结构的变化，进而考察其对能源效率的影响，因而并未得出一致性的研究

---

① 伍华佳, 苏东水. 开放经济条件下中国产业结构的演化研究 [M]. 上海财经大学出版社, 2007.
② 姚德文. 基于制度分析的产业结构升级机理与对策 [J]. 社会科学, 2011 (3): 44-52.
③ 于斌斌. 产业结构调整如何提高地区能源效率？——基于幅度与质量双维度的实证考察 [J]. 财经研究, 2017, 43 (1): 86-97.
④ 黄亮雄, 安苑, 刘淑琳. 中国的产业结构调整: 基于三个维度的测算 [J]. 中国工业经济, 2013 (10): 70-82.

结论。我们进一步梳理文献发现，现有研究仅从时间维度检验了产业结构调整与能源效率之间的相互关系，较少从空间维度来探索两者的互动关系，更忽视了产业结构调整与能源效率提升所产生的空间溢出效应。值得一提的是，也有学者对产业结构调整和能源效率的关系提出质疑。Mahony（2013）的研究认为，产业结构调整并不能直接作用于能源效率的改善，要通过降低对资源环境的依赖、破坏和持续提升生产效率两个方面进行传导[1]。但Dinda（2004）的研究发现，提高能源效率与优化生态环境的重要途径是推动产业结构向知识技术密集型产业转型。

二、理论分析与模型的构建

产业结构对能源效率的影响因素复杂，至今也未能形成一致性的结论，产业结构对能源消费的影响往往因时因地而表现出巨大差异[2]，所以通过预设讨论两者之间的影响关系往往难度很大，而且也难以逃脱主观臆断的质疑，所以面对庞大复杂的数据，本书采用BP神经网络进行计算[3]。

（一）理论分析

对于产业结构与能源消费总量、能源结构和能源效率等之间关系的研究成果，可以说定性分析相对比较简单，一般认为，产业结构的调整是要素在三次产业之间的流动，一般是第一产业的就业人员、资金投资等向第二产业或第三产业的流动，即实现结构的高级化和合理化，能够促进能源效率的提高，同时优化产业结构，进而相对降低能源消费总量[4]。KAYA

---

[1] Mahony T O. Decomposition of Ireland's carbon emissions from 1990 to 2010：An extended Kaya identity [J]. Energy Policy，2013，59（4-5）：573-581.

[2] 刘佳骏，董锁成，李宇. 产业结构对区域能源效率贡献的空间分析——以中国大陆31省（市、自治区）为例[J]. 自然资源学报，2011，26（12）：1999-2011.

[3] 孙宝磊，孙暠，张朝能，等. 基于BP神经网络的大气污染物浓度预测[J]. 环境科学学报，2017，37（5）：1864-1871.

[4] 吕明元，陈维宣. 中国产业结构升级对能源效率的影响研究——基于1978~2013年数据[J]. 资源科学，2016，38（7）：1350-1362.

公式①如下：

$$E = \sum_{i=1}^{3} \sum_{j=1}^{4} GR_i E_{ij} \quad (3-1)$$

式中，E 为能源消费总量，G 为全国国民生产总值，R_i 为第 i 个产业的占比，即产业结构的描述指标，E_{ij} 为第 i 个产业消耗第 j 种能源的能源效率。因此可以说，能源消费总量在经济发展水平相同的情况下，是由能源结构和能源效率所决定的②。

由于各个变量之间的关系与各个国家和区域的异质性，尤其是经济发展水平和定量关系难以有统一的结论。可用流程图表示产业结构与能源消费关系，如图 3-1 所示。

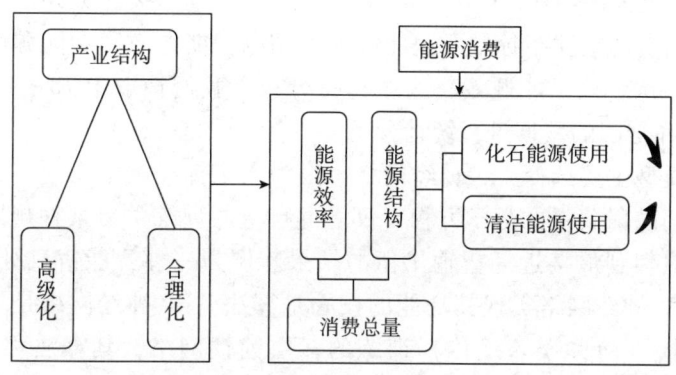

图 3-1　产业结构与能源消费关系

（二）指标来源与模型的构建

产业结构的描述最常用的主要是按照三次产业进行划分，对每个产业的占比进行计算，但为了更加有效地描述产业结构的调整情况，在此使用产业结构的高级化和合理化两个指标，前者用第二产业与第三产业比值表

---

① Juan Antonio Duro, Emilio Padilla. International inequalities in per capita CO emissions: A decomposition methodology by Kaya factors [J]. Energy Economics, 2006, 28 (2): 170-187.
② 查冬兰，周德群. 地区能源效率与二氧化碳排放的差异性——基于 Kaya 因素分解 [J]. 系统工程, 2007, 25 (11): 65-71.

示,后者用三次产业的泰尔指数表示①。

泰尔指数(Theil Index),又称泰尔熵标准(Theil's Entropy Measure),是衡量个人之间或者地区间收入差距(或者称不平等度)的指标,由泰尔(Theil,1967)利用信息理论中的熵概念来计算收入不平等而得名②。对于产业结构的分析,泰尔指数的计算公式如下:

$$T_j = \sum_{i=1}^{n} S_{ij} \ln \frac{S_{ij}}{G_i} \qquad (3-2)$$

式中,T代表泰尔指数,i代表第i个地区,n代表地区的总数,j代表第j个产业部门,S_{ij}代表第i个地区第j个产业在全部产业中所占的比例,G_{ij}代表第i个地区在所有地区中经济总量所占的份额。用泰尔熵指数来衡量不平等的一个最大优点是,可以衡量组内差距和组间差距对总差距的贡献。

能源消费的描述指标主要是能源消费结构、能源效率和能源消费总量三个指标。这里只以能源效率为主进行分析,我们选取1978~2016年的30个省份和全国的数据进行统计分析。

测算模型主要选择人工神经网络,因为人工神经网络无须事先确定输入输出之间映射关系的数学方程,仅通过自身的训练学习某种规则,在给定输入值时得到最接近期望输出值的结果。作为一种智能信息处理系统,人工(BP)神经网络实现其功能的核心是算法。BP神经网络是一种按误差反向传播(简称误差反传)训练的多层前馈网络,其算法称为BP算法③,它的基本思想是梯度下降法,利用梯度搜索技术,以期使网络的实际输出值和期望输出值的误差均方差为最小④。其原理如下:

假设$w_{jk}^{[l]}$表示网络第$(l-1)^{th}$层中第k^{th}个神经元指向第l^{th}层中第k^{th}个神经元的连接权重,使用$b_j^{[l]}$来表示第l^{th}层中第j^{th}个神经元的偏差。用$z_j^{[l]}$来表示第l^{th}层中第j^{th}个神经元的线性结果,用$a_j^{[l]}$来表示第l^{th}层中第j^{th}个神经元的激活。

因此,第l^{th}层中第j^{th}个神经元的激活为:

---

① 王志强,张红霞,王丹阳. 要素投入、产业结构合理化与产业结构高级化——基于山东省面板数据的动态GMM检验[J].华东经济管理,2016,30(3):57-62.

② 翟士军,赵磊. 基于泰尔指数的产业结构调整对出口强度影响研究[J].经济经纬,2016(4):92-97.

③ 苏高利,邓芳萍. 论基于Matlab语言的BP神经网络的改进算法[J].科技通报,2003,19(2):45-50.

④ 谭永红. 基于BP神经网络的自适应控制[J].控制理论与应用,1994(1):84-88.

第三章 产业结构异质性的能源消费效应研究

$$a_j^{[l]} = \sigma(\sum_k w_{jk}^{[l]} a_k^{[l-1]} + b_j^{[l]}) \tag{3-3}$$

定义 $w^{[l]}$ 表示权重矩阵,它的每一个元素表示一个权重,即每一行都是连接第一层的权重,那么就可以把向前传播的过程表示为:

$$a^{[l]} = \sigma(w^{[l]} a^{[l-1]} + b^{[l]}) \tag{3-4}$$

这里只有一个输入样本,对于多个样本同时输入的情况是一样的,只不过输入向量不再是一列,而是 m 列,每一列都表示一个输入样本,多样本输出的情况为:

$$z^{[l]} = w^{[l]} a^{[l-1]} \tag{3-5}$$

其中,

$$a^{[l-1]} = \begin{bmatrix} \vdots & \vdots & \cdots & \vdots \\ a^{[l-1](1)} & a^{[l-1](2)} & \cdots & a^{[l-1](m)} \\ \vdots & \vdots & \cdots & \vdots \end{bmatrix} \tag{3-6}$$

每一列表示一个样本,从样本 1 到 m;$w^{[l]}$ 的含义和原来完全相同,$z^{[l]}$ 也会变成 m 列,每一列表示一个样本的计算结果。

代价函数表示多样本 m 同时输入模型时的总体误差,即样本误差的平均值,计算公式如下:

$$J = -\frac{1}{m}\sum_{i=0}^{m} y^{(i)}\log\{a^{(i)} + [1 - y^{(i)}\log(1 - a^{(i)})]\} \tag{3-7}$$

假设函数 $f: R^{mn} \to R$ 可以把输入矩阵映射为一个实数。那么,函数的梯度定义如下:

$$\nabla_A f(A) = \begin{bmatrix} \frac{\partial f(A)}{\partial A_{11}} & \frac{\partial f(A)}{\partial A_{12}} & \cdots & \frac{\partial f(A)}{\partial A_{1n}} \\ \frac{\partial f(A)}{\partial A_{21}} & \frac{\partial f(A)}{\partial A_{22}} & \cdots & \frac{\partial f(A)}{\partial A_{2n}} \\ \vdots & \vdots & \ddots & \vdots \\ \frac{\partial f(A)}{\partial A_{m1}} & \frac{\partial f(A)}{\partial A_{m2}} & \cdots & \frac{\partial f(A)}{\partial A_{mn}} \end{bmatrix} \tag{3-8}$$

通过多次的反向传播,不断改变权重和误差,使得不可确定的扰动值降低到最少,而拟合效果达到最优[1]。

---

[1] 杨淑娥,黄礼.基于 BP 神经网络的上市公司财务预警模型[J].系统工程理论与实践,2005,25(1):13-19.

三、数据挖掘分析

下面主要通过对产业结构和能源消费的数据进行统计描述和数据挖掘分析,从直观和工具挖掘的角度更加深入地分析两者之间的关系。

(一) 时间动态变化的统计描述

产业结构和能源消费变化的描述主要包括时间和空间两个方面:从时间的角度主要分析随时间变化,产业结构和能源消费的动态变化规律;从空间的角度主要衡量产业结构和能源消费的空间均衡性。

对产业结构进行描述的两个指标,即高级化和合理化随时间的变化,如图3-1 (a) 和图3-1 (b) 所示。

由图3-2 (a) 可见,由于此处产业结构高级化的平均值是用30个省市区的指标值进行平均计算得到的,因此,我国1978~2015年,即改革开

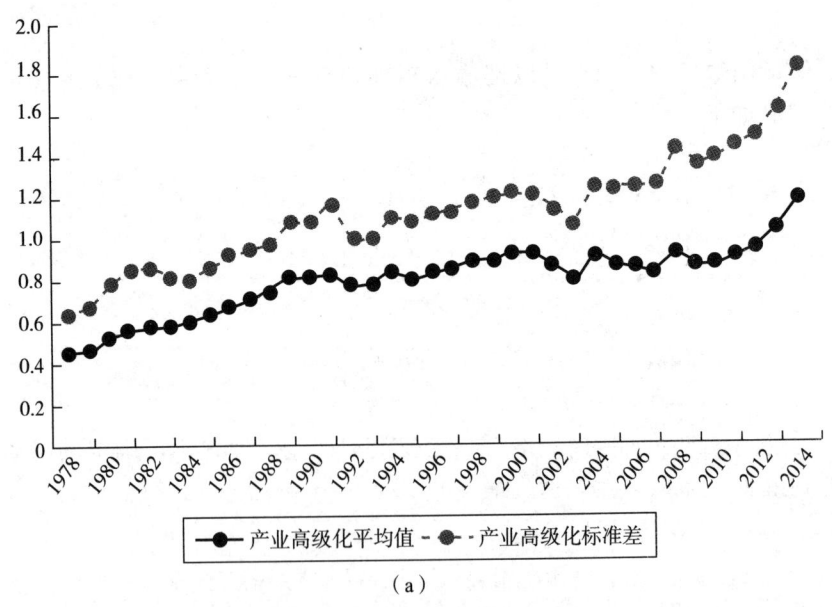

(a)

图3-2 产业高级化统计描述

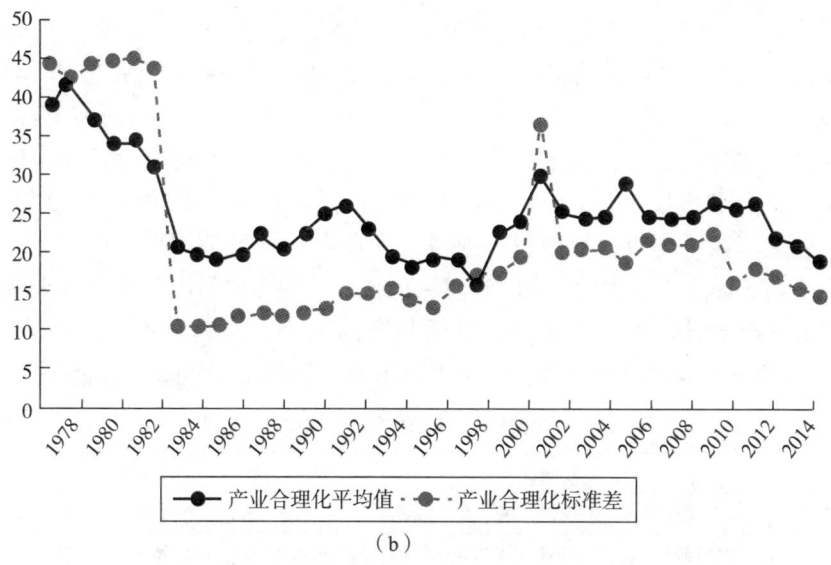

(b)

图3-2 产业高级化统计描述（续）

放40年的时间里，产业结构的高级化程度是各个省市区进行平均，不断提高的，但同时不断增长的还有各个地区的产业高级化的差异程度，并基本呈现的是同步状态，在第二产业与第三产业比值不断上升的同时，其标准差也越来越大，说明随时间推移各省市区产业高级化程度不断提升，但是各省市区的差距也越来越大，平均值由1978年的0.4367上升至2017年的1.3689，而标准差也由0.1679上升至0.7681。由图3-2（b）可见，产业合理化平均值呈现波动下降的状态，由1978年的45.5628下降至2017年的18.3106，其间虽然经过了多次波动，但是整体趋势仍然是下降状态，其标准差在1985年产生过一次大幅度下降，随后于2002年快速地上升，但又迅速回落，变动频率较大，波动幅度渐次减小。

为进一步深入分析，再次计算产业结构高级化和合理化的平均离散系数，并对比全国统计公布的产业结构数据，从另一个角度计算全国产业结构的高级化和合理化程度，如表3-1所示。

由表3-1进一步可知，产业高级化和产业合理化的各个省域之间存在一定的差异，总体来说，前者的差异程度波动较小，而且基本是两端较大中间较小，最大值为2011年的0.5941、最小值为1997年的0.2794，从

1978 年的 0.3846 到 2017 年的 0.5611，是标准的波动上升趋势。而后者相对的波动频率和幅度都较大，从 1978 年的 0.9122 到 2017 年的 0.8636，最大值是 1984 年的 1.4241、最小值是 1985 年的 0.5001。全国的产业高级化和合理化与各省市区的平均值存在一定的差异，主要是由于各省市区是简单的算数平均数，而全国的是以各省市区的国内生产总值（GDP）为权重的加权算数平均数，数据相对平滑，产业合理化数值不断下降，说明合理程度不断提高，从 1978 年的 39.8247 到 2017 年的 11.0736；而产业高级化数值逐渐上升，说明产业结构日渐趋向高级化，从 1978 年的 0.5157 到 2017 年的 1.2762。产业高级化可用雷达图进一步对比，如图 3-3 所示。

表 3-1　1978~2017 年产业结构统计描述

年份	产业高级化			产业合理化		
	全国	平均值	离散系数	全国	平均值	离散系数
1978	0.5157	0.4367	0.3846	39.8247	45.5628	0.9122
1979	0.4758	0.4543	0.4090	33.6664	39.1384	1.1267
1980	0.4642	0.4734	0.4390	33.6876	41.2983	1.0262
1981	0.4941	0.5190	0.5118	29.6644	37.1402	1.1915
1982	0.5063	0.5644	0.5087	27.2122	34.0822	1.3048
1983	0.5246	0.5825	0.4772	25.9149	34.1130	1.3166
1984	0.5946	0.5836	0.3979	22.5109	30.5335	1.4241
1985	0.6872	0.6005	0.3441	24.6802	20.3882	0.5001
1986	0.6859	0.6418	0.3271	24.3688	19.3110	0.5335
1987	0.7008	0.6797	0.3581	23.4595	18.7102	0.5517
1988	0.7176	0.7110	0.3357	24.1321	19.5879	0.5901
1989	0.7740	0.7418	0.3156	25.9924	21.9058	0.5423
1990	0.7891	0.8186	0.3246	23.1570	20.0686	0.5717
1991	0.8310	0.8154	0.3199	26.3247	22.2444	0.5429
1992	0.8246	0.8203	0.4220	28.8967	24.6097	0.5080
1993	0.7474	0.7755	0.2852	29.5322	25.9596	0.5666
1994	0.7443	0.7820	0.2749	26.5940	22.9563	0.6215
1995	0.7198	0.8377	0.3120	24.2356	19.1494	0.7982
1996	0.7126	0.8038	0.3422	22.7713	17.9656	0.7674
1997	0.7432	0.8224	0.3567	23.8730	18.8744	0.6867
1998	0.8088	0.8537	0.3305	24.4036	18.6194	0.8391

续表

年份	产业高级化			产业合理化		
	全国	平均值	离散系数	全国	平均值	离散系数
1999	0.8504	0.8897	0.3229	26.4388	15.6244	1.0777
2000	0.8737	0.8984	0.3329	28.8101	22.2082	0.7719
2001	0.9202	0.9273	0.3189	29.8146	23.6745	0.8165
2002	0.9504	0.9220	0.3194	31.3630	29.7140	1.2259
2003	0.9212	0.8668	0.3144	32.2294	25.2685	0.7793
2004	0.8972	0.8043	0.3240	28.3025	23.9484	0.8481
2005	0.8790	0.9109	0.3795	27.6961	24.2730	0.8353
2006	0.8792	0.8738	0.4193	26.3782	28.7391	0.6420
2007	0.9145	0.8612	0.4503	23.9996	24.2666	0.8866
2008	0.9123	0.8325	0.5087	22.6393	24.3066	0.8542
2009	0.9661	0.9343	0.5280	21.3199	24.1452	0.8730
2010	0.9499	0.8783	0.5535	20.1022	26.1607	0.8546
2011	0.9518	0.8738	0.5941	18.0987	25.4146	0.6238
2012	0.9887	0.9144	0.5787	16.4938	25.7010	0.6805
2013	1.0611	0.9475	0.5747	14.4148	21.5171	0.7767
2014	1.1098	1.0459	0.5584	12.9159	20.7824	0.7273
2015	1.2273	1.1838	0.5453	11.9185	18.6101	0.7707
2016	1.2928	1.2516	0.5579	11.6891	18.5602	0.8256
2017	1.2762	1.3689	0.5611	11.0736	18.3106	0.8636

由图 3-3 可见，产业高级化的全国数值，也就是全国当年的第三产业增加值与第二产业增加值的比值，平均值和全国数值差异很小，主要是因为平均值的计算样本是我国的 30 个省份。高级化水平不断上升的趋势十分明显，只除了 1993~1997 年和 2002~2004 年有所下降；同时，我国的产业高级化从 1978 年的 0.5157 和 0.4367 逐步增大，在 2009 年就十分接近于 1，分别为 0.9661 和 0.9343，到 2013 年，全国的数值超过 1，为 1.0611，但 30 个省的平均值还没有达到 1，为 0.9144，到 2014 年，全国和平均值都超过 1，说明我国的产业发展实现了从"二三一"到"三二一"的历史性转变。这就完全符合了产业结构的演化理论：随着经济发展

水平的提高,第一产业的规模和劳动力所占比重会逐渐下降;第二产业的规模和劳动力所占比重会逐渐上升;而随着经济的进一步发展,第三产业的规模和劳动力所占比重将上升,最后形成以第三产业占最大比例、第二产业次之、第一产业的比重为最小的产业结构。自 2013 年后,我国的第三产业发展迅猛,第二产业的增长比例有所下降,这与基础设施建设的逐步完成、社会对软性服务设施的需求不断增大有很大关系。产业结构合理化的对比分析如图 3-4 所示。

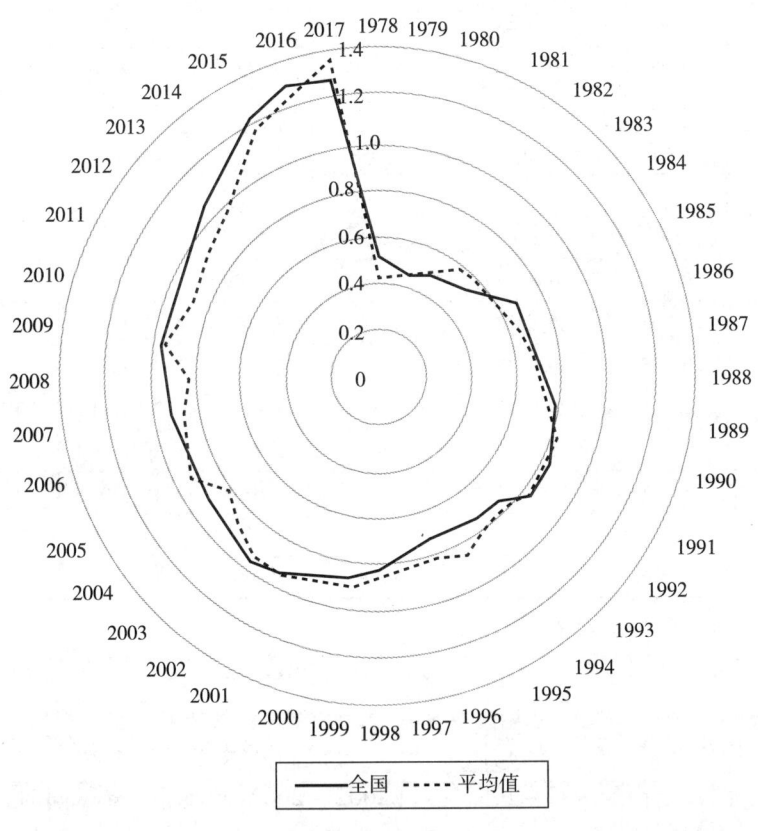

图 3-3 产业高级化雷达

由图 3-4 可见,产业合理化的全国水平和 30 个省市区的平均水平基本相近,趋势相对比较一致,都是从大到小。除了 1991~1994 年、1999~

2003年是明显的小幅上扬；改革开放以来，我国三次产业结构发生显著变化的时间分别是1991年、1994年和2003年。从1991年开始，第二产业对GDP的贡献率一般在60%以上，两个高峰年出现在1994年和2003年，分别达到70.5%和69.8%。第三产业对GDP的贡献率在20%~35%摇摆。

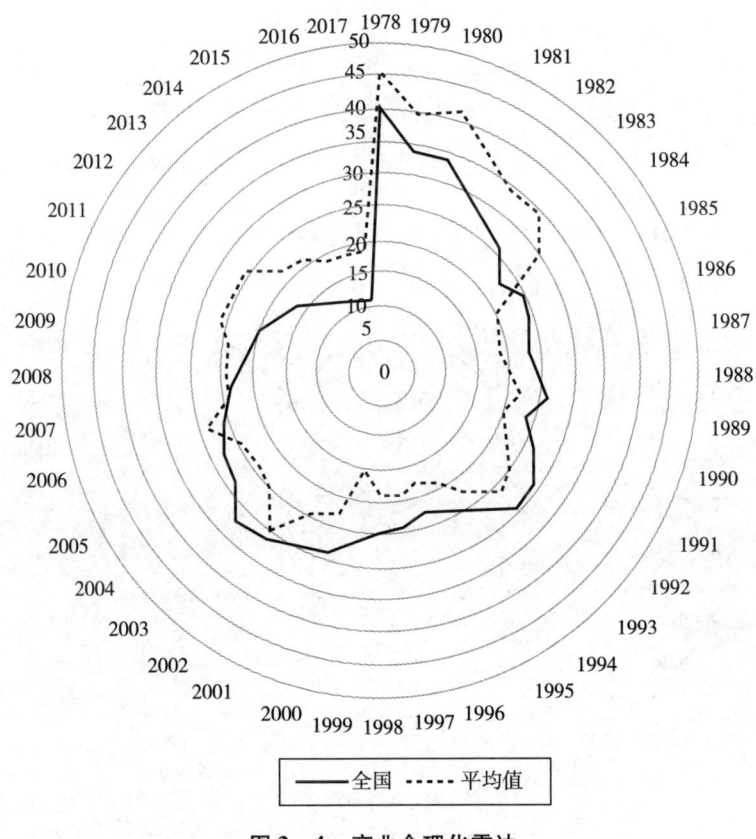

图3-4 产业合理化雷达

对产业结构高级化与合理化的变动程度进行对比分析，即对两者的离散系数进行对比，如图3-5所示。

由图3-5可见，产业结构高级化的离散系数相对较小，说明产业结构的高级化在40年间变化很小，第三产业与第二产业的比例变化是一个比较缓慢的过程，事实也应该如此，产业结构的变化实际是影响产业结构的要素，如最主要的资金、劳动力和能源资源等要素在各个产业之间的流动需要时间,这些要素的投入转化为产业增加值,计入产业高级化的计算视野,也需要一个产业生产周期和统计计量周期,因此,产业结构高级化是一个缓慢的过程。而产业结构的合理化使用泰尔指数进行衡量,主要是衡量三次产业之间的相对均衡和变化的程度,受政策和外部的全球经济环境和政策等的影响较大,比例的变化相对更加敏感,因此,离散系数的变化相对较大。

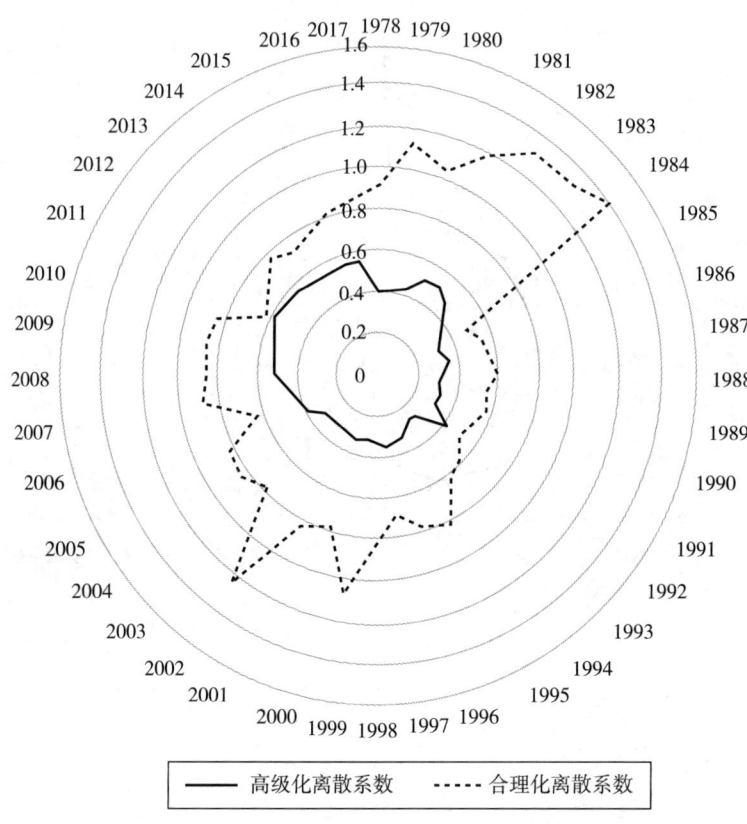

图3-5 产业结构离散系数对比

(二) 分地区的统计描述

在样本区间,共对30个省市区进行产业高级化和合理化及能源消费数值的40年的平均值进行计算和描述,如表3-2所示。

第三章 产业结构异质性的能源消费效应研究

表3-2 分地区统计描述

地区	能源消费（万吨标准煤）	产业合理化	产业高级化	地区	能源消费（万吨标准煤）	产业合理化	产业高级化
北京	4002.880	8.7621	1.5891	河南	10141.870	31.3549	0.6069
天津	3523.480	6.0637	0.6787	湖北	7296.240	16.3311	0.6919
河北	12905.010	25.6641	0.6278	湖南	6775.757	21.1644	0.8020
山西	8349.478	29.7067	0.6379	广东	11204.05	14.8700	0.7754
内蒙古	6776.977	25.2892	0.7924	广西	3460.657	33.2917	0.9211
辽宁	11129.940	12.8869	0.6316	海南	586.9282	13.4219	1.7468
吉林	4643.388	14.7525	0.6608	重庆	3210.597	75.6467	0.7379
黑龙江	6777.221	21.1262	0.5863	四川	9435.046	28.9954	0.7607
上海	5682.370	2.8960	0.8529	贵州	4267.078	53.8796	0.8059
江苏	11600.270	12.1369	0.5980	云南	4125.287	53.6161	0.7411
浙江	7557.751	15.6039	0.6663	陕西	4209.251	34.0851	0.6961
安徽	17234.250	23.7583	0.6847	甘肃	3382.557	41.5173	0.7349
福建	4097.372	18.1183	0.8183	青海	1239.087	28.1346	0.8067
江西	3163.865	13.5587	0.7555	宁夏	1777.550	34.3830	0.8114
山东	15451.160	23.3035	0.6194	新疆	4430.143	25.0851	0.7535

1. 产业高级化和合理化

由表3-2可见，在产业结构的高级化方面，北京和海南是最高的。主要为前者是我国的政治中心，服务业比较发达，第一产业和第二产业相对要求较小，如以2017年为例，经初步核算，全年实现地区生产总值28000.4亿元，按可比价格计算，比上年增长6.7%。其中，第一产业增加值120.5亿元，下降6.2%；第二产业增加值5310.6亿元，增长4.6%；第三产业增加值22569.3亿元，增长7.3%。三次产业构成由2016年的0.5∶19.3∶80.2，调整为2017年的0.4∶19.0∶80.6。[①] 后者是著名的旅游城市，以农业和旅游业为主，第二产业占比较低，如以2017年为例，经初步核算，2017年全省地区生产总值4462.54亿元，第一产业增加值979.33亿元，增长3.6%；第二产业增加值997.14亿元，增长2.7%；第

---

① 北京市统计局. 北京市2017年国民经济和社会发展统计公报［EB/OL］. http：//zhengwu.beijing.gov.cn/sj/tjgb/t1509890.htm.

三产业增加值2486.07亿元，增长10.2%。三次产业增加值占地区生产总值的比重分别为22.0∶22.3∶55.7。① 为更加清晰地表示30个样本区间的相对水平，我们制作了图3-6。

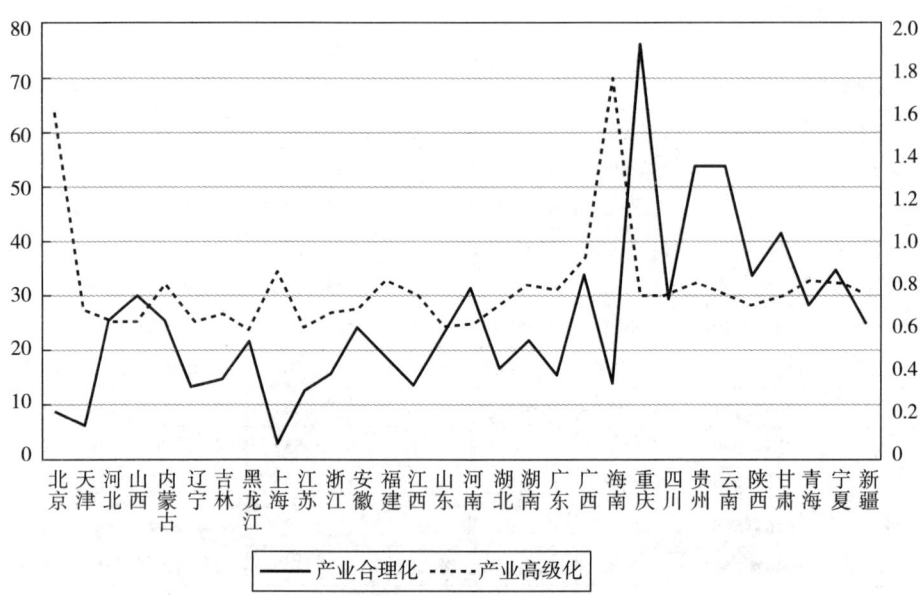

图3-6 分地区产业结构高级化和合理化描述

由图3-6可见，产业合理化数值最小，合理化程度最好的是上海、天津、北京和江苏等地，包括3个直辖市和1个东部沿海的发达省份，以2017年为例，4个区域的人均劳动生产率和增长速度都属于全国的先进省份。数值最大，合理化程度最差的是宁夏、甘肃、云南、贵州和重庆等地，均是相对欠发达的西部省份。

将产业结构的合理化与高级化数值相比，经计算后，以柱状图的形式显示，如图3-7所示。

由图3-7可见，产业结构越是合理的地区，合理化数值越小，同时，高级化即第三产业与第二产业的比值越大，因此，在一个区域，如果产业结构同时兼具合理化和高级化，两者相除之比就会越小。按照三个层次进

---

① 海南省统计局.2017年海南省国民经济和社会发展统计公报［EB/OL］.http://stats.hainan.gov.cn/tjgb/fzgb/n_991238/201801/t20180124_2536191.html.

第三章　产业结构异质性的能源消费效应研究

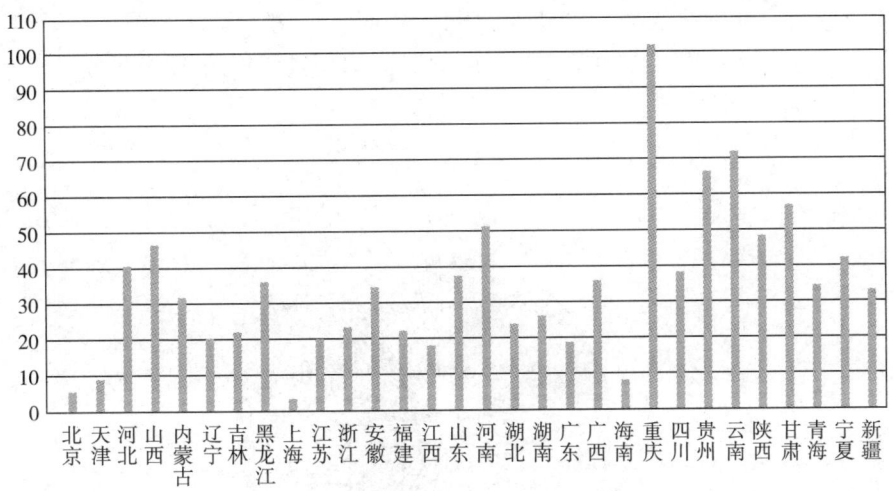

图3-7　产业机构合理化与高级化对比

行划分，比值在20以下的有上海、北京、天津、海南、江西和广东6个省市，基本可以说兼具了产业结构的高级化和合理化。比值在20~40的有江苏、辽宁、福建、吉林、浙江、湖北、湖南、内蒙古、新疆、安徽、青海、黑龙江、广西、山东和四川15个省区，基本可以说相对兼具了产业结构的高级化和合理化。比值在40以上的有河北、宁夏、山西、陕西、河南、甘肃、贵州、云南和重庆9个省市自治区，这些地区的产业结构合理化和高级化相对而言不够合理，这些省市区重工业所占比例较大，第三产业相对不够发达，以至于产业结构合理化数值较大，而产业结构高级化数值较小。

2. 能源消费

能源消费平均值最大的是安徽，为17234.25万吨标准煤，最少的是海南，为586.9282万吨标准煤，处于第二位的是山东，达到了15451.16万吨标准煤。最大值是最小值的29.36倍。按照从大到小，年平均消费达到亿吨标准煤的有安徽、山东、河北、江苏、广东、辽宁和河南7个省，基本是经济最发达和人口最多的省份。年平均消费达5000万吨标准煤到亿吨标准煤之间的地区有四川、山西、浙江、湖北、黑龙江、内蒙古、湖南、上海8个省市区，基本是相对比较发达的地区。年平均消费5000万吨标准煤以下的占到样本的1/2，共15个省市区，基本是最发达和最欠发达的地区，分别是吉林、新疆、贵州、陕西、云南、福建、北京、天津、广西、甘肃、重庆、江西、宁夏、青海、海南，具体如图3-8所示。

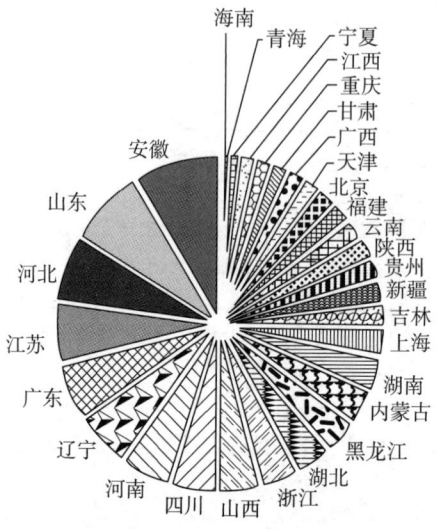

图3-8 分区域能源消费

由图3-8可见，能源消费量由小到大进行排序，从能源消费量最少的海南、青海和宁夏到能源消费量中等的吉林、上海和湖南，再到消费量最大的河北、山东和安徽。相对而言，发达省份的消费量较大，欠发达的西部省份消费量较小。

四、神经网络实证分析

本部分分别利用全国和30个省市区1978~2017年的数据，将代表产业结构调整的两个指标——产业高级化和合理化带入BP神经网络模型进行能源效率的数值拟合，进行全国分省分析。

（一）预测效果

通过SPSS 25进行神经网络的分析预测，所得到的全国和30个省市区预测值与实际值的关系,如图3-9所示。

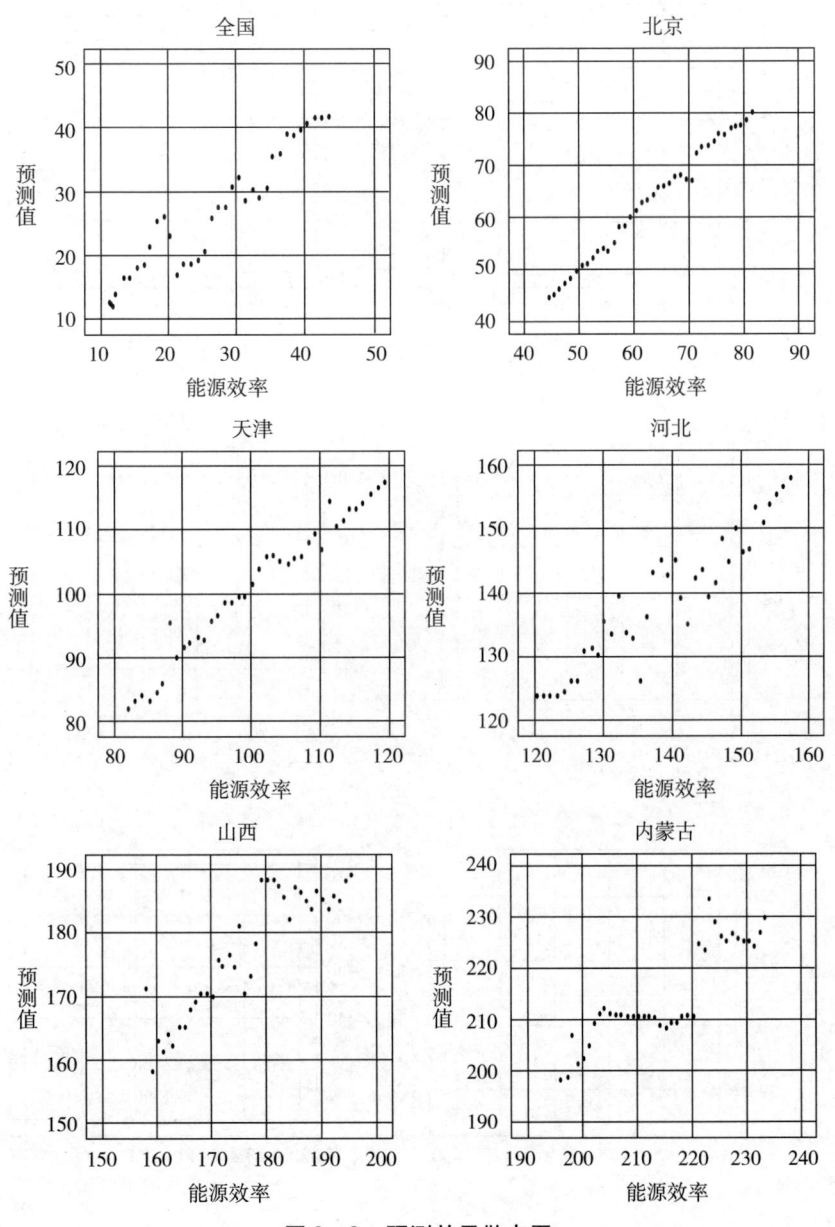

图3-9 预测效果散点图

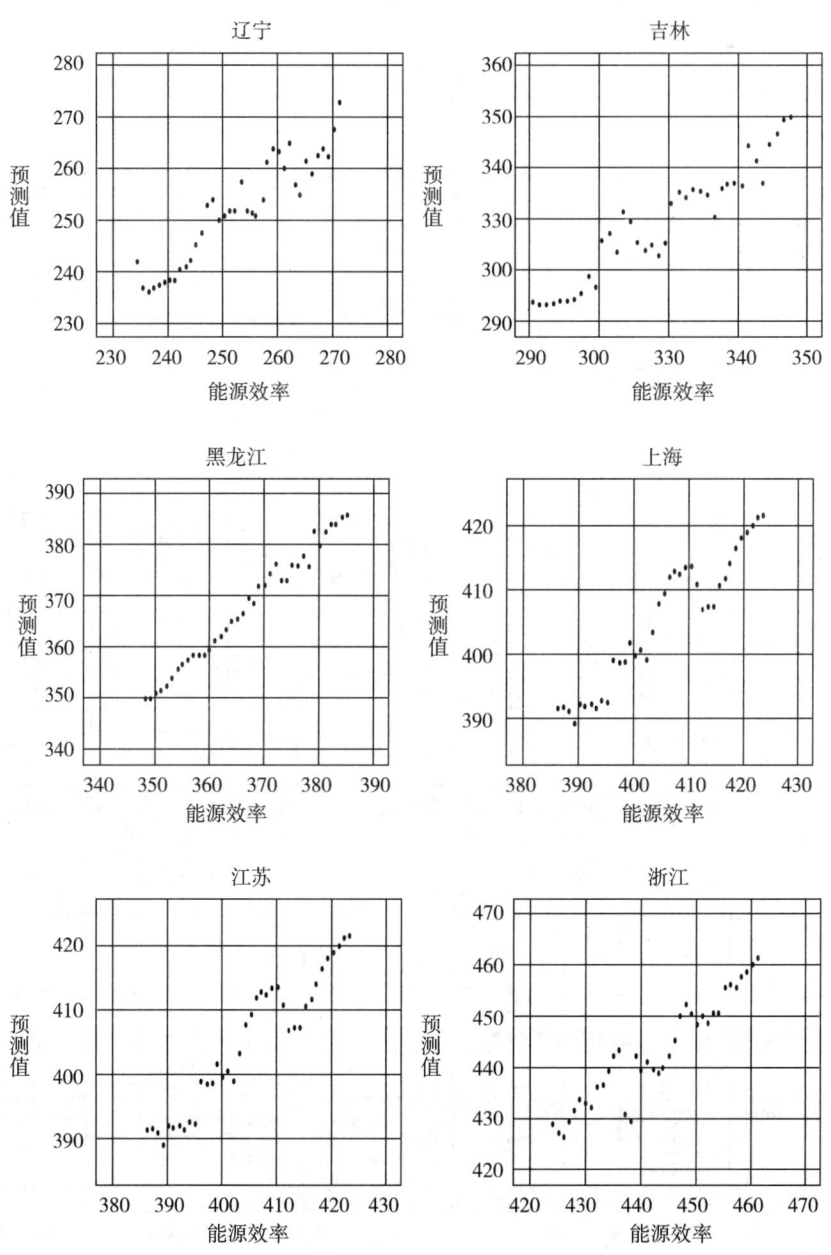

图 3-9 预测效果散点图（续）

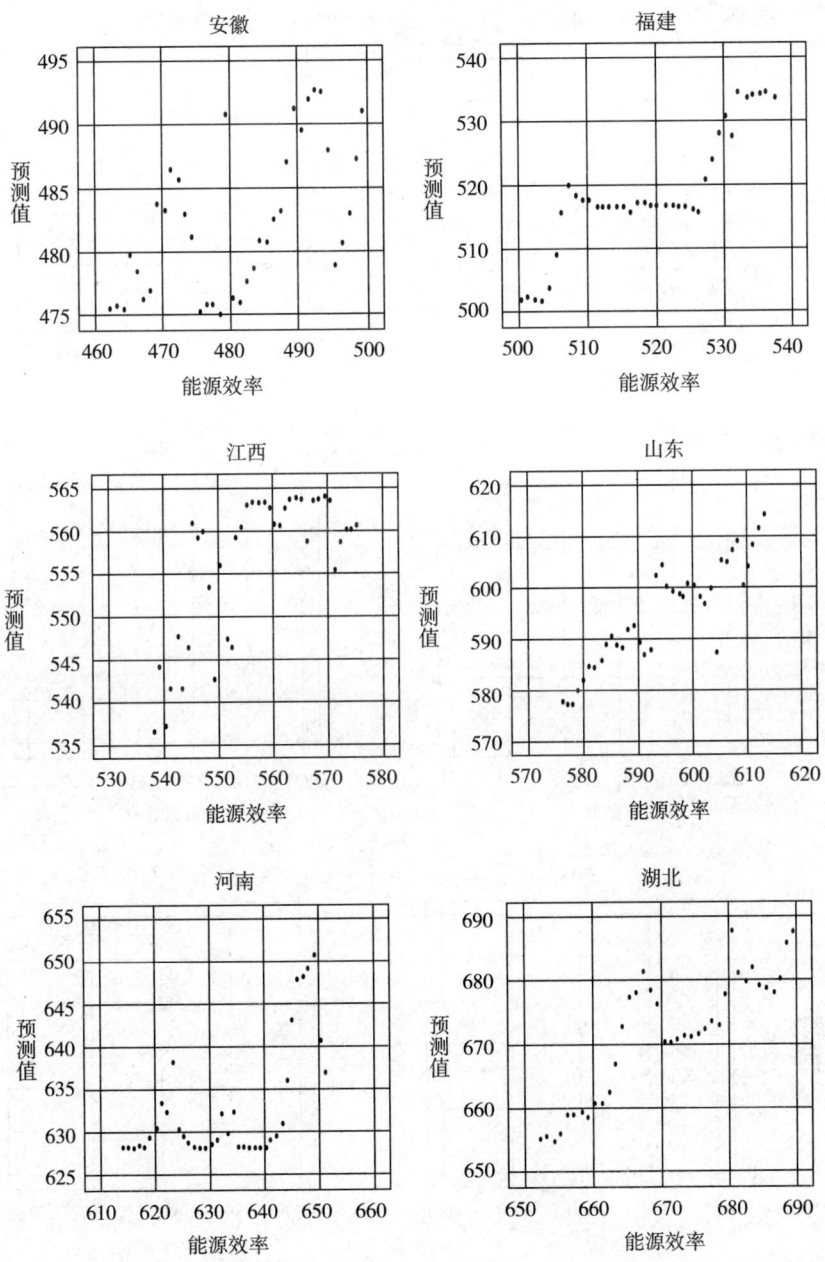

图 3-9 预测效果散点图（续）

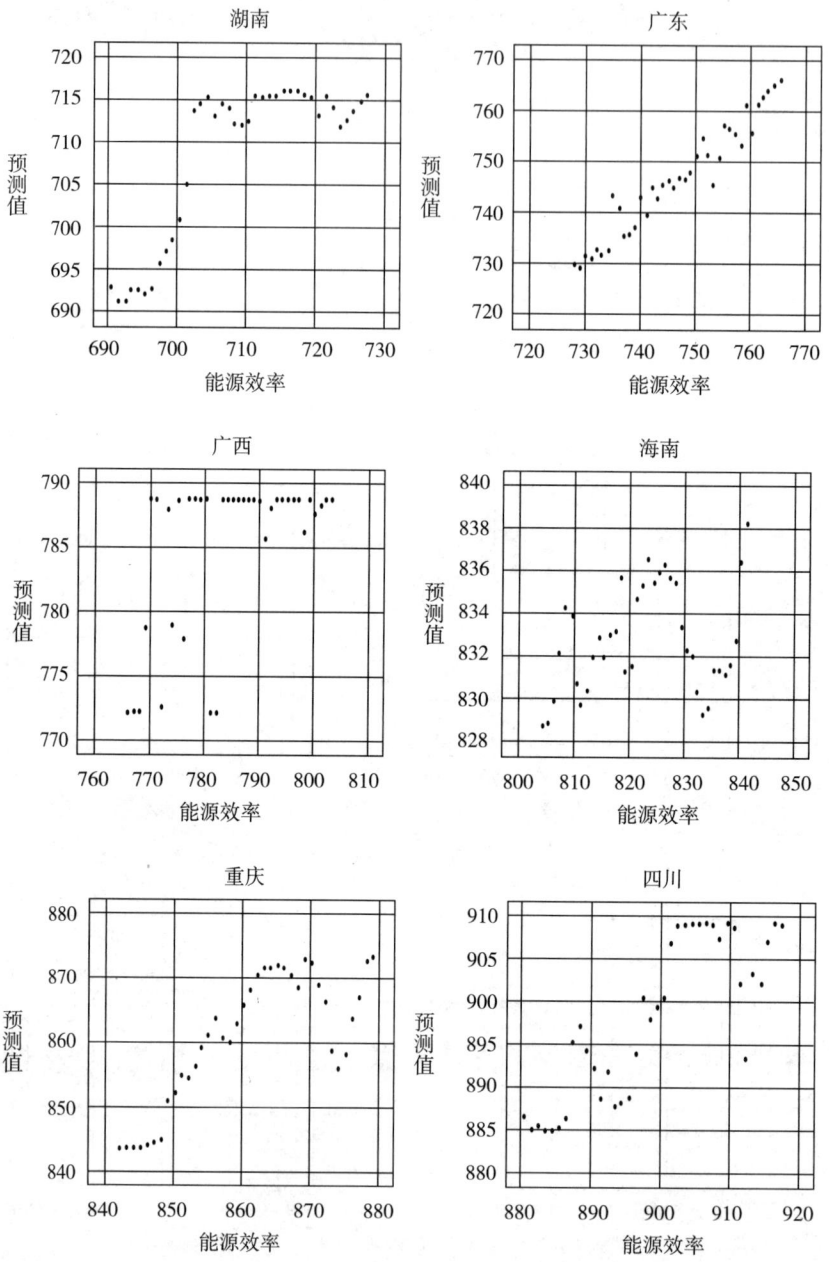

图 3-9 预测效果散点图（续）

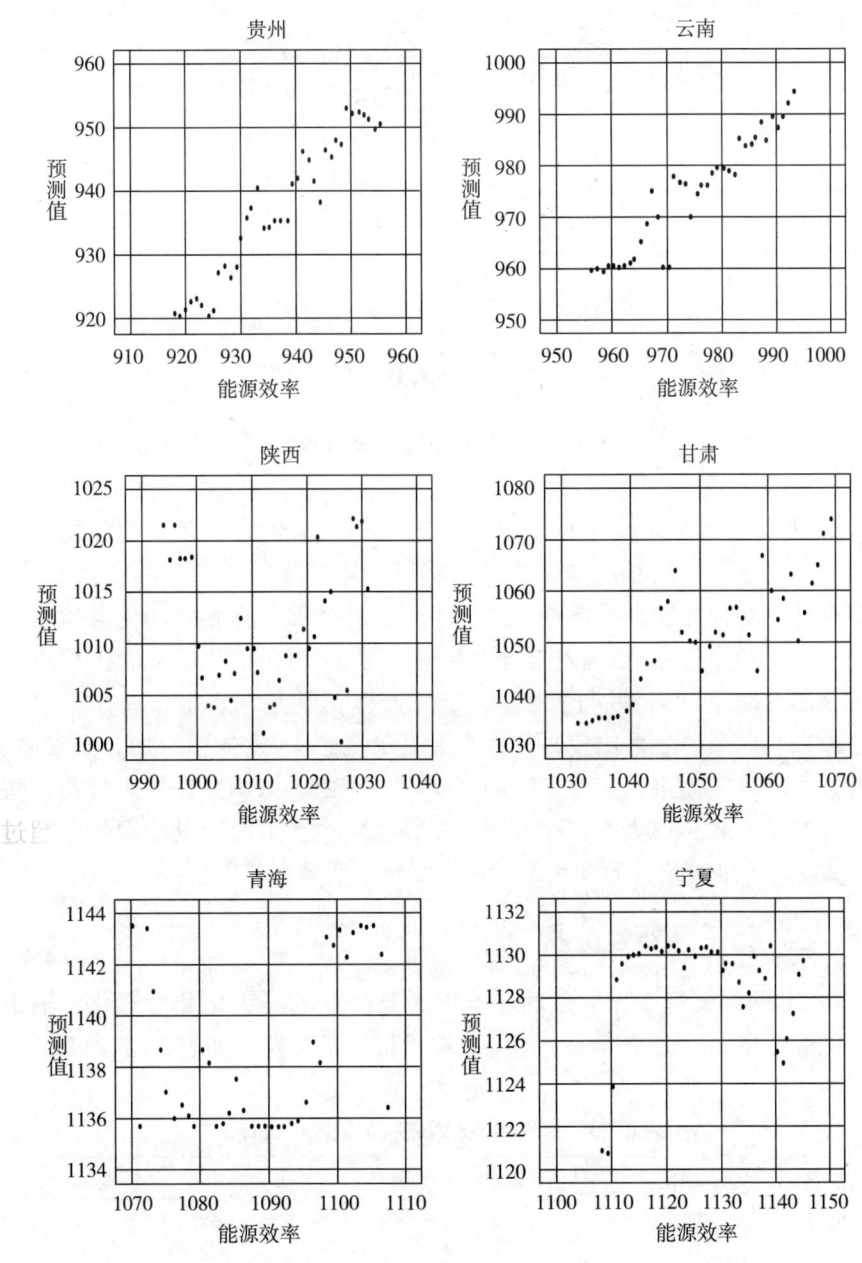

图 3-9 预测效果散点图（续）

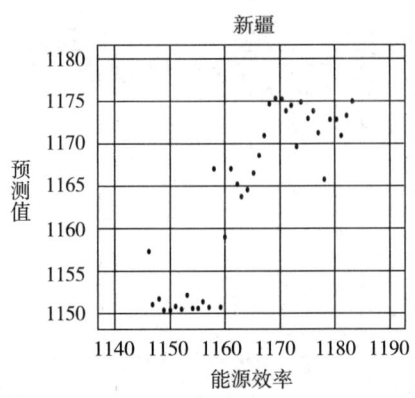

图 3-9 预测效果散点图（续）

由图 3-9 可见，图中的横坐标、纵坐标分别代表的是能源效率的实际值和预测值，预测精度越高，散点将越会体现为一条斜率为 1 的直线，将图形分为对称的左上半部分和右下半部分。横轴与纵轴之间的夹角越接近 45 度，神经网络的拟合效果也就越好。对 31 个子图进行观察，可以看出，全国、北京、天津、河北、辽宁、吉林、黑龙江、上海、江苏、浙江、山东、广东的效果比较好，基本上是围绕着 45 度的散点图；而安徽、山西、内蒙古、福建、江西、河南、湖南、广西、海南、四川、贵州、陕西、青海、湖北的预测值与原数据的差异很大，其中山西是能源效率超过 180 次以后效果较差，而湖南是超过 700 次之后效果较差。

（二）因子重要性分析

在 BP 网络模拟中，输入的影响因子是产业的高级化和合理化，输出值为能源效率，这两个因子对能源效率模拟的重要性，如表 3-3 所示。

表 3-3 单因素 BP 网络模拟重要性统计

地区	产业合理化	产业高级化	地区	产业合理化	产业高级化
全国	0.329	0.671			
北京	0.064（30）	0.936（1）	河南	0.643（8）	0.357（23）
天津	0.703（4）	0.297（27）	湖北	0.197（24）	0.803（7）
河北	0.608（10）	0.392（21）	湖南	0.918（2）	0.082（29）

续表

地区	产业合理化	产业高级化	地区	产业合理化	产业高级化
山西	0.313 (20)	0.687 (11)	广东	0.331 (18)	0.669 (13)
内蒙古	0.579 (11)	0.421 (20)	广西	0.957 (1)	0.043 (30)
辽宁	0.282 (21)	0.718 (10)	海南	0.315 (19)	0.685 (12)
吉林	0.616 (9)	0.384 (22)	重庆	0.372 (17)	0.625 (14)
黑龙江	0.222 (23)	0.778 (8)	四川	0.764 (3)	0.236 (28)
上海	0.140 (25)	0.860 (6)	贵州	0.105 (28)	0.895 (3)
江苏	0.081 (29)	0.919 (2)	云南	0.242 (22)	0.758 (9)
浙江	0.136 (26)	0.864 (5)	陕西	0.418 (15)	0.582 (16)
安徽	0.687 (6)	0.313 (25)	甘肃	0.126 (27)	0.874 (4)
福建	0.664 (7)	0.336 (24)	青海	0.387 (16)	0.613 (15)
江西	0.692 (5)	0.308 (26)	宁夏	0.477 (13)	0.523 (18)
山东	0.434 (14)	0.566 (17)	新疆	0.522 (12)	0.478 (19)

注：括号里的数字为重要性从大到小的排序。

由表3-3可见，通过BP神经网络分析，两个变量的重要程度在各个省市区之间具有比较大的差异性，变量重要性是否有足够的可行性往往与神经网络训练的精确度有关。为更方便地进行对于各个变量重要性的关系分析，我们对重要程度进行了排序，按从大到小的顺序，将序号列示于重要性数值后的括号中，数字越小说明排名越前、重要性越大。产业合理化和高级化的重要程度在30个省市区的平均分别为0.4332和0.5667，可见高级化的重要性更大；标准差均为0.2530，离散系数分别为0.5842和0.4464，高级化的重要性在30个省市区之间差异性相对较小；按全国进行计算，产业合理化和高级化的重要程度分别为0.329和0.671，后者是前者的两倍多，可见高级化的重要性更加凸显。由于两者相加为1，因此，产业合理化和高级化的重要程度排序恰好相反。如图3-10所示。

由图3-10可见，从下向上，各个省市区的产业结构高级化影响程度不断降低，合理化的影响程度不断加大；从上向下则是产业结构合理化影响程度不断降低，高级化的影响程度不断加大；全国基本处于中间位置。从影响程度与产业结构高级化和合理化进行相关性分析，如表3-6所示。

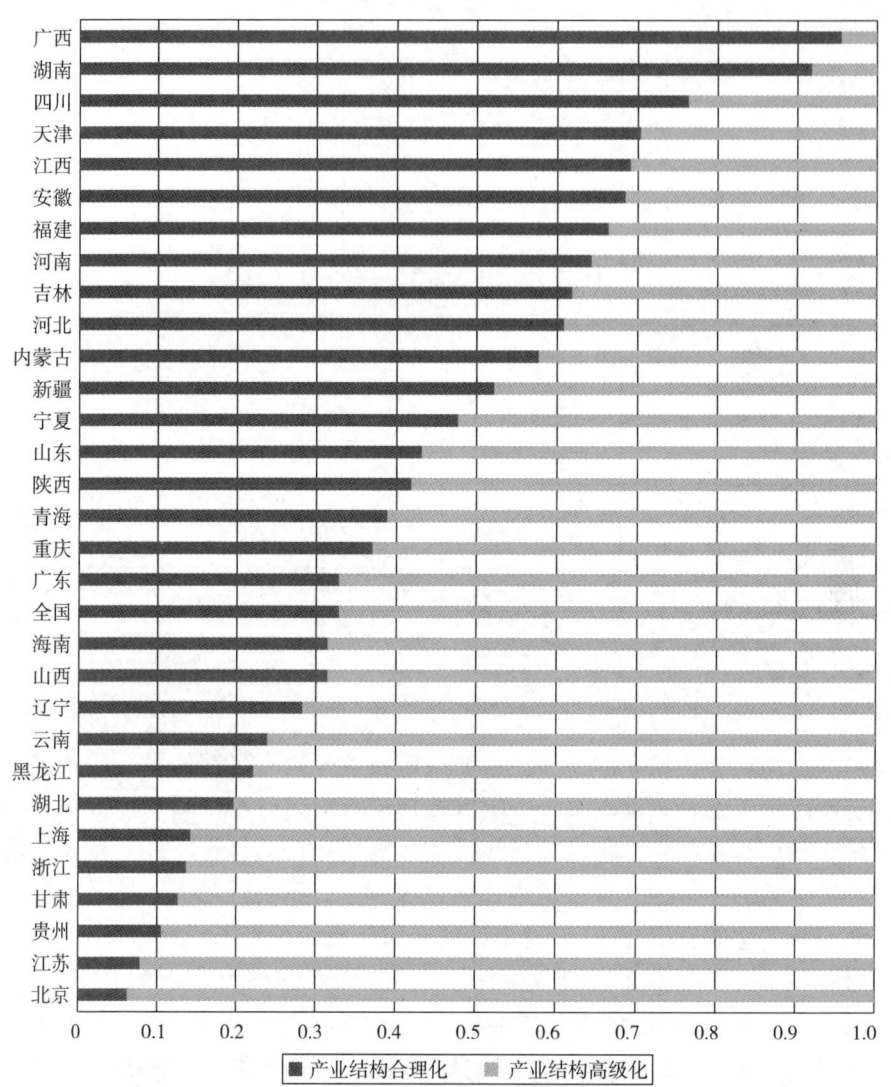

图3-10 产业结构影响重要性对比

由表3-4可见,产业结构合理化和高级化及其在能源效率预测中的重要性4个指标的Pearson相关性,除自身的相关性为1.000、产业结构合理化的重要性和产业结构高级化的重要性为完全的负相关(-1.000)外,其余的Pearson相关性均不显著;同时,产业结构的合理化与其重要性的相关系数为-0.028,与高级化的相关系数为-0.177,与产业结构的高级化重要性的相关系数为 0.027，产业结构高级化与其重要性的相关系数为 0.147，与产业结构的合理化重要性的相关系数为 -0.147。因此说，无论产业结构的合理化还是高级化相互之间和与其重要性之间的相关程度都很低，但基本是越合理的越高级，同时，越合理越高级重要性也就越强。

表3-4　产业结构合理化、高级化与其影响程度的相关性

	产业结构合理化	产业结构合理化重要性	产业结构高级化	产业结构高级化重要性
产业结构合理化	1.000	-0.028	-0.177	**0.027**
产业结构合理化重要性	-0.028	1.000	-0.147	**-1.000****
产业结构高级化	-0.177	-0.147	1.000	**0.147**
产业结构高级化重要性	**0.027**	**-1.000****	**0.147**	1.000

注：**代表在5%的水平上显著。

五、进一步讨论

通过对原始数据的观察发现，东部整体拟合效果较好，中部只有吉林和黑龙江较好，其他都存在较大的偏差，可见，产业结构对能源效率在部分地区的表观影响较大，但在其余地区却不能得到很好的模拟和揭示。因此，可以对影响能源效率的其他因素进行考量。改革开放以来，我国产业结构呈现由"二一三"向"二三一"，再向"三二一"演变的趋势，第一产业与第三产业呈现"剪刀式"对称消长态势，第三产业逐渐取代了第二产业在国民经济中的主导地位。三次产业增加值在国内生产总值中所占的比例由 1978 年的 28.2∶47.9∶23.9 到 2013 年的 10.0∶43.9∶46.1，第三产业增加值占比首次超过第二产业[①]，再到 2017 年三次产业结构为 7.9∶40.5∶51.6[②]。第二产业增加值占比一直占据主导地位，总体变

---

① 国家统计局.2013年国民经济和社会发展统计公报 [EB/OL]. http://www.stats.gov.cn/tjsj/zxfb/201402/t20140224_514970.html.

② 黄汉权.改革开放40年我国产业发展和结构演变 [EB/OL]. http://theory.people.com.cn/n1/2018/0830/c40531-30260081.html.

化幅度较小,基本在40%~50%震荡①。已有研究发现,能源效率的影响因素简单而言是结构红利和效率因素②。同时,对其他相关变量进行观察发现,第二产业劳动生产率有一定的相关性,通过对其排序观察可以发现,拟合效果不好的省市区的第二产业劳动生产率往往都处在本年度所有省市区的平均值之下,而其GDP排名也处于相对靠后的位置。所以笔者认为第二产业劳动生产率或GDP可能也是对能源效率的重要影响因子,而两者之间的相关系数高达0.9635,因此,需要将第二产业劳动生产率带入BP神经网络进行进一步计算和考察。

(一) 双因素预测分析

产业结构对于能源效率的影响并不能合理地解释所有的省市区,而第二产业劳动生产率直接关系着生产效率,同时生产与能源消费内部有着不可忽略的联系,所以加入了产业结构之外的第二个因子——第二产业劳动生产率,借鉴邹薇、袁飞(2018)的计算方法,第二产业劳动生产率的计算采用第二产业增加值除以从业人数③,将之带入神经网络模型再次进行测试,得到新的预测值,效果如图3-11所示。

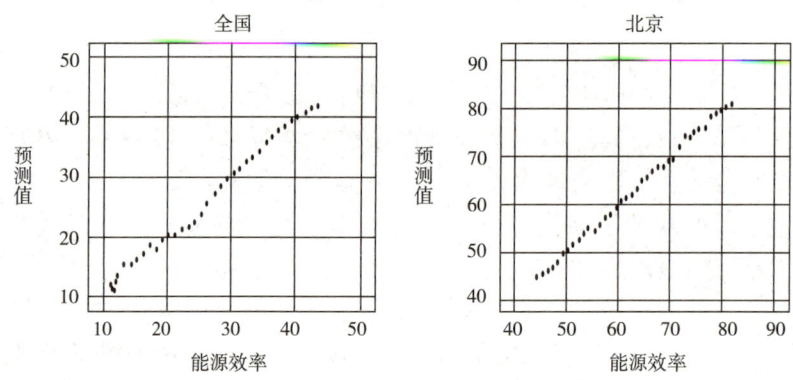

图3-11 能源效率预测效果

---

① 民银智库. 我国改革开放40年产业结构演进历程与新时代现代化产业体系构建研究[EB/OL]. http://www.sohu.com/a/229495949_618573.

② 魏楚,沈满洪. 能源效率及其影响因素:基于DEA的实证分析[J]. 管理世界,2007,167(8):66-76.

③ 邹薇,袁飞兰. 劳动收入份额、总需求与劳动生产率[J]. 中国工业经济,2018(2):5-23.

第三章 产业结构异质性的能源消费效应研究

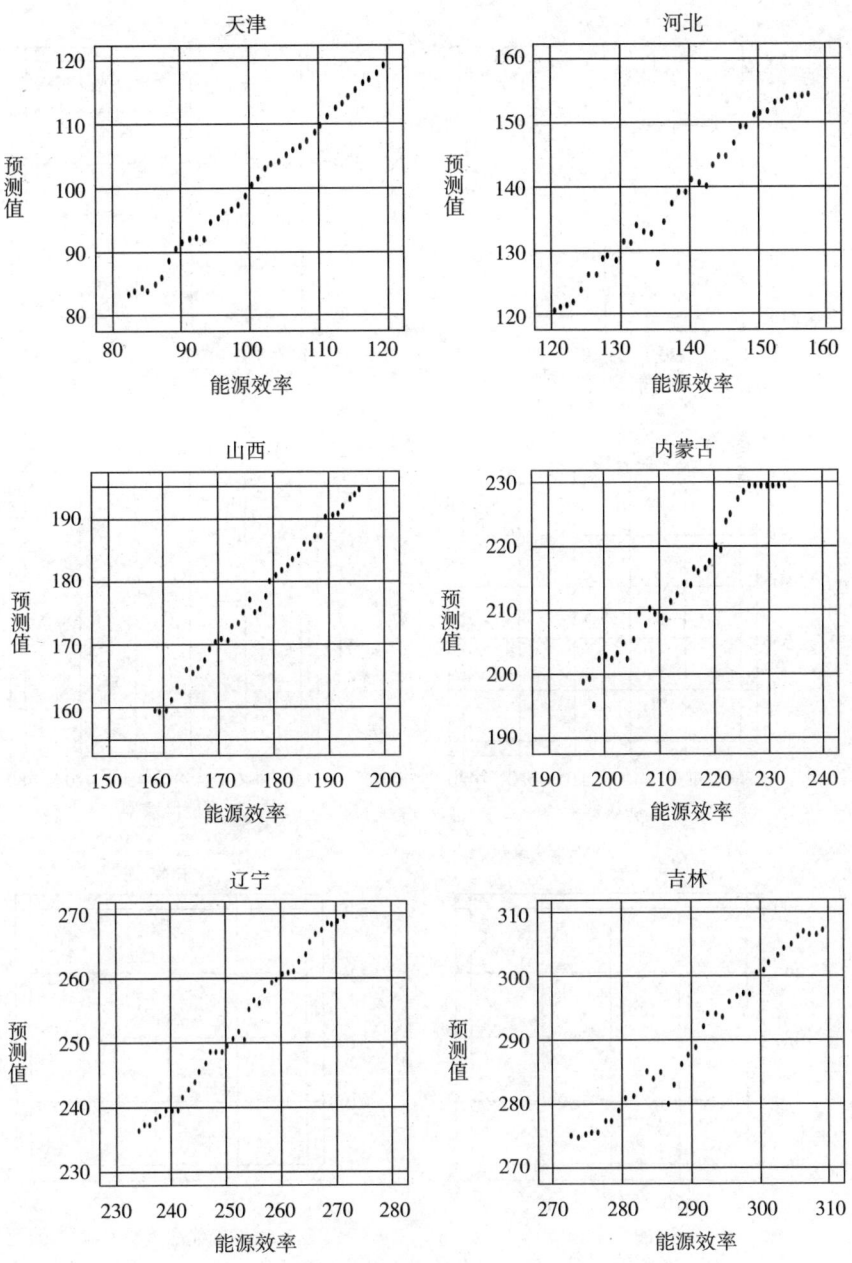

图 3-11 能源效率预测效果（续）

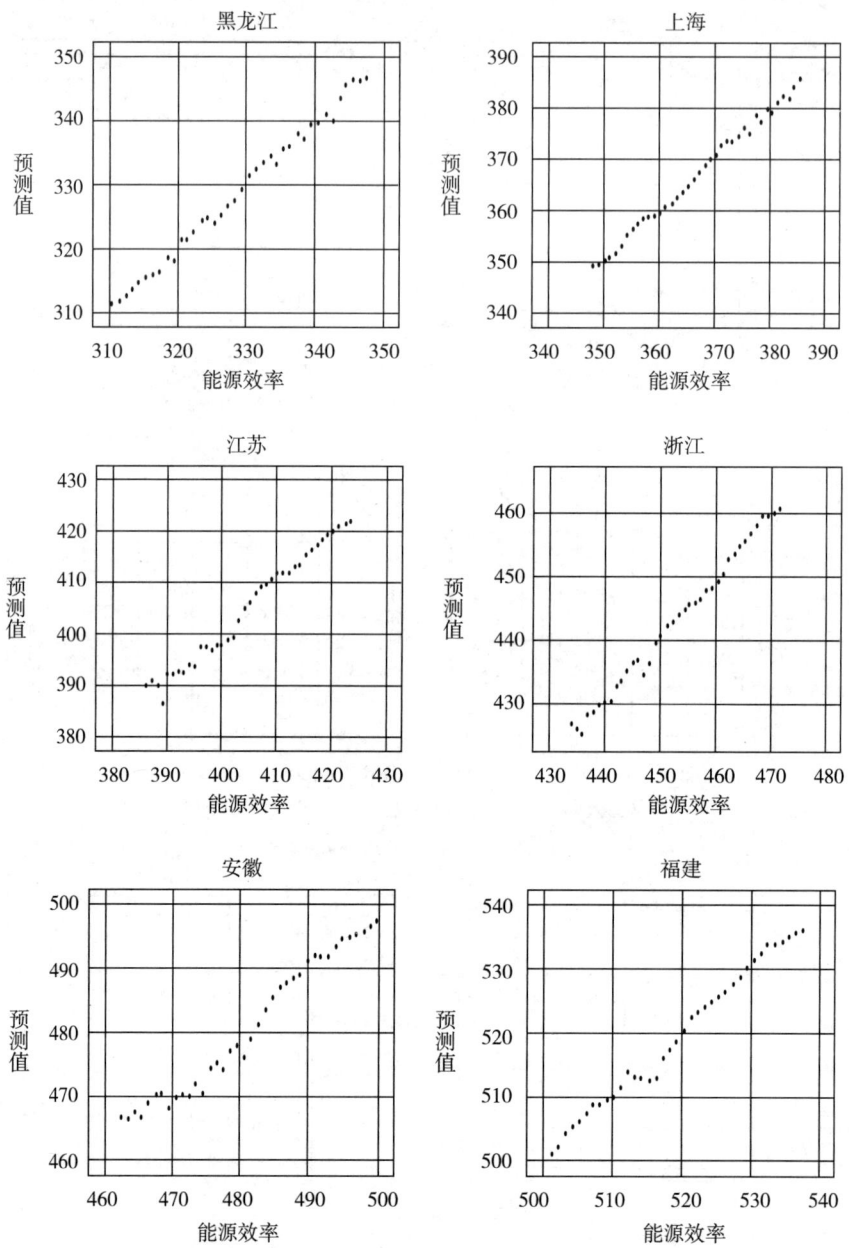

图 3-11 能源效率预测效果（续）

第三章 产业结构异质性的能源消费效应研究

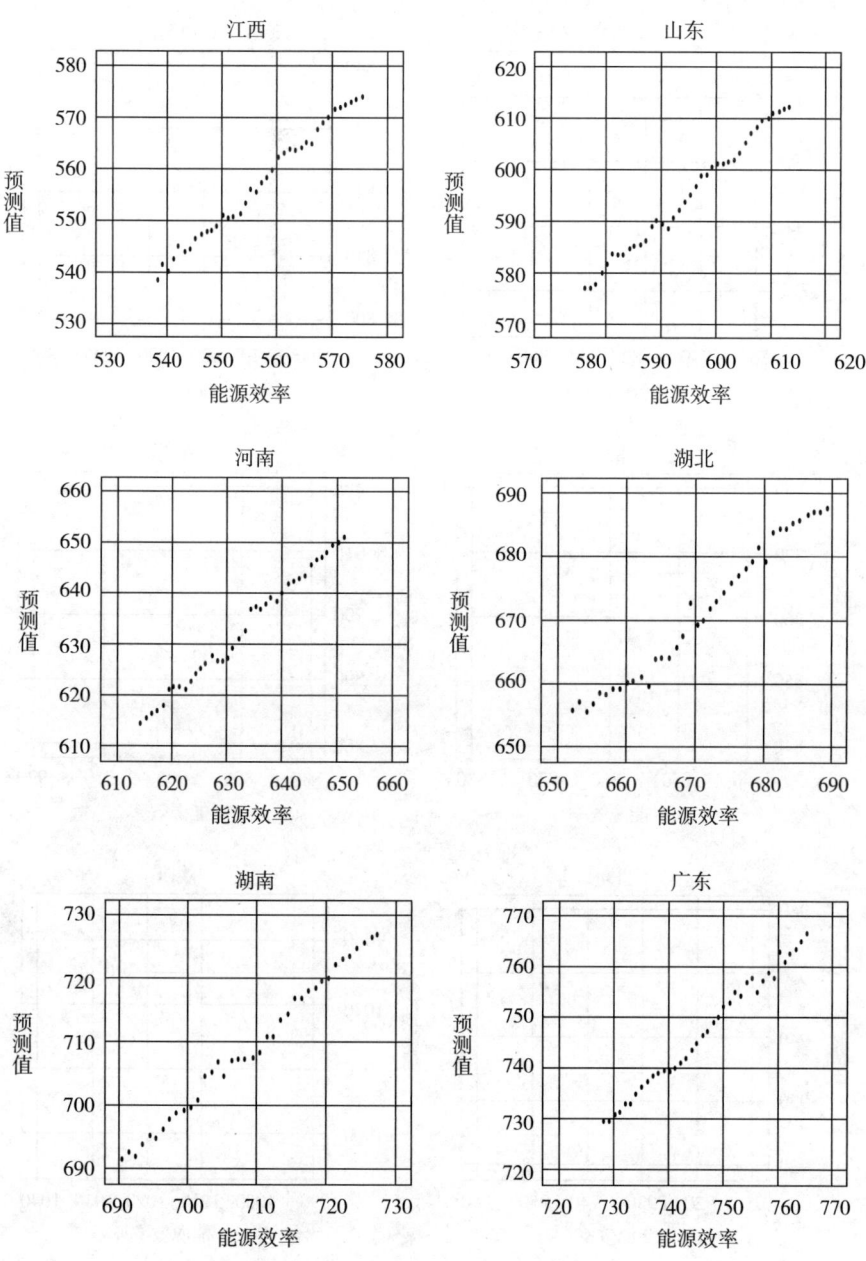

图3-11 能源效率预测效果（续）

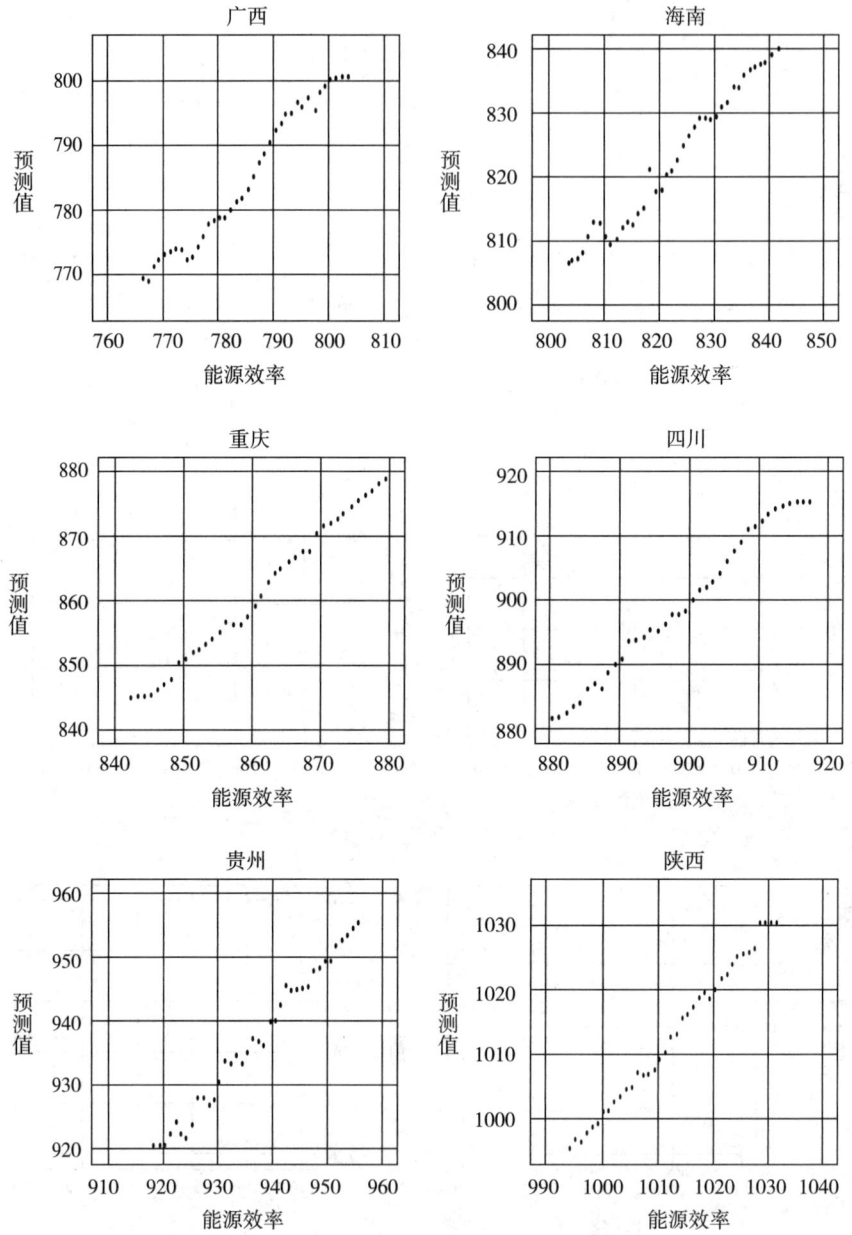

图3-11 能源效率预测效果（续）

第三章 产业结构异质性的能源消费效应研究

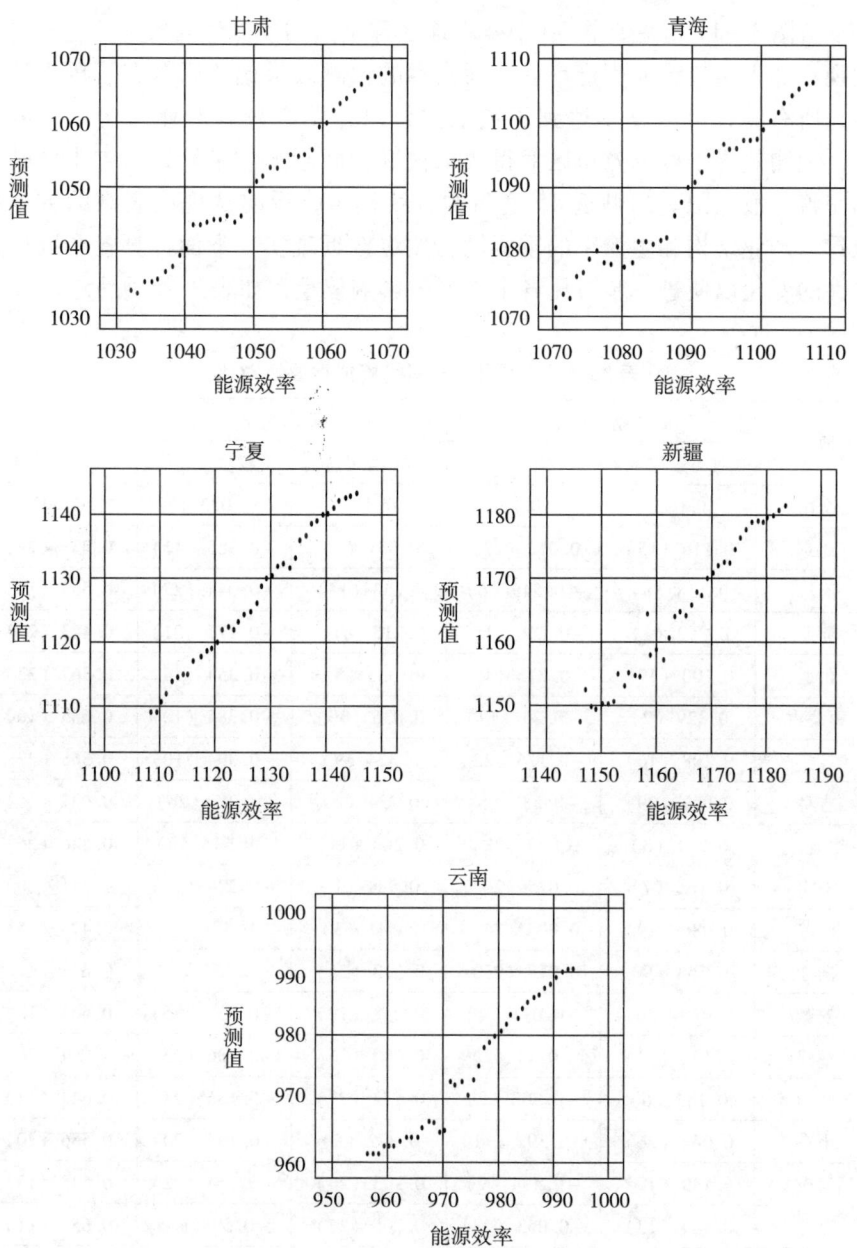

图 3-11 能源效率预测效果（续）

由图 3-11 可见，将 30 个样本地区和全国的预测值与实际值进行对比发现，加入第二产业生产率后，两因素的预测效果比单因素有了极大的改进，所有的省市区基本达到了预期的效果，原本只有产业结构一个因素时，预测效果不好的省市区变得效果很好，而原本效果较好的省市区则更加完善，散点图更加贴近 45 度角的直线模拟，说明从现在表观的数据模拟看，产业结构和生产率的重要性已然更接近现实，下面计算各个数值重要性的变化以便进一步对比各个因素的影响权重，如表 3-5 所示。

表 3-5 双因素 BP 网络模拟重要性对比

地区	产业合理化		产业高级化		第二产业劳动生产率
	双因素权重	权重变化	双因素权重	权重变化	
全国	0.073	-0.256	0.319	-0.351	0.607
北京	0.116 (15)	0.052 (27)	0.551 (2)	-0.385 (11)	0.333 (29)
天津	0.158 (8)	-0.545 (6)	0.253 (13)	-0.044 (27)	0.589 (19)
河北	0.362 (1)	-0.246 (18)	0.215 (20)	-0.177 (21)	0.423 (27)
山西	0.100 (17)	-0.213 (19)	0.333 (7)	-0.354 (14)	0.567 (23)
内蒙古	0.329 (2)	-0.25 (17)	0.036 (30)	-0.385 (12)	0.635 (16)
辽宁	0.108 (16)	-0.174 (22)	0.324 (9)	-0.394 (10)	0.568 (22)
吉林	0.029 (29)	-0.587 (5)	0.334 (6)	-0.05 (26)	0.637 (15)
黑龙江	0.291 (3)	0.069 (28)	0.263 (11)	-0.515 (6)	0.446 (26)
上海	0.165 (7)	0.025 (26)	0.584 (1)	-0.276 (19)	0.251 (30)
江苏	0.086 (19)	0.005 (24)	0.441 (3)	-0.478 (8)	0.473 (25)
浙江	0.154 (9)	0.018 (25)	0.213 (21)	-0.651 (1)	0.633 (17)
安徽	0.076 (20)	-0.611 (4)	0.258 (12)	-0.055 (25)	0.666 (10)
福建	0.124 (14)	-0.54 (7)	0.200 (26)	-0.136 (23)	0.676 (9)
江西	0.184 (6)	-0.508 (8)	0.172 (27)	-0.136 (24)	0.644 (14)
山东	0.042 (26)	-0.392 (11)	0.372 (5)	-0.194 (20)	0.586 (20)
河南	0.149 (10)	-0.494 (9)	0.203 (24)	-0.154 (22)	0.648 (13)
湖北	0.144 (13)	-0.053 (23)	0.205 (23)	-0.598 (4)	0.651 (11)
湖南	0.053 (23)	-0.865 (2)	0.329 (8)	0.247 (30)	0.618 (18)
广东	0.145 (12)	-0.186 (21)	0.047 (29)	-0.622 (3)	0.808 (2)
广西	0.019 (30)	-0.938 (1)	0.136 (28)	0.093 (29)	0.845 (1)

续表

地区	产业合理化		产业高级化		第二产业劳动生产率
	双因素权重	权重变化	双因素权重	权重变化	
海南	0.040 (27)	-0.275 (16)	0.249 (14)	-0.436 (9)	0.711 (7)
重庆	0.095 (18)	-0.277 (15)	0.319 (10)	-0.306 (17)	0.583 (21)
四川	0.046 (25)	-0.718 (3)	0.240 (16)	0.004 (28)	0.714 (5)
贵州	0.198 (5)	0.093 (29)	0.399 (4)	-0.496 (7)	0.403 (28)
云南	0.051 (24)	-0.191 (20)	0.238 (18)	-0.520 (5)	0.711 (6)
陕西	0.057 (22)	-0.361 (13)	0.240 (17)	-0.342 (15)	0.703 (8)
甘肃	0.242 (4)	0.116 (30)	0.232 (19)	-0.642 (2)	0.526 (24)
青海	0.032 (28)	-0.355 (14)	0.242 (15)	-0.371 (13)	0.726 (3)
宁夏	0.065 (21)	-0.412 (10)	0.211 (22)	-0.312 (16)	0.724 (4)
新疆	0.148 (11)	-0.374 (12)	0.201 (25)	-0.277 (18)	0.651 (12)

注：权重变化是双因素权重与单因素权重之差。

由表3-5可见，加入因素——地区第二产业劳动生产率，通过BP神经网络分析，三个变量的重要程度在各个省市区之间与两个变量具有比较大的差异性，变化程度在权重变化的第3列和第5列表示是三个变量条件下的权重与两个变量条件下的权重之差。同时，也为更方便地进行对于各个变量重要性的关系分析，我们对重要程度进行了排序，按从大到小的顺序，并将序号列示于重要性数值后的括号中，数字越小说明排名越前、重要性越大。

产业合理化、高级化和地区第二产业劳动生产率的重要程度的30个省域平均分别为0.1269、0.2683和0.6048，第二产业劳动生产率的重要性最大，是前两者分别平均减少数值（0.3062和0.2986）之和，相对而言，产业合理化的减少幅度更大；标准差分别为0.0885、0.1199和0.1335，离散系数分别为0.6974、0.4473和0.2206，高级化的重要性在30个省市区之间差异性相对较小；按全国进行计算，产业合理化和高级化及第二产业劳动生产率的重要程度分别为0.073、0.319和0.607，后者约是前两者之和的两倍，可见第二产业劳动生产率的重要性更加凸显。由于三者相加为1，因此，产业合理化和高级化的重要程度权重的变化值之和恰好等于第二产业劳动生产率的重要性值。为更加清晰地显示产业合理化和高级化的权重变化程度，我们制作图3-12如下。

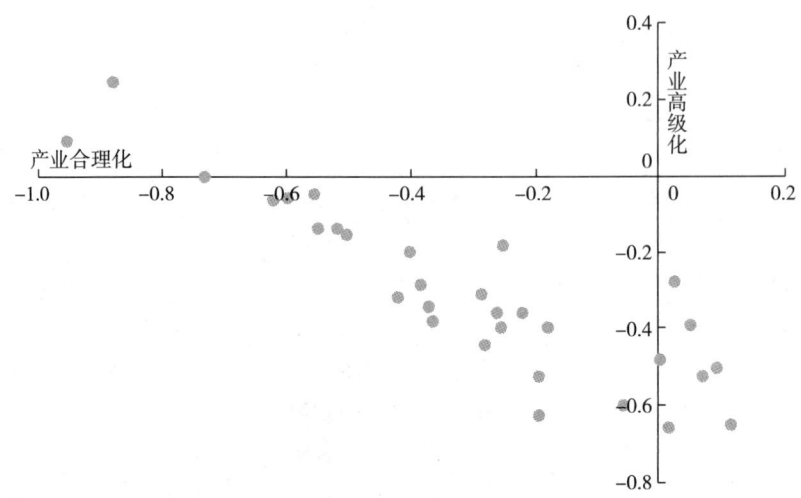

图3-12 产业合理化与高级化的权重变动

由图3-12可见，处于第一象限为空，即没有提示重要性发生增加的现象；第三象限的省市区最多，即产业合理化和高级化的重要性都发生缩减，共20个省市区；第二象限只有3个省区，从上到下分别是湖南、广西和四川，即产业合理化的重要性大幅度减少，而产业高级化程度提高较少，幅度最小的为四川（分别为-0.718、0.004）；第四象限有7个省市，从上到下分别是上海、北京、江苏、贵州、黑龙江、甘肃和浙江，同样是产业高级化的重要性相对大幅度减少，而产业合理化程度提高较少。

综上所述，显而易见，在大部分地区第二产业劳动生产率都有重要的地位，占比往往是最高的一个，甚至在陕西、青海、宁夏等多个省份超过了产业高级化与产业合理化的占比之和，也就意味着在改革开放40年中，对于能源效率，产业结构的总体作用不如第二产业劳动生产率重要。通过分析可以发现，只有北京、河北、上海、黑龙江、江苏、贵州的产业结构重要性（产业高级化加产业合理化）大于第二产业劳动生产率的重要性。而以上这些省份除了贵州，都是经济水平较高的省市区，黑龙江也是重要的老工业区。同样，这些分类与地域并没有太大的相关性，只能看出大部分国界线的沿线省市区的第二产业劳动生产率占比普遍较高，可以理解为这些省市区的地理优势使得第二产业占比较高,而同时第二产业劳动生产率的重要性也因此显得更为重要。

(二) 三因素预测分析

通过上一节的计算,加入第二产业劳动生产率进行双因素分析后,30个省市区的拟合效果很好,但是信息化与能源效率也有重大的关系[①],作为新兴的有重大意义的指标,我们将之带入模型再次进行拟合,预测效果如图3-13所示。

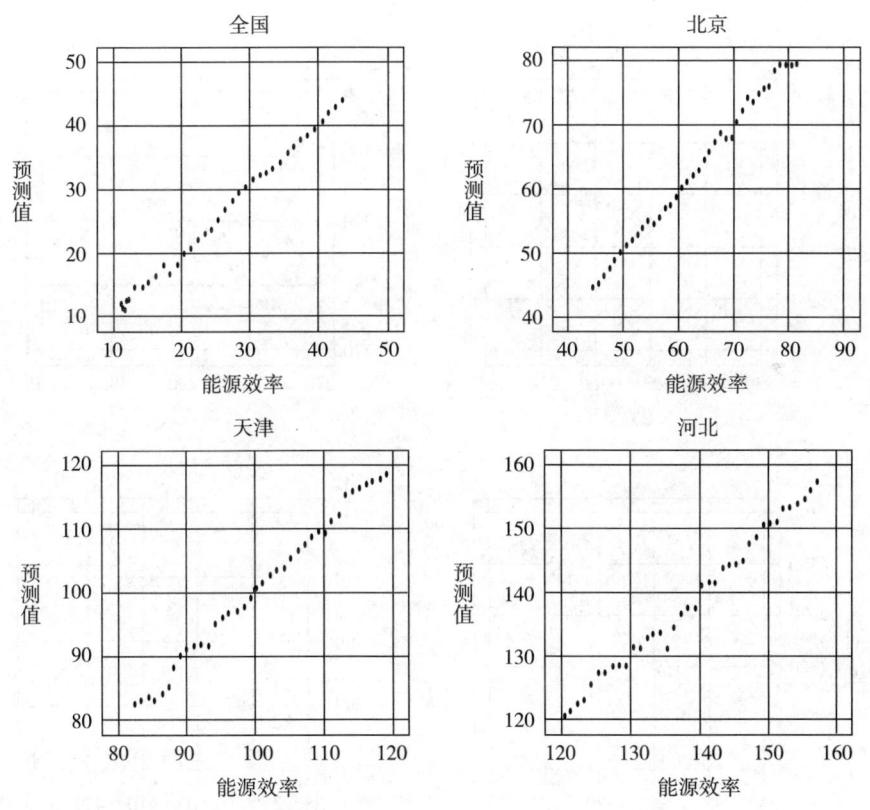

图3-13 三因素模拟效果图

---

① 张琦,王溪薇.信息化对能源效率的宏微观影响及净效应分析[J].开发研究,2018 (2).

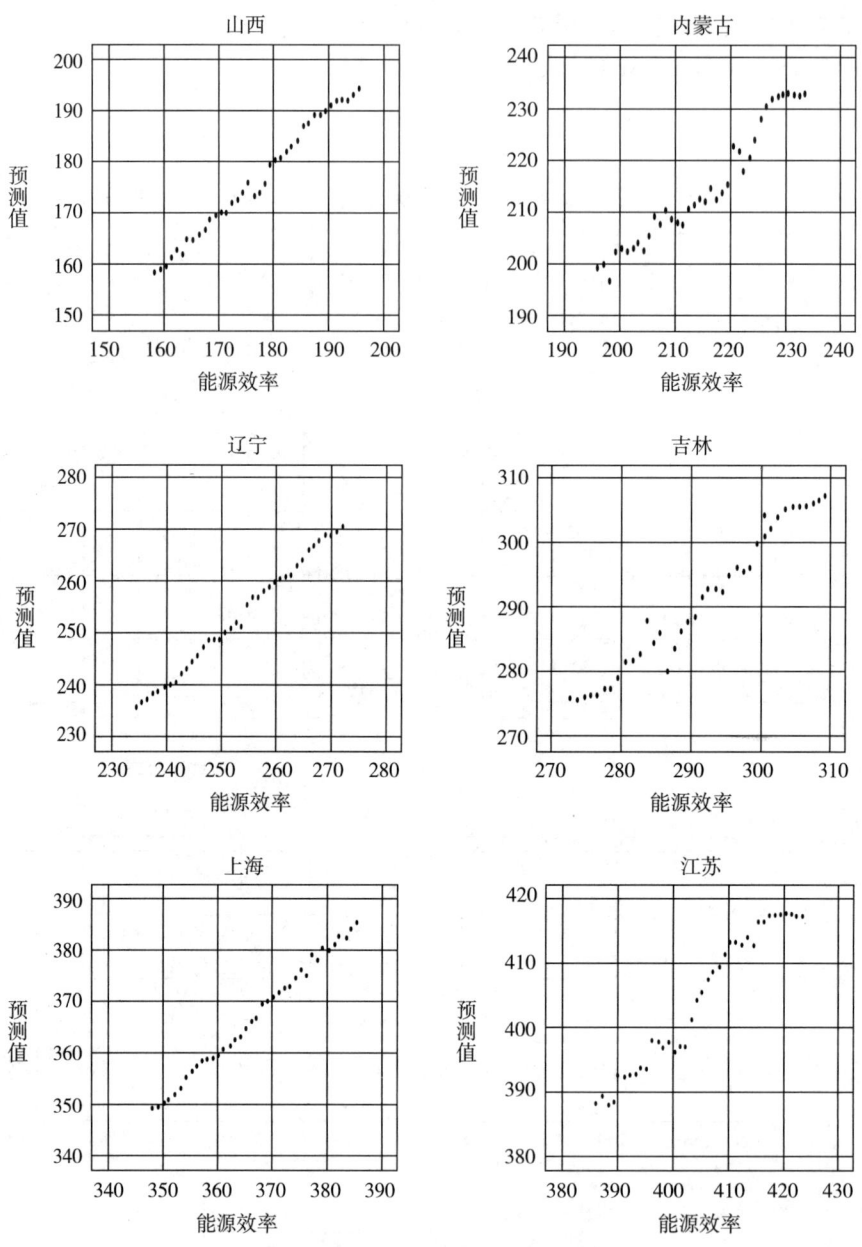

图3-13 三因素模拟效果图（续）

第三章 产业结构异质性的能源消费效应研究

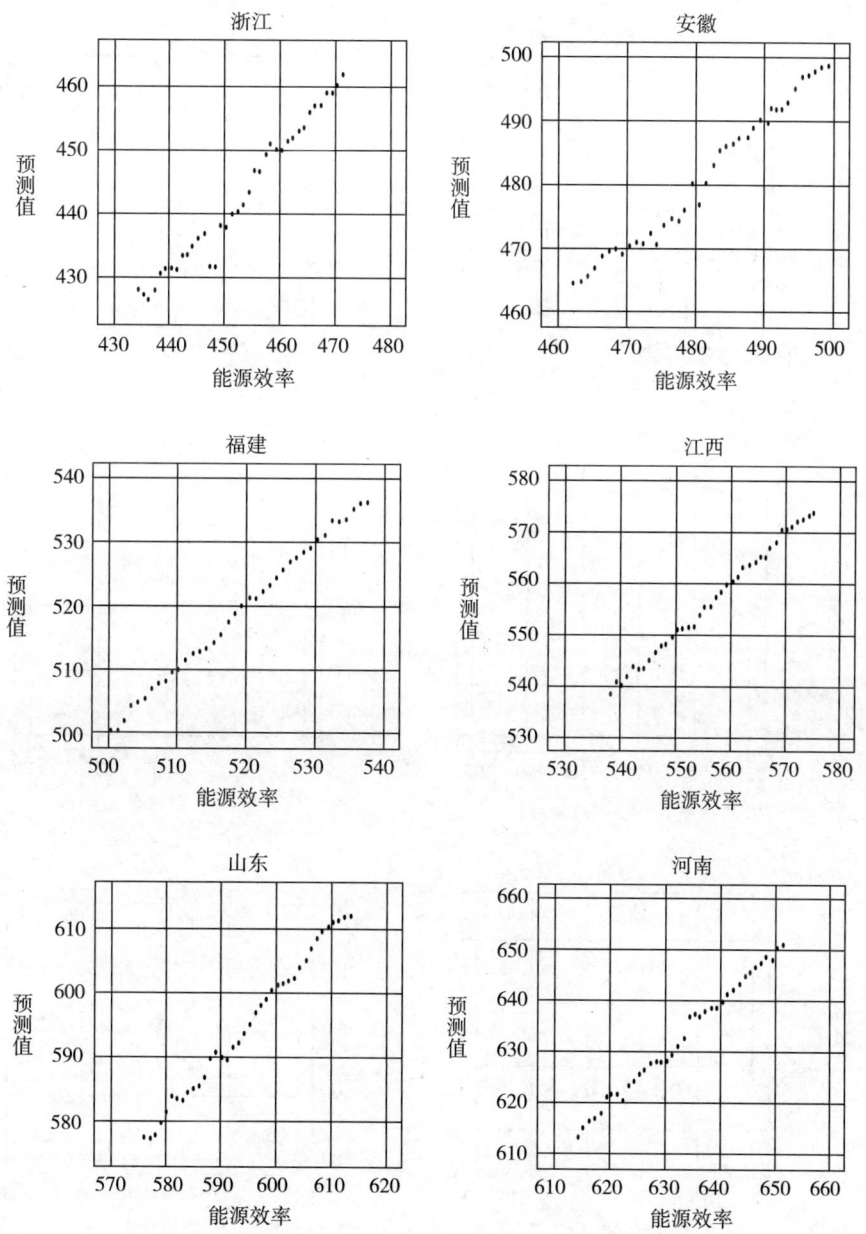

图 3-13 三因素模拟效果图（续）

产业结构调整对能源消费影响的统计测度研究

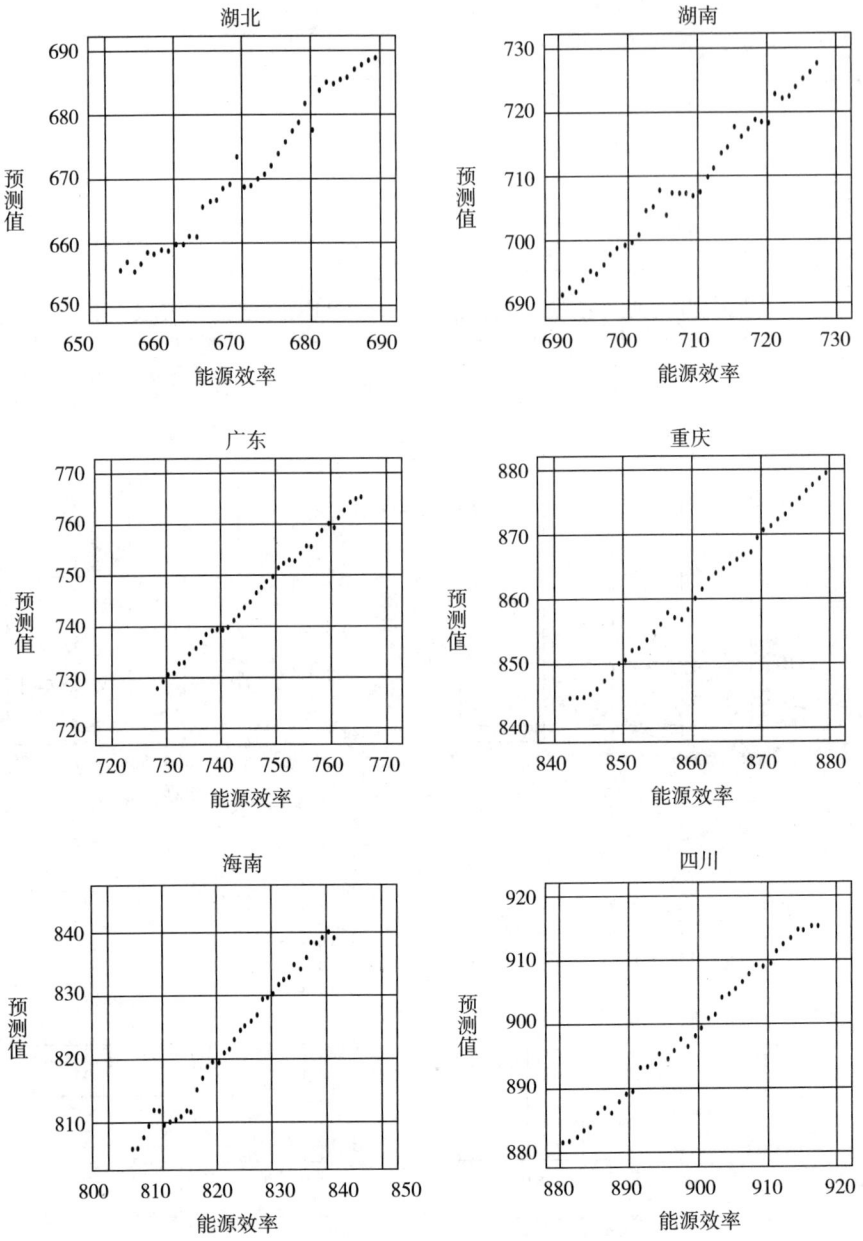

图 3-13 三因素模拟效果图（续）

第三章 产业结构异质性的能源消费效应研究

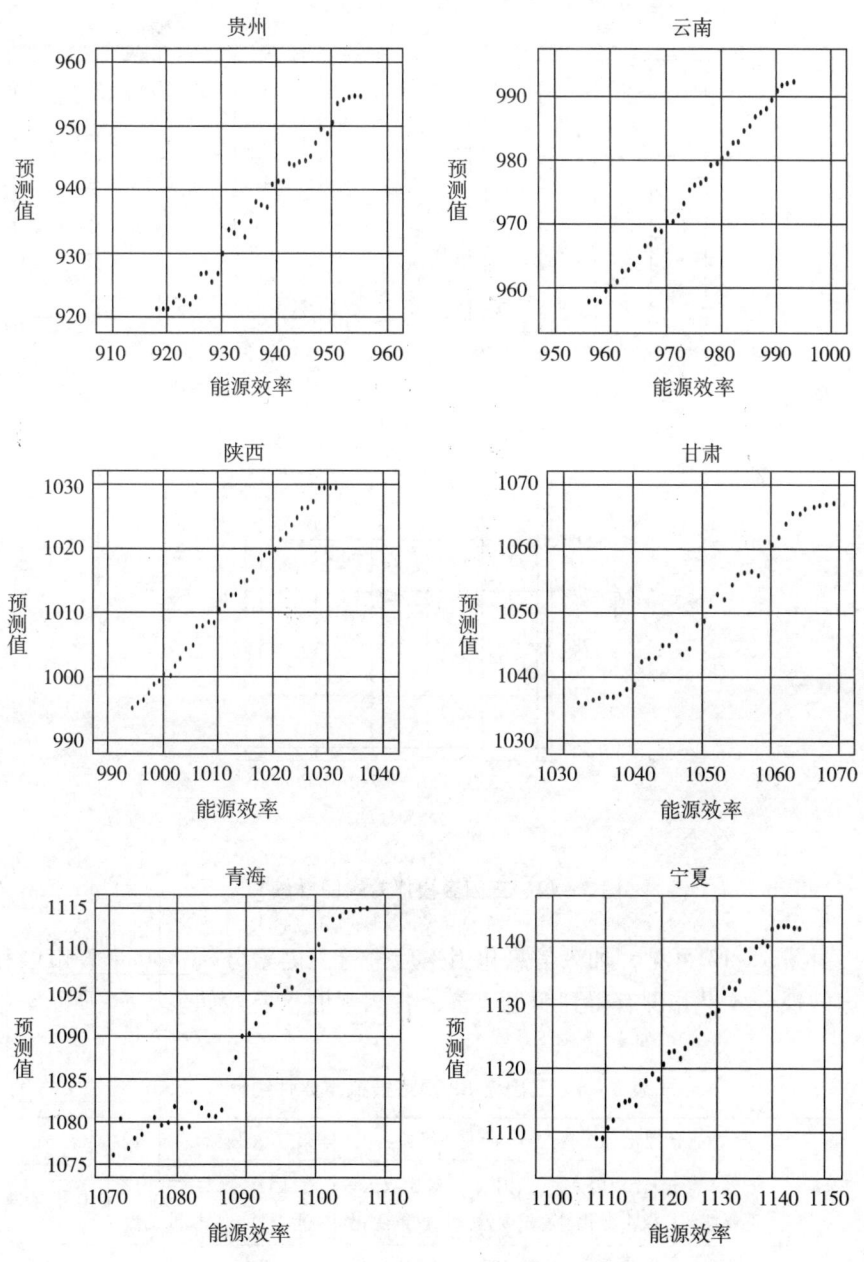

图 3-13 三因素模拟效果图（续）

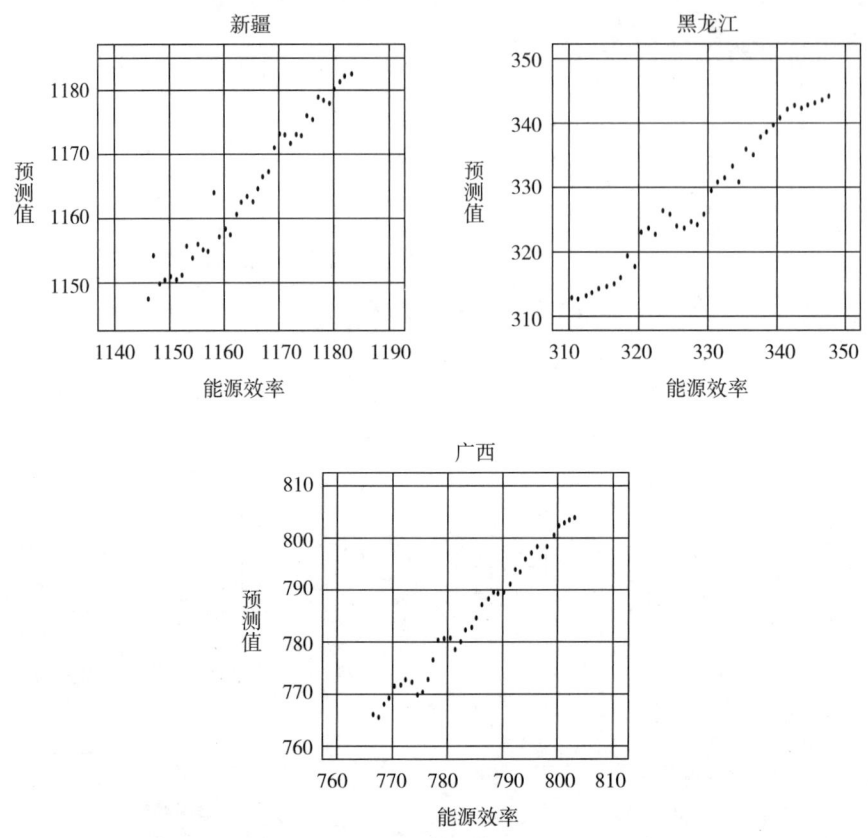

图 3-13 三因素模拟效果图（续）

由图 3-13 可见，加入信息化因素后进行三因素分析，30 个省市区和全国的拟合效果并没有得到明显改善，各因素的重要性如表 3-6 所示。

表 3-6 三因素 BP 网络模拟重要性统计

地区	产业合理化		产业高级化		第二产业劳动生产率		信息化指标
	三因素重要性	对比双因素权重变化	三因素重要性	对比双因素权重变化	三因素重要性	对比双因素权重变化	
全国	0.049	-0.024	0.192	-0.128	0.557	-0.051	0.203
北京	0.145	0.029	0.433	-0.118	0.277	-0.057	0.146
天津	0.173	0.015	0.338	0.085	0.319	-0.269	0.169

续表

地区	产业合理化		产业高级化		第二产业劳动生产率		信息化指标
	三因素重要性	对比双因素权重变化	三因素重要性	对比双因素权重变化	三因素重要性	对比双因素权重变化	
河北	0.184	-0.178	0.156	-0.059	0.485	0.062	0.175
山西	0.084	-0.016	0.259	-0.074	0.497	-0.034	0.124
内蒙古	0.231	-0.098	0.031	-0.005	0.437	-0.197	0.300
辽宁	0.094	-0.013	0.281	-0.043	0.525	-0.043	0.099
吉林	0.142	0.113	0.376	0.042	0.281	-0.355	0.200
黑龙江	0.053	-0.238	0.535	0.272	0.264	-0.182	0.148
上海	0.245	0.080	0.402	-0.182	0.258	0.007	0.095
江苏	0.127	0.041	0.499	0.058	0.023	-0.450	0.351
浙江	0.026	-0.128	0.537	0.324	0.386	-0.248	0.052
安徽	0.061	-0.015	0.158	-0.100	0.592	-0.074	0.189
福建	0.074	-0.050	0.126	-0.074	0.637	-0.039	0.163
江西	0.133	-0.051	0.159	-0.013	0.519	-0.125	0.189
山东	0.018	-0.024	0.396	0.024	0.542	-0.044	0.044
河南	0.065	-0.084	0.136	-0.067	0.530	-0.118	0.269
湖北	0.112	-0.032	0.279	0.074	0.350	-0.301	0.259
湖南	0.067	0.014	0.394	0.065	0.346	-0.272	0.193
广东	0.219	0.074	0.147	0.100	0.511	-0.297	0.123
广西	0.089	0.071	0.092	-0.044	0.475	-0.370	0.343
重庆	0.122	0.082	0.348	0.099	0.487	-0.224	0.043
海南	0.163	0.068	0.207	-0.112	0.596	0.010	0.034
四川	0.007	-0.039	0.199	-0.041	0.603	-0.111	0.191
贵州	0.156	-0.042	0.306	-0.093	0.324	-0.079	0.214
云南	0.152	0.101	0.064	-0.174	0.650	-0.061	0.134
陕西	0.017	-0.041	0.339	0.099	0.329	-0.374	0.316
甘肃	0.161	-0.081	0.358	0.126	0.232	-0.294	0.249
青海	0.035	0.003	0.183	-0.059	0.467	-0.259	0.315
宁夏	0.050	-0.015	0.223	0.012	0.447	-0.277	0.280
新疆	0.084	-0.064	0.368	0.167	0.248	-0.403	0.300

由表3-6可见，对全国来说，产业合理化、高级化、第二产业劳动生产率和信息化的重要性分别为0.049、0.192、0.557和0.202，而30个省市区的重要性平均值分别为0.1096、0.2776、0.4212和0.1903，对比

可知，最重要的是第二产业劳动生产率，其次是产业高级化和信息化，重要性最低的是产业合理化。在对比表中3因素条件下，30个省市区的4个变量的重要性数值，第二产业劳动生产率仍然是最重要的，而信息化则处于中间的一般重要性位置，基本是高于产业合理化的重要性，只有天津、河北、上海、广东、重庆、海南、云南7个省市产业合理化的重要性略高于信息化的重要性，差异最大的上海，也只有0.15，最小的天津，只相差0.004。

30个省市区，只有内蒙古、江苏、河南、湖北、广西、陕西、青海、宁夏、新疆的信息化重要性超过25%，达到了平均数，从中可以看出，信息化的优势还没有得到充分的挖掘。第二产业劳动生产率，只有福建、四川、云南超过了60%，而北京、天津、吉林、黑龙江、上海、江苏、浙江、湖北、湖南、贵州、甘肃、新疆的第二产业劳动生产率的重要性已经低于40%。

为更加清晰地显示加入信息化指标后3个原有变量重要性的变化，将三要素与两因素的变量重要性对比变化用图形进行显示，如图3-14所示。

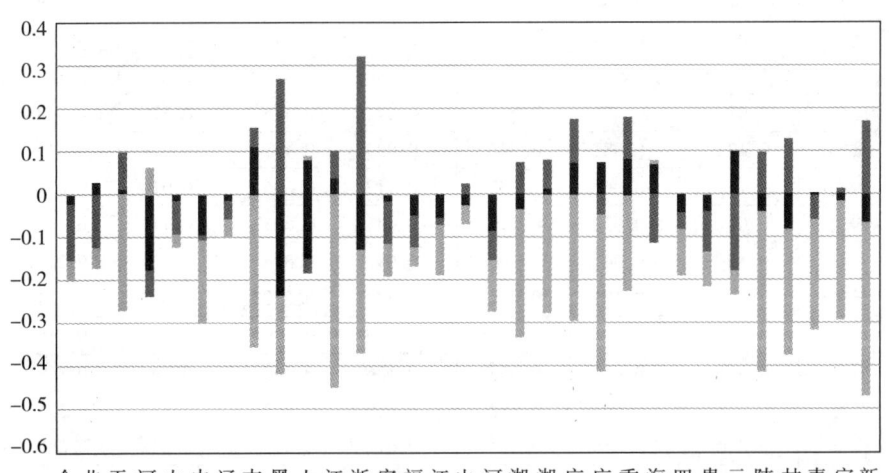

图3-14 三因素与两因素对比权重变化

由图 3-14 可见，对于代表产业结构变化使用的两个指标——产业结构高级化与合理化，随着更多因子的加入，两者的重要性也产生了一定的变化。其中单因素与双因素大多存在重大的差距，而双因素与三因素之间的差距则相对较小，这个现象在大部分省市区都存在。产业合理化的单因素至双因素比例有所增加的只有黑龙江、内蒙古、甘肃 3 个省区，其余的省市区都有所减少。产业高级化指标只有黑龙江的重要性随着因素的增加反而减少，其他省市区都有大量或少量的增加。也有部分省市区不是完全地随因素增加而减少，呈现较为混乱的状态。

六、本章小结与政策建议

（一）本章小结

在对产业结构高级化和合理化进行测度的基础上，通过 BP 神经网络分析，将产业结构、第二产业劳动生产率和信息化 3 个因素采取逐次进入的方式，模拟能源效率的变化。

首先，以产业结构单因素两个变量进入模拟时，模拟效果约有 1/2 的省市区较好，其余效果较差。两个变量的重要程度在各个省市区之间具有比较大的差异性。产业合理化和高级化的重要程度的 30 个省市区的平均值分别为 0.4332 和 0.5667，可见，产业结构高级化的重要性更大；离散系数分别为 0.5842 和 0.4464，高级化的重要性在 30 个省市区之间差异性相对较小；按全国进行计算，产业合理化和高级化的重要程度分别为 0.329 和 0.671，后者是前者的两倍多，可见高级化的重要性更加凸显。

其次，以产业结构合理化、高级化和地区第二产业劳动生产率双因素 3 个指标进入模拟时，模拟效果很好。3 个指标的重要程度的 30 个省市区的平均值分别为 0.1269、0.2683 和 0.6048，可见，第二产业劳动生产率的重要性最大，是前两者分别平均减少数值（0.3062 和 0.2986）之和，相对而言，产业结构合理化的减少幅度更大；离散系数分别为 0.6974、0.4473 和 0.2206，高级化的重要性在 30 个省市区之间差异性相对较小；

第二产业劳动生产率的重要性在30个省市区之间差异性最小；按全国进行计算，产业合理化和高级化及第二产业劳动生产率的重要程度分别为0.073、0.319和0.607，后者约是前两者之和的两倍，可见第二产业劳动生产率的重要性更加凸显。由于三者相加为1，因此，产业合理化和高级化的重要程度权重的变化值之和恰好等于第二产业劳动生产率的重要性值。

最后，以产业结构合理化、高级化、地区第二产业劳动生产率和信息化三因素4个指标进入模拟时，模拟效果同样很好，但与双因素的模拟效果进行对比并没有更大的改进。对全国来说，产业结构合理化、高级化、第二产业劳动生产率和信息化4个指标的重要性分别为0.049、0.192、0.557和0.202，而30个省市区的重要性平均值分别为0.1096、0.2776、0.4212和0.1903，对比可知，最重要的是第二产业劳动生产率，其次是产业结构高级化和信息化，重要性最低的是产业结构合理化。对比三因素条件下30个省市区的4个变量的重要性数值可知，第二产业劳动生产率仍然是最重要的，而信息化则处于中间的一般重要性的位置，基本是高于产业结构合理化的重要性，只有天津、河北、上海、广东、重庆、海南、云南7个省市产业结构合理化的重要性略高于信息化的重要性，差异最大的上海，也只是0.15，最小的天津，只相差0.004。

（二）政策建议

使用BP神经网络方法，研究产业结构调整对能源效率的影响，并通过添加因素促进模拟效果的改善，根据研究结论，本书提出以下建议。

1. 促进产业高级化

在单因素、双因素和三因素分析中，产业结构的两个衡量变量——产业高级化和合理化几乎全部是产业高级化的重要性更大，而产业合理化的重要性相对较小。在只对产业结构进行分析时，利用产业合理化与产业高级化的指标进行训练，结果表现更为明显，基本后者的重要性数值是前者的两倍。可见，在目前情况下仍然是提高第三产业的占比有着重要的作用与意义。

2. 提高第二产业劳动生产率

在仅使用产业结构的单因素分析时，内蒙古、江西、河南、湖南、广西、海南、四川、贵州、陕西、山西、安徽、福建的拟合效果并不好，而加入第二产业劳动生产率采用双因素分析后，模拟效果得到了极大改善，但同时发现，大部分省市区的产业结构重要性低于第二产业劳动生产率的重要性，可见，结构红利与内涵效率的提高相比，后者更加重要。

3. 挖掘信息化的潜力

在30个样本省市区中，从三因素模拟效果分析发现，信息化重要性的数值都比较低，然而国内外的发展经验表明，信息化对产业升级有重大意义，但目前只有少数省市区的信息化占据较为重要的地位，同时，信息化重要性的提高主要是与第二产业劳动生产率的下降相关联，据此推测，信息化应该是未来能源效率提高跃升的关键点之一。

综上所述，提高第二产业劳动生产率、促进产业结构高级化、加强信息化建设等将是能源效率提高的关键。

第四章　能源消费约束下产业结构动态优化调整

改革开放以来，工业化、城镇化和农业化的推进促使我国经济的飞速发展和人民生活水平的提高，我国产业结构已摆脱了以第一产业为本的旧状，逐渐向第二、第三产业转移，但地区间由于资源禀赋差异和政策开放程度不一，产业结构的地区差异明显。以传统化石能源为主的能源消费结构在发展进程中扮演着重要角色，近年来城市若隐若现的雾霾和越发脆弱的生态预示着环境承载力已经接近极限[①]。据世界能源组织的数据显示，2007 年我国一次能源消费量为 2150.3 百万吨油当量，位列世界第二，仅次于美国。2007~2017 年的 10 年间，我国能源消费量以约 4% 的年均增长率高速攀升，截至 2017 年，一次能源消费量已达到 3132.2 百万吨油当量，10 年间消费量增长近 50%，已远超美国 2234.9 百万吨油当量的消费量。能源消费量与污染物排放量正向挂钩，巨大的能源消费量与之伴随的污染会带来环境外部性压力，严重危害人民群众的生产生活和健康水平。企业生产经营对能源消费具有刚性需求，行业发展和产业扩张离不开能源消费量的相应增长，在一定程度上限制能源消费和控制污染物排放必然影响产业发展，进而影响产业结构变动。在环境和发展问题中，该选择是"金山银山"还是"绿水青山"？面对环境逐渐恶化的压力，国家"十二五"规划明确提出将"单位 GDP 能耗降低"和"单位 GDP 二氧化碳排放量降低"纳入各地经济社会发展综合评价和绩效考核，地方政府采取各种措施但成效不一[②]。以往的经济发展方式离不开对传统化石能源的消费，

[①] 闫胜军，何霄嘉，王烜，等. 城市气候承载力定量化评价方法初探[J]. 气候变化研究进展，2016，12 (6)：476-483.

[②] 王班班，齐绍洲. 市场型和命令型政策工具的节能减排技术创新效应——基于中国工业行业专利数据的实证[J]. 中国工业经济，2016 (6)：91-108.

但其具有不可再生性和高污染的特点,在使用过程中使经济发展和环境保护之间的矛盾逐渐突出,不满足绿色可持续发展的要求。同时,我国经济进入新常态,经济发展进入重要转轨时期,纯粹的粗放型要素投入驱动发展方式既得不到"金山银山"也换不回"绿水青山"[①]。在"环保一票否决"的制度下通过对能源消费设限,以节能减排驱动,利用环境规制的倒逼机制,淘汰落后产能的同时促进企业技术创新,推动产业结构的高级化和去污染化,促进产业结构合理优化才是绿色可持续发展的必由之路[②]。综合考量环境和经济因素,研究如何在能源消费约束下调整产业结构,降低不利影响,具有重要的现实意义。

一、理论基础构建

在产业结构与能源消费的关系研究中,以往的学者多致力于产业结构调整对能源消费的影响,包括对能源消费总量、能源消费结构和能源效率的影响。有研究表明,产业结构优化利于降低能源消费总量,同时降低能源强度、促进能源效率提升[③]。张雷(2011)认为我国产业结构演进规律决定了能源消费量增长的基本走向。张勇(2015)基于 Moore 值设计了产业结构变迁的测度指数,并验证了产业结构的变迁升级对能源强度下降的显著结构效应。但现有研究鲜有将能源消费作为原因,解释其对产业结构变动的影响机制和影响程度。

(一)文献研究

在能源消费对产业结构调整的影响方面,已有文献大多将能源消费作

[①] 郑艳,翟建青,武占云,等. 基于适应性周期的韧性城市分类评价——以我国海绵城市与气候适应型城市试点为例[J]. 中国人口·资源与环境,2018(3).

[②] 史军,穆海振. 大城市应对气候变化的可持续发展研究——以上海为例[J]. 长江流域资源与环境,2016,25(1):1-8.

[③] 史丹. "十二五"节能减排的成效与"十三五"的任务[J]. 中国能源,2015,37(9):4-10.

为限制性条件，研究产业结构的变动。严婷婷（2009）以投入产出结构为基础，结合线性规划和AHP法，以水资源为约束条件，为产业结构调整提出四套解决方案[1]。朱永彬等（2014）从消费需求拉动的角度构建一个反映部门生产结构的新型动态优化模型，并假设中国消费者偏好向发达国家趋近的条件下，对中国未来产业结构优化调整趋势进行模拟。张捷等（2015）通过构建投入产出模型，测算了广东省28个产业的经济关联与碳排放关联，进一步利用多目标规划模型设置不同情景对2012年产业结构进行模拟分析，结果表明，综合权衡在碳排放关联和经济关联的基础上采取差异化产业结构调整政策，可以在总收入不变的前提下实现降低碳排放和保持经济增长的双重目标。孙威等（2016）采取多区域投入产出模型，结合线性规划，构建了节能和就业导向下产业结构整体最优的模型和优化度模型，计算了中部各省份在不同导向下的产业结构优化度状况[2]。刘冰（2015）通过控制京津冀地区煤炭消费总量，发现能源消费对产业结构变化存在一个由负到正的单门槛效应。

从上述文献可见，在研究方法的选择上，大多采用线性规划方式直观地刻画产业结构变动大小，且多以节能减排、水资源消费、经济增长速度为约束条件，而直接从能源消费角度出发研究产业结构优化的文献数量较少。

（二）理论基础

能源消费量与污染物排放正向相关，对能源消费量的限制往往通过环境规制政策具体体现。地方政府一般通过命令控制型和市场激励型政策对企业进行正式规制，而民间团体基于自身利益与当地污染厂商谈判或协商形成非正式环境规制[3]。

较强的环境规制可能产生绿色悖论，即限制污染排放的政策反而酿成恶化环境的后果，从而使产业结构暂时偏离合理化和高级化方向发展。绿

---

[1] 严婷婷，贾绍凤. 河北省国民经济用水投入产出分析[J]. 资源科学，2009，31（9）：1522－1528.

[2] 孙威，李文会，张文忠，等. 节能和就业导向下中国中部地区产业结构优化[J]. 地理学报，2016，71（6）：984－997.

[3] 原毅军，谢荣辉. 环境规制的产业结构调整效应研究——基于中国省际面板数据的实证检验[J]. 中国工业经济，2014（8）：57－69.

色悖论的产生可能有以下几种原因：其一，环境规制政策提升了污染排放的未来成本，压缩了化石能源开采的利润空间，出于长远利益考虑，企业会加快化石能源的开采和使用；政府对新能源的补贴弱化了化石能源的地位，导致更多化石能源被开采出来；不正确地设置碳税；政策宣告和执行期间存在一定的滞后期[1]。其二，受到环境政策刺激，传统化石能源被广泛开采，价格下跌引致高耗能高污染行业大量消费，产业规模扩大，粗放的能源投入型经济发展方式被发挥到淋漓尽致，抑制产业结构的优化和升级[2]。

环境规制产生的补偿效应和抵消效应共同作用于企业技术创新，使产业结构朝高级化和低污染化方向发展[3]。从静态角度看，在技术、资源配置和消费者需求不变的条件下，企业为了执行严格的环境规制措施或者改良污染治理技术，减少污染物排放量由此增加了企业的污染治理成本，直接减少企业经济效益。在企业利润分配中，治污费用增加对企业创新资金形成挤出效应，不利于企业技术创新（蒋伏心，2013）。环境规制带来的成本增加和创新能力降低的双重压力，配合市场机制对企业群体形成一种强制性"精洗"，淘汰落后产能[4]。对于污染行业而言，边际成本曲线与平均成本曲线受环境规制影响向左移动，企业最佳规模点也随之左移，进而影响产业最优规模，产业结构朝低污染方向发生变动[5]。从动态角度看，合理的环境规制对企业经营目标形成适当的经济压力，为了转嫁成本危机，企业会谋求技术创新以期带来超额利润，由此激发企业的创新补偿效应，形成倒逼机制，推动企业生产工艺或治污技术的改进，企业由资源密集型向技术密集型方向升级[6]。技术创新为高污染企业摆脱绩效和环境之

---

[1] 张华，魏晓平．绿色悖论抑或倒逼减排——环境规制对碳排放影响的双重效应[J]．中国人口·资源与环境，2014，24（9）：21-29．

[2] 原毅军，耿殿贺．环境政策传导机制与中国环保产业发展——基于政府、排污企业与环保企业的博弈研究[J]．中国工业经济，2010（10）：65-74．

[3] 张成，陆旸，郭路，等．环境规制强度和生产技术进步[J]．经济研究，2011（2）：113-124．

[4] 韩超，桑瑞聪．环境规制约束下的企业产品转换与产品质量提升[J]．中国工业经济，2018（2）：43-62．

[5] 王娟茹，张渝．环境规制、绿色技术创新意愿与绿色技术创新行为[J]．科学学研究，2018（2）．

[6] 孙婷，余东华，张明志．技术创新、资本深化与制造业国际竞争力——基于环境规制视角的实证检验[J]．财经论丛，2018，229（1）：3-11．

间的权衡提供了一条有效路径，但技术创新无形中提高了行业技术要求，在提升行业进入壁垒的同时也加剧了行业内部竞争，此外，创新结果的不确定性也成为业内的一道筛选机制，环境规制的强度直接影响企业技术创新的水平，技术创新能力低的企业将被市场淘汰[①]。相对而言，环境规制对低污染行业资本的进入影响并不显著，进入障碍使社会资本偏好进入低污染高附加值的第三产业，产业结构逐渐趋于高级化[②]。

严格的环境规制影响FDI的进入，推动地区间产业的转移。FDI具有两面性：一方面认为它承载了先进的生产技术和管理经验，与东道国企业接触的过程中会产生溢出效应，促进东道国企业的专业化[③]；另一方面认为在全球价值链背景下，发达国家高污染企业在本国面临严苛的环境规制压力，往往需要在环境保护和污染治理方面投入大量的成本。相对而言，发展中国家环境规制政策相对宽松政策执行能力不足，对于污染密集型产业而言，发展中国家具有相对发展优势，使得发达国家的高污染产业转移到发展中国家或地区，也就是所谓的"污染避难"[④]。在我国当下情境中，东部地区经济发展水平高，环境规制较为严苛必定会限制发达国家高污染产业的转移，与此同时中西部地区能源储量丰富、环境承载力较强、环境政策宽松，对污染产业而言具有明显的相对发展优势，东部地区产业结构呈现去污染化的特点，而中西部地区呈现趋向污染化的产业结构特点。

为有效地联系能源约束和产业结构调整的关系，本章采用投入产出模型与线性规划模型相结合，设定能源消费量的限制，求解最优产业结构问题。投入产出模型是基于经济学家里昂惕夫提出的投入产出分析法得到的，能够有效分析国民经济产业结构的方法，如今广泛应用于经济问题的研究中。数据主要来源于《中国统计年鉴2016》的2015年全国分42个行业的投入产出表，各行业能源消费量数据来源于《能源统计年鉴2016》。

[①] 陈强. 环境规制、技术创新与经营绩效——基于中国工业行业面板数据的实证分析[J]. 科研管理, 2017, V38 (2): 18-25.

[②] 余伟, 陈强, 陈华. 环境规制、技术创新与经营绩效——基于37个工业行业的实证分析[J]. 科研管理, 2017, 38 (2): 18-25.

[③] 李斌, 彭星, 陈柱华. 环境规制、FDI与中国治污技术创新——基于省际动态面板数据的分析[J]. 财经研究, 2011 (10): 92-102.

[④] 魏玮, 宋一弘, 刘志红. 能源约束、环境规制对FDI流动的经济效应分析——来自215个城市的经验证据[J]. 审计与经济研究, 2013 (2): 106-112.

二、行业划分

从文献研究可见，环境规制的影响主要作用的客体是重污染行业，无论是溢出效应，还是污染转移效应，对行业按照生产过程的污染程度进行划分就显得尤为重要。

（一）文献分析

在污染产业划分方面，学者们主要利用单位产值污染物排放量数量对产业进行细分。其中，赵细康（2003）以 1991～1999 年我国各产业单位产值的污染物排放量的加权均值为尺度将 20 个行业划分为高污染行业（7个）、中度污染行业（7个）和低污染行业（6个）。已有文献大多都延续赵细康的划分方式。李小平（2010）通过计算各行业单位产出的 CO_2 系数将 20 个行业划分为高排放系数行业和低排放系数行业两大类。张艳磊（2015）等利用行业内被征收排污费企业比例、企业被征收排污费的平均数额以及排污费占企业营业收入的平均比值三项指标，利用主成分分析法进一步构建综合指标，将 34 个行业划分为高污染行业（12个）及低污染行业（22个）[1]。

由于研究视角和研究目的的不同，对污染产业的界定各有不同的侧重点，现有研究有直接根据政府相关文件划分重污染行业的，如舒利敏（2014）为研究行业上市公司责任报告中披露的内容，根据证监会发布的《上市公司行业分类指引》，将环保部 2008 年公布的《上市公司环保核查行业分类管理名录》（环办函〔2008〕373 号）界定的重污染行业合并为采掘业、食品饮料业、造纸印刷业、纺织服装皮毛业、石化塑胶业、金属非金属业、医药生物制品业和水电煤气业八大类[2]；有根据不同行业污染

---

[1] 张艳磊, 秦芳, 吴昱. "可持续发展"还是"以污染换增长"——基于中国工业企业销售增长模式的分析[J]. 中国工业经济, 2015 (2): 89-101.

[2] 舒利敏. 我国重污染行业环境信息披露现状研究——基于沪市重污染行业 620 份社会责任报告的分析[J]. 证券市场导报, 2014 (9): 35-44.

物排放总量的比较进行高污染、中污染、低污染行业的排序,主要排放物的指标包括废气、废水和固体废物三类(李玉楠、李廷,2012;傅京燕、赵春梅,2014);有直接计算各污染物排放强度的(赵细康,2003),计算方法较简单、数据收集较方便的有单位产值能源消费量的指标;有利用污染处理成本指标划分的(Low,1992),有直接采用这一指标的,也有用污染处理成本占其销售总额的百分比(Low,1992)或者用污染处理成本占产业总成本的百分比(Tobey,1990)。

计算方式较复杂的有利用 TOPSIS 综合评价法测度工业行业的环境污染综合指数,结果显示重度污染的产业主要以污染密集型产业为主,如煤炭采选、造纸及纸制品、纺织、电力热力的生产和供应、化学原料及化学制品、石油加工炼焦及核燃料加工、黑色金属冶炼及压延等重污染产业和部分高耗能重化工业[①]。刘巧玲等(2012)从污染强度和污染规模两方面进行整体考察,并将两个指标归一化处理后构建污染密集指数。

(二) 具体划分

借鉴刘友金(2015)等的研究成果,按照行业的污染物排放程度,我们将污染行业划分为三大类[②]。①重度污染型行业,如电力热力的生产和供应业、非金属矿物制品业、黑色金属冶炼及压延加工业、化学原料及化学制品业、造纸及纸制品业;②中度污染型行业,如纺织业、石油加工及冶炼业、食品制造业、医药制造业、饮料制造业、有色金属冶炼及压延加工业;③轻度污染型行业,如电气机械及器材制造业、金属制品业、皮革毛皮羽毛(绒)及其制品业、塑料橡胶制品业、印刷业和记录媒介的复制业。

由于第一产业和第三产业的环境污染程度相对较低,一般在分析能源和环境约束时只对工业行业进行分析,下面对工业行业的 25 个子行业先进行具体的划分。

首先,对工业 25 个子行业的污染排放数据的污染规模进行比较。工业污染选取废气、废水和固体废物三类污染物排放指标,非同类污染物不

---

① 屈小娥. 中国工业行业环境技术效率研究[J]. 经济学家,2014,7 (7):55-65.
② 刘友金,曾小明,刘京星. 污染产业转移、区域环境损害与管控政策设计[J]. 经济地理,2015,35 (6):87-95.

能直接相加,应进行标准化处理。其次,借鉴李玉楠、李廷(2012)的方法构建产业环境指数,具体方法如下①:

(1) 计算各行业单位产值的废气、废水和固体废物排放量,各行业生产总值由 2015 年全国投入产出表的产出法计算出,国内生产总值 = 总产出 - 中间投入。

(2) 对单位产值的废气、废水和固体废物排放量进行线性标准化处理,得到无量纲的工业废水排放指数、工业废气排放指数和工业固体废物产生指数,计算公式如下:

$$UE_{ij}^* = [UE_{ij} - \min(U_j)] / [\max(U_j) - \min(U_j)] \qquad (4-1)$$

式中,UE_{ij}^* 为行业 i 的污染物 j 单位产值排放量的线性标准化值,UE_{ij} 为行业 i 的污染物 j 单位产值排放量,$\max(U_j)$ 和 $\min(U_j)$ 分别为污染物 j 指标所在行业中的最大值和最小值。j 为污染物类别,分别为废气、废水和固体废物;i 为各个不同的产业,共 25 个。

(3) 对以上 3 个污染物排放指数进行加总,得到 25 个工业产业的环境污染指数。

通过上述方法计算出我国 2015 年的 25 个工业行业的环境污染指数,而后按照降序排列可得到各行业的污染物排放规模的大小,排名越靠前的行业说明污染物排放越严重。我们选定平均指数排名前十的产业为高污染行业,分别是金属矿采选产品、电力热力的生产和供应、金属冶炼和压延加工品、造纸印刷和文教体育用品、煤炭采选产品、纺织品、其他制造产品、非金属矿物制品、化学产品和石油炼焦产品和核燃料加工品。2010 年 9 月 14 日,环保部公布的《上市公司环境信息披露指南》(征求意见稿):火电、钢铁、水泥、电解铝、煤炭、冶金、化工、石化、建材、造纸、酿造、制药、发酵、纺织、制革和采矿业 16 类行业为重污染行业,这与本书划分的高污染行业基本一致。

由于第一产业和第三产业没有以上的工业三废排放数据,因此,采用能源强度指标,即单位产值能源消费量(单位:千克标准煤/万元)对 2015 年投入产出表中所有的 42 个行业进行排序,并将其中的信息传输软件和信息技术服务、金融、房地产、租赁和商务服务、科学研究和技术服

---

① 李玉楠,李廷. 环境规制、要素禀赋与出口贸易的动态关系——基于我国污染密集产业的动态面板数据[J]. 国际经贸探索,2012,28(1):34-42.

务、水利环境和公共设施管理、居民服务修理和其他服务、教育、卫生和社会工作、文化体育和娱乐、公共管理社会保障和社会组织11个行业归为其他服务行业,将批发和零售业、住宿和餐饮业合计为1个行业,则共计为31个行业[①]。最终,以环境污染指数为主,能源强度指标为辅,将全部31个行业分为高污染、中污染、低污染行业,其中,高污染行业为工业中环境污染指数排名前十的行业,中污染行业为工业行业中余下的15个行业,低污染行业排名以能源强度指标大小为依据,行业划分如表4-1所示,高污染、中污染行业使用数据为环境污染指数,低污染行业使用数据为单位产值能源消费量表示的能源强度指标。

表4-1 行业划分排序

分类	行业	指数	分类	行业	指数
高污染行业	金属矿采选产品业	1.6360	中污染行业	金属制品	0.1728
	电力热力的生产和供应	1.3813		食品和烟草	0.1585
	金属冶炼和压延加工品	1.2805		通信设备计算机和其他电子设备	0.1476
	造纸印刷和文教体育用品	1.0638		纺织服装鞋帽皮革羽绒及其制品	0.1317
	煤炭采选产品	0.9021		废品废料	0.1261
	纺织品	0.8140		非金属矿和其他矿采选产品	0.1259
	其他制造产品	0.7167		金属制品机械和设备修理服务	0.1058
	非金属矿物制品	0.6888		木材加工品和家具	0.0882
	化学产品	0.5551		交通运输设备	0.0661
	石油炼焦产品和核燃料加工品	0.5239		石油和天然气开采产品	0.0455
低污染行业	水的生产和供应业	0.1420		仪器仪表	0.0345
	交通运输仓储和邮政业	0.1257		电气机械和器材	0.0277
	建筑业	0.0165		通用设备	0.0248
	批发和零售业住宿和餐饮业	0.0146		专用设备	0.0212
	农林牧渔产品和服务	0.0131		燃气生产和供应	0.0201
	其他服务行业(包含11个子行业)	0.0094			

① 李小平,卢现祥. 国际贸易、污染产业转移和中国工业CO_2排放[J]. 经济研究,2010(1):15-26.

三、多目标规划模型构建

投入产出模型是基于经济学家里昂惕夫提出的投入产出分析法所得到的,是能够有效分析国民经济产业结构的方法,如今广泛应用于经济问题的研究中。本书结合投入产出模型与线性规划模型,设定能源消费量的限制,求解最优产业结构问题。数据主要来源于《中国统计年鉴2016》的2015年全国分42个行业的投入产出表,各行业能源消费量数据来源于《能源统计年鉴2016》。

为充分体现能源环境约束下产业结构的调整,在此采用多目标规划模型,将能源环境的指标双控作为约束条件,将经济发展等作为目标,具体模型设置如下。

(一) 目标函数

产业结构优化目标的选取是由政府和决策者把握当下基本国情所作出的,中共十八大以来我国经济发展进入"新常态",要改变过去的粗放型经济发展方式,以创新驱动推动经济和资源环境的和谐发展。基于此,构建多目标规划模型,以经济发展与节能减排为目标函数,以总产出、总投入和能源消费等为约束条件。鉴于我国目前的发展阶段,社会经济发展的多目标包括经济增长和节能减排,鉴于环境保护的碳等一系列排放与能源消费的密切相关性,在此设定两个目标,即经济增长和节能控制。

1. 经济增长

虽然我国经济已由高速增长阶段转向高质量发展阶段,但经济增长仍然是社会发展的重要标志,推动经济发展一直都是我国发展的目标之一。考虑到经济总产出数据不能很好地反映效益且具有重复计算等缺点,通常采用产业增加值作为数据反映经济发展规模。因此设定目标函数如下:

$$\max Z_1 = a_v X \quad (4-2)$$

式中,a_v 为相应部门的增加值系数矩阵,代表各部门增加值在总产出中所占的比重,是 1×31 的行向量;决策变量 X 为各部门的总产出,是

31×1 的列向量。

2. 节能目标

可持续发展要求在发展经济的同时，对自然资源消耗加以控制，以便整个经济能够持续发展，因此节能减排既是产业结构优化的新要求，也是最终目的。考虑到节能和减排的因果关系，能源消费量减少，在其他情况不变的条件下碳排放量也会相应减少，为了避免重复条件，将减排不列为目标函数。构建另一个以能源消费总量为最小值的目标函数：

$$\min Z_2 = eX \tag{4-3}$$

式中，e 为各部门的能源强度矩阵，反映各行业能源消费量与总产出的比值，是 1×31 的行向量，单位为吨标准煤/万元。

（二）约束条件

约束条件主要是利用 2015 年的投入产出表，按照经济发展的规律，依据国家的政策规定，尤其是有关限定性的指标厘清约束条件。

1. 投入产出均衡约束

根据里昂惕夫投入产出分析方法可得到两个均衡，即①：

中间产品投入 + 价值增值 = 总投入

中间产品消耗 + 最终产品消耗 − 进出口 = 总产出

据此，第一个约束条件就是以上两个平衡的综合反映：

$$AX + C_r + C_{gov} + F + U - V \leq X \tag{4-4}$$

式中，A 为原投入产出表中 42 个行业，变换为 31 个行业后计算得到的一个 31×31 的直接消费矩阵，反映各行业之间的经济联系，矩阵中的各数值标记为 a_{ij}，表示部门 j 在生产过程中对部门 i 产品的消费量；C_r 和 C_{gov} 分别表示最终消费中的居民消费支出和政府消费支出；F、U、V 均为 31×1 的列向量，分别表示消费和固定资本形成、净流出（调出和出口）和净流入（调入和进口）。

2. 节能约束条件

为了达到节能的目的，至少要求各产业能源消费量之和不超过预期消费总量的最高值。为了使模型具有现实意义，增加对能源强度的约束，结构优化、技术进步和管理水平提升是提高能源效率、降低能源强度和能源

---

① 刘遵义. 投入产出分析的拓展研究探讨[J]. 管理评论，2018，30（5）：3-8.

消费总量,促进经济转型的重要推手,随着经济增长,我国各产业能源强度呈现下降的趋势,同时,中共十八届五中全会提出实行能源消耗总量和强度"双控"行动,明确要求到2020年单位GDP能耗比2015年降低15%,能源消费总量控制在50亿吨标准煤以内[①]。由此设定约束条件为国家设定的双控指标,尽量满足能源消费总量不高于调整前基期的数值,能源强度按照5年15%的下降程度,每年需要下降至上一年的96.8019%,因此,对能源强度和能源消费总量的控制如下:

$$eX \leq E_0 \tag{4-5}$$

$$e \leq e_0 \times 0.968 \tag{4-6}$$

式中,e 为能源强度矩阵;E_0 为投入产出表基期的能源消费总量(扣除生活用能),单位为吨标准煤;e_0 为各行业能源强度向量,单位为吨标准煤/万元。

---

① 2017年12月,国家发改委就能耗总量和强度"双控"目标完成情况有关问题答记者问指出(http://www.gov.cn/zhengce/2017-12/18/content_5248190.htm):中共十八届五中全会提出实行能源消耗总量和强度"双控"行动,习近平总书记在"十三五"规划建议说明中对实行能源和水资源消耗、建设用地等总量和强度"双控"行动进行了重点说明。实行能源消耗总量和强度"双控"行动是推进生态文明建设,解决资源约束趋紧、环境污染严重的一项重要措施,既能节约能源资源,从源头上减少污染物和温室气体排放,也能倒逼经济发展方式转变,提高我国经济发展绿色水平。

国家"十二五"规划在把单位GDP能耗降低作为约束性指标的同时,提出合理控制能源消费总量的要求。2014年国务院办公厅印发《2014~2015年节能减排低碳发展行动方案》,将2014~2015年能耗增量(增速)控制目标分解到各地区。2006~2015年我国单位GDP能耗累计降低34%,节约能源达15.7亿吨标准煤,相当于少排放二氧化碳35.8亿吨。从两个五年规划时期我国经济增长对能耗的依赖程度来看,"十一五"以年均6.7%的能耗增速支持了GDP年均11.3%的增长,"十二五"以年均3.6%的能耗增速支持了GDP年均7.9%的增长,能源消费弹性系数由"十一五"时期的0.59下降到"十二五"时期的0.46。实践结果表明,降低能耗强度、控制能耗总量有利于扭转我国工业化、城镇化加快发展阶段对能源消耗大幅度增加的势头,缓解我国经济增长对能源消耗增长的依赖程度,对减轻我国资源环境瓶颈约束,提高经济发展质量发挥了重要作用。

"十三五"时期,国家在"十一五"、"十二五"节能工作的基础上,实施能耗总量和强度"双控"行动,明确要求到2020年单位GDP能耗比2015年降低15%,能源消费总量控制在50亿吨标准煤以内。国务院将全国"双控"目标分解到了各地区,对"双控"工作进行了全面部署。各地区、各部门应全面贯彻落实中共十九大精神,以习近平新时代中国特色社会主义思想为指导,强化能耗总量和强度"双控",鼓励节能提高能效,保障合理用能、限制过度用能,推动生态文明建设,落实绿色发展理念,加快形成资源节约、环境友好的生产方式和消费模式,以尽可能少的能源消耗支撑经济社会持续健康地发展。

3. 产出约束

作为发展中国家，我国的经济发展必然需要有一定程度的增长和调整，依据经济发展规律，各个行业都必须在一定范围内进行优化，因此，为整体经济的有序发展，将2015年各个产业的产值乘以85%和115%，分别作为各个行业产业结构调整中的上限、下限（以 H 和 L 为上限、下限的符号）。因此，产出值约束为：

$$X^L \leq X \leq X^H \tag{4-7}$$

其中，$X^L = 0.85X_0$，$X^H = 1.15X_0$，X_0 为投入产出表基期的各个行业总产出值的向量矩阵。

四、产业结构优化调整

为更好地针对产业结构优化的目标，在此分别对经济和能源双约束下、经济单约束下和能源单约束下的产业结构调整结果进行分析。

（一）经济和能源双约束

按照如上所构建的多目标规划模型，以经济和能源消费为双约束目标，使用 Lingo 程序对线性规划问题进行求解。将得到的 31 个产业代表的产业结构变化进行计算，为表达方便，将 31 个产业设置代码，如表 4-2 所示。

表 4-2 经济增长和能源消费双目标下产业结构变化

代码	行业	约束后的产出 X	约束前的产出 X	变化幅度（%）
S1	农林牧渔产品和服务业	1094069000	1070563649	2.20
S2	煤炭采选产品	231104900	227312372	1.67
S3	石油和天然气开采产品	97101310	84435925	15.00
S4	金属矿采选产品	147430400	138603618	6.37
S5	非金属矿和其他矿采选产品	94209100	88000194	7.06
S6	食品和烟草	1188485000	1144256392	3.87

续表

代码	行业	约束后的产出 X	约束前的产出 X	变化幅度（%）
S7	纺织品	457858600	436815502	4.82
S8	纺织服装鞋帽皮革羽绒及其制品	401842000	398142032	0.93
S9	木材加工品和家具	252562000	257642597	-1.97
S10	造纸印刷和文教体育用品	415321900	391989962	5.95
S11	石油炼焦产品和核燃料加工品	404709000	384337323	5.30
S12	化学产品	1634778000	1562054667	4.66
S13	非金属矿物制品	646143400	642897137	0.50
S14	金属冶炼和压延加工品	1140679000	1123648262	1.52
S15	金属制品	434361700	428206342	1.44
S16	通用设备	536662900	523937361	2.43
S17	专用设备	340468200	339078671	0.41
S18	交通运输设备	842263500	826374177	1.92
S19	电气机械和器材	661551800	643641804	2.78
S20	通信设备计算机和其他电子设备	847379700	827760366	2.37
S21	仪器仪表	80415400	76740323	4.79
S22	其他制造产品	37998300	36689582	3.57
S23	废品废料	47596180	44162288	7.78
S24	金属制品机械和设备修理服务	15017010	14685230	2.26
S25	电力热力的生产和供应	650431600	589941822	10.25
S26	燃气生产和供应	58147500	58105072	0.07
S27	水的生产和供应	25758260	25159602	2.38
S28	建筑	1920022000	2019037211	-4.90
S29	批发零售住宿和餐饮	1507876000	1350975668	11.61
S30	交通运输仓储和邮政	820300400	814159179	0.75
S31	其他服务业	4385631000	4245110816	3.31

由表 4-2 可见，经济、能源双约束情况下，仅木材加工和家具业以及建筑业出现负增长，行业变化幅度分别为 -1.97% 和 -4.90%，其他行业呈现不同程度的扩张趋势，石油和天然气开采业呈现高额增长，行业扩张幅度为 15%，其次为批发零售住宿和餐饮业的 11.61%，再次为电力热力业的 10.25%，剩下的行业大部分的增长量在 0%~5%。从增长行业和控制行业的分布上看并没有很明显的趋势。2015 年政府工作报告要求在未来一年间将 GDP 的增长目标设定在 6.5%，经济发展必然带来行业范围的

扩张，意味着大部分产业会呈现扩张趋势。具体的31个行业的对比如图4-1所示。

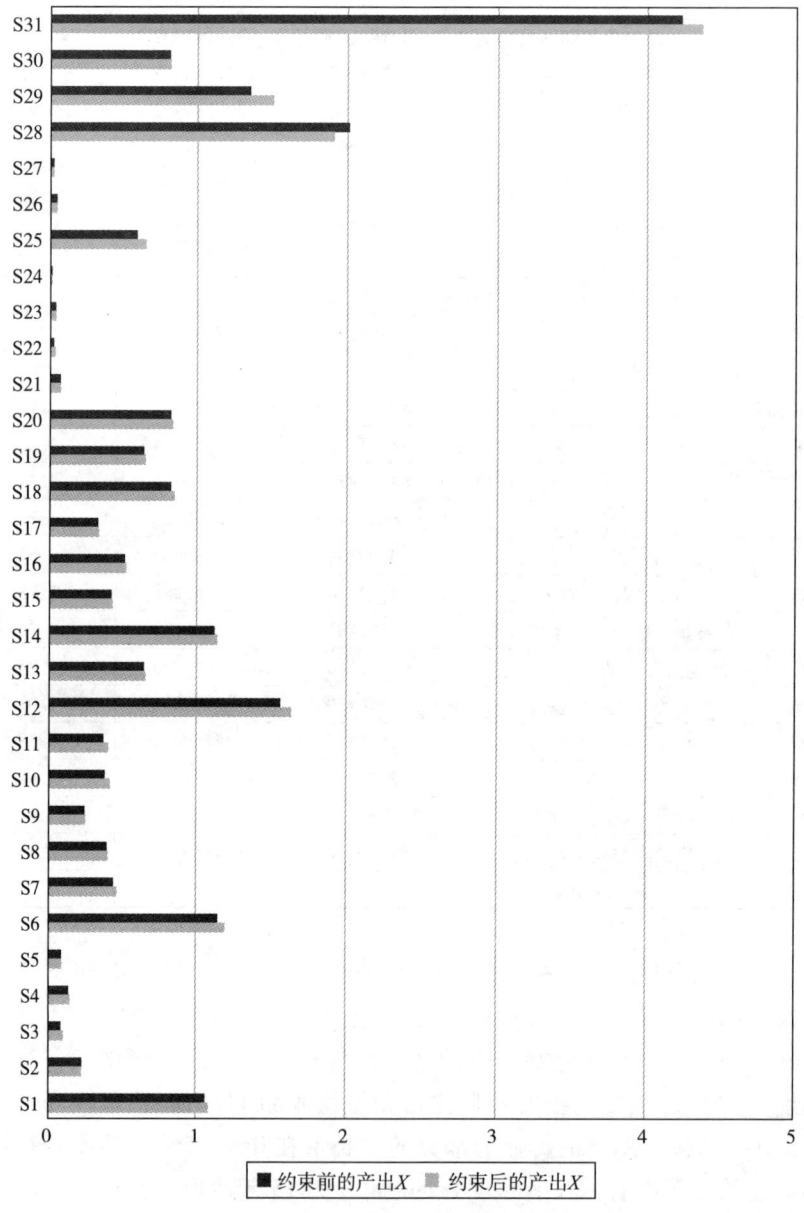

图4-1 31个行业调整前后对比

由图 4-1 可见，综合而言，服务业（包括批发零售住宿和餐饮业、交通运输仓储和邮政业、其他服务业）的总体增长幅度较小，第一产业即农林牧渔产品和服务业也仅仅为 2.2%，相对于工业部门的增速而言较为缓慢，原因可能为我国正在工业化的加速阶段，预计于 2020 年完成工业化建设，因此大部分工业行业仍处于迅速扩张的阶段。农业在我国经济中所占份额较少，在假设农业技术并未出现重大突破以及未出现重大自然灾害的情况下，农业发展相对较为稳定，因此变化幅度较小是符合经济发展规律的。产业结构优化对于经济发展的促进作用早已毋庸置疑，第三产业作为高级产业在我国占比呈现逐年增加的趋势，现今已与第二产业的产值份额不相上下，第三产业的体量较大，较低的增速并不意味着产业发展的程度就低。

（二）能源与经济单目标

按照所构建的多目标规划模型，如果以经济和能源消费为单约束目标，使用 Lingo 程序对线性规划问题进行求解。经济增长的单目标优化条件下与经济和能源消费双目标约束条件下的产业结构调整结果十分相似，在此就不进行单独列示，只列示以能源消费为单优化目标，线性规划求解得到的 31 个产业代表的产业结构变化结果，如表 4-3 所示。

表 4-3 能源单目标下的产业结构变化

代码	行业	约束后的产出 X	约束前的产出 X	变化幅度（%）
S1	农林牧渔产品和服务业	1078441000	1070563648.69	0.74
S2	煤炭采选产品	229576800	227312372.47	1.00
S3	石油和天然气开采产品	95585310	84435925.42	13.20
S4	金属矿采选产品	146645700	138603617.90	5.80
S5	非金属矿和其他矿采选产品	93732930	88000193.65	6.51
S6	食品和烟草	1167754000	1144256391.77	2.05
S7	纺织品	455944000	436815501.83	4.38
S8	纺织服装鞋帽皮革羽绒及其制品	400766800	398142031.84	0.66
S9	木材加工品和家具	251989600	257642596.60	-2.19
S10	造纸印刷和文教体育用品	410932800	391989961.86	4.83
S11	石油炼焦产品和核燃料加工品	401349900	384337323.24	4.43
S12	化学产品	1623244000	1562054667.28	3.92
S13	非金属矿物制品	645078800	642897137.42	0.34

续表

代码	行业	约束后的产出 X	约束前的产出 X	变化幅度（%）
S14	金属冶炼和压延加工品	1136646000	1123648262.37	1.16
S15	金属制品	432944500	428206342.18	1.11
S16	通用设备	535279400	523937360.83	2.16
S17	专用设备	339672200	339078671.00	0.18
S18	交通运输设备	839344600	826374176.76	1.57
S19	电气机械和器材	658074900	643641803.86	2.24
S20	通信设备计算机和其他电子设备	842600500	827760365.62	1.79
S21	仪器仪表	79919510	76740323.37	4.14
S22	其他制造产品	37756010	36689581.77	2.91
S23	废品废料	47321510	44162288.21	7.15
S24	金属制品机械和设备修理服务	14914970	14685229.51	1.56
S25	电力热力的生产和供应	645183800	589941821.59	9.36
S26	燃气生产和供应	57707830	58105071.61	−0.68
S27	水的生产和供应	25580260	25159601.92	1.67
S28	建筑	1919018000	2019037211.45	−4.95
S29	批发零售住宿和餐饮	1346487000	1350975667.52	−0.33
S30	交通运输仓储和邮政	810011300	814159179.05	−0.51
S31	其他服务业	4338483000	4245110815.93	2.20

由表4-3可见，以能源消费为单一约束目标时，木材加工品和家具业、燃气生产和供应业、批发零售住宿和餐饮业、建筑业以及交通运输仓储和邮政业五大类行业都呈现负增长情况，行业变化数值分别为−2.19%、−0.68%、−0.33%、−4.90%以及−0.51%，除了建筑业需要保持较大程度的控制以外，其他行业规模缩小程度较低，就行业所在特征而言，多为中低污染产业，建筑业在所分类的31类产业中，原产值位列第二，仅次于其他服务业，其他服务业融合了11个服务业子产业，因此产值庞大，建筑业由于产值大，能源强度较高，在能源为目标函数时，大幅缩小范围利于满足目标值。在范围扩张了的行业中，石油和天然气开采业、非金属矿和其他矿采选产品业、金属矿采选产品业增长幅度分别为13.2%、6.51%、5.8%，与双约束中的结论较为相似。具体对比如图4-2所示。

第四章 能源消费约束下产业结构动态优化调整

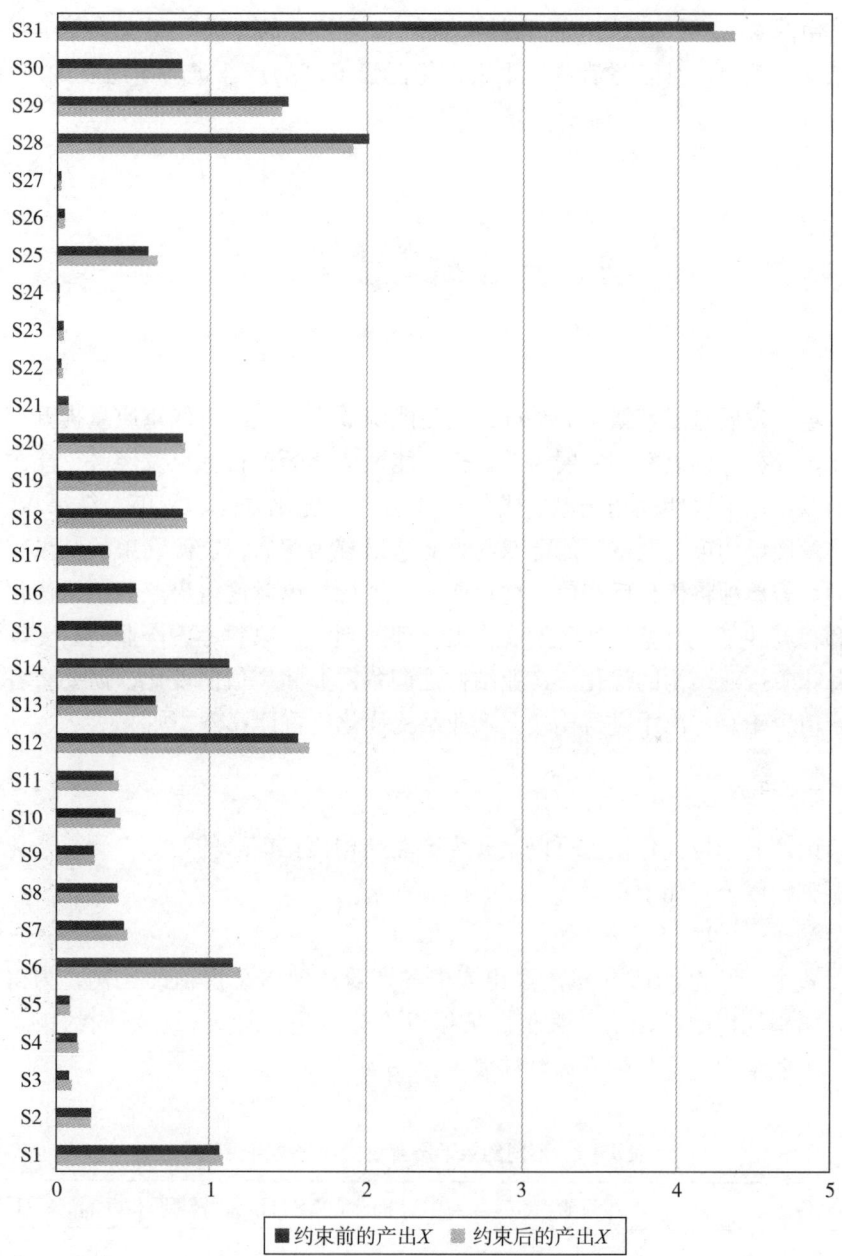

图4-2 31个行业调整前后对比

由图 4-2 可见，约束前和约束后，31 个行业的变动并不大，基本是在原来的基础上，对能源消费比重大，能源强度高的产业进行了适度的缩减，而经济发展贡献大的产业有一定程度的提高。

五、产业结构优化分析

经济发展是国家繁荣的基础，关注能源效率使经济更侧重质量提升。因此，本部分分别以经济发展为单目标，能源消费为单目标以及经济、能源消费的双目标下线性规划模型，求解产业结构的优化方向和程度。结果显示，经济发展单约束与经济、能源双约束的结果较为相似，能源约束的结果较为不同。若单独将优化后产值与优化前产值进行简单对比得出产业结构优化方向和程度并不能对整体经济发展作出合理的判断。单独考虑产业前后变动并不意味着产业结构的优化，产业结构强调各产业间产值的变化，需要将各产业产值置于总产出中进行比较。产业结构优化比重计算公式如下：

$$\eta_i = x_i \bigg/ \sum_{i=1}^{31} x_i \tag{4-8}$$

则产业结构优化比重可以定义为产业结构优化前后的对比，测算产业结构调整幅度公式如下：

$$\Delta_i = \eta_i - \theta_i \tag{4-9}$$

式中，θ_i 为 2015 年投入产出表中各产业产值占总产值的比例，为得出产业结构优化的基期对比数值。依据以上公式进行计算，在不同约束条件下，产业结构的优化幅度计算如表 4-4 所示。

表 4-4 不同约束下产业结构优化调整幅度　　　　单位:%

代码	行业	能源消费单目标	经济增长和能源消费双目标
S1	煤炭采选产品业	-0.01	0.00
S2	金属矿采选产品	0.02	0.03
S3	纺织品	0.04	0.06

续表

代码	行业	能源消费单目标	经济增长和能源消费双目标
S4	造纸印刷和文教体育用品	0.06	0.06
S5	石油炼焦产品和核燃料加工品	0.04	0.05
S6	化学产品	0.13	0.19
S7	非金属矿物制品	-0.07	-0.03
S8	金属冶炼和压延加工品	-0.07	-0.01
S9	其他制造产品	0.00	0.00
S10	电力热力的生产和供应	0.20	0.22
S11	石油和天然气开采产品	0.05	0.05
S12	食品和烟草	0.05	0.03
S13	纺织服装鞋帽皮革羽绒及其制品	-0.04	-0.01
S14	木材加工品和家具	-0.06	-0.04
S15	金属制品	-0.03	-0.01
S16	通用设备	-0.01	0.02
S17	专用设备	-0.04	-0.02
S18	交通运输设备	-0.04	0.01
S19	电气机械和器材	0.00	0.03
S20	通信设备计算机和其他电子设备	-0.02	0.02
S21	仪器仪表	0.01	0.01
S22	废品废料	0.01	0.01
S23	燃气生产和供应	-0.01	-0.01
S24	农林牧渔产品和服务	-0.04	-0.03
S25	非金属矿和其他矿采选产品	0.02	0.02
S26	金属制品机械和设备修理服务	0.00	0.00
S27	水的生产和供应	0.00	0.00
S28	建筑	-0.74	-0.61
S29	批发和零售住宿和餐饮	0.55	-0.11
S30	交通运输仓储和邮政	-0.08	-0.07
S31	其他服务业	0.08	0.16

注：由于经济增长和能源消费双目标下与经济增长单目标下的产业结构调整类似，这里只列出双目标和能源消费单目标条件下的产业结构优化。

由表4-4可见，3种不同目标下产业结构优化具有一定的相似性，缩减幅度最大的是建筑业，分别为-0.74%和-0.61%，也是双目标下唯一一个缩减幅度高于0.1%的行业。同时，双目标下，增加幅度高于0.1%的有3个行业，分别是化学产品（0.13%）、电力热力的生产和供应（0.20%）以及批发零售住宿和餐饮（0.55%）。能源消费单目标下，另一个缩减幅度高于0.1%的行业是批发零售住宿和餐饮（-0.11%）；增加幅度高于0.1%的也有三个行业，前两个是相同的行业——化学产品（0.19%）、电力热力的生产和供应（0.22%），另一个是其他服务业（0.16%）。具体如图4-3所示。

由图4-3可见，以双目标下和能源消费单目标下的31个产业调整，同时调整增加和不变的行业占1/2（15个），而同时调整减少和一增一减的行业占约1/2（16个），去掉变动最大的建筑与批发零售住宿和餐饮两个行业，以双目标下和能源消费单目标下的产业结构优化比例，分别为横纵坐标列示于四个象限，如图4-4所示。

由图4-4可见，单目标和双目标的产业结构调整具有较大的相似性，方向基本一致，25个行业分布于第一和第三象限，只有3个行业位于第二象限，分别是交通运输设备业（-0.04，0.01）、通信设备计算机和其他电子设备业（-0.02，0.02）和通用设备业（-0.01，0.02）。位于横轴上的点，即只在经济增长和能源消费双目标下进行调整的行业只有煤炭采选产品（-0.01，0）1个行业；位于纵轴上的点，即只在能源消费单目标下进行调整的行业只有电气机械和器材（0，0.03）1个行业。

综上所述，建筑业是降幅最大的行业（-0.74%），说明建筑业已经达到饱和，需要加以收缩；建筑业、煤炭采选产品业、非金属矿物制品业、金属冶炼和压延加工品业、纺织服装鞋帽皮革羽绒及其制品业、木材加工品和家具业、金属制品业、通用设备业、专用设备业等13个行业都需要进行负向调整，这些行业多集中在中度污染行业。单目标和多目标调整方向不同的只有3个行业，比例不同的有26个行业，三点基本分布在对称轴线的左上方，说明在能源消费单目标条件下，对比经济增长和能源消费双目标条件下的产业结构调整，前者降幅要求更大，如果要达到最好的节能效果，经济增长必然会付出代价。

第四章 能源消费约束下产业结构动态优化调整

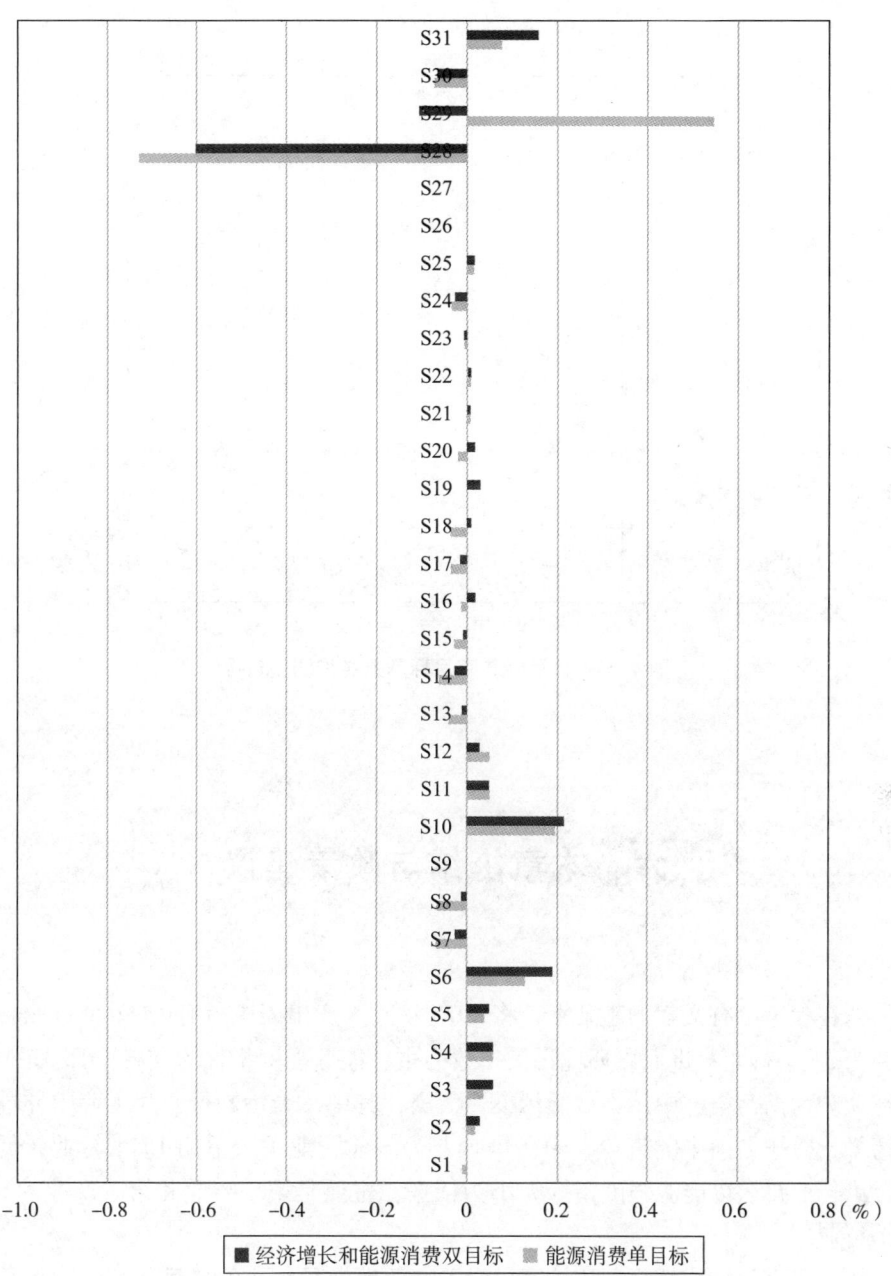

图4-3 不同目标条件下的产业调整对比

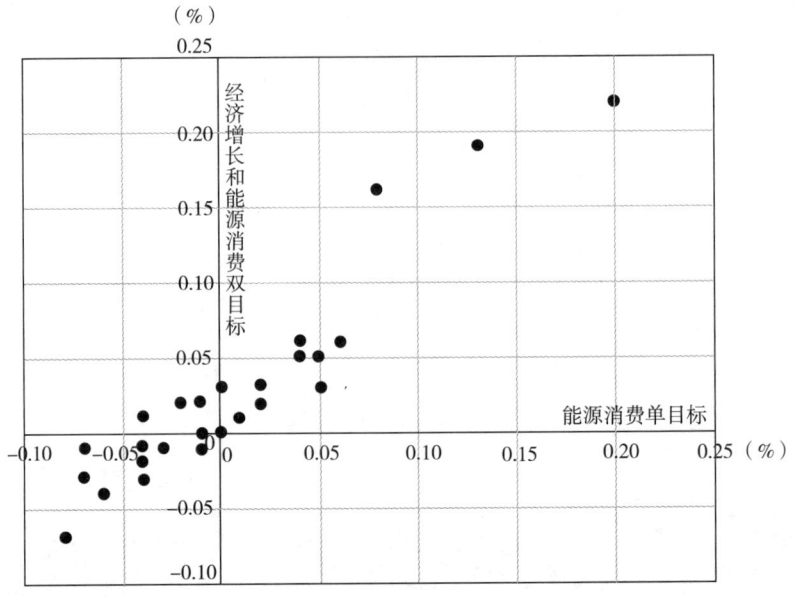

图 4-4 单目标与双目标产业结构调整对比

六、本章小结与政策建议

在参考已有文献的基础上,将 2015 年投入产出表中所有的 42 个行业合并为 31 个行业;进而以环境污染指数为主、能源强度指标为辅将全部 31 个行业分为高污染、中污染、低污染三大类,其中,高污染行业为工业中环境污染指数排名前十的行业,中污染行业为工业行业中余下的 15 个行业,低污染行业排名以能源强度指标大小为依据,主要是第一产业和第三产业的 6 个行业。

采用多目标线性规划法,通过设置能源消费最小化的单目标和经济增长与节能双目标,以投入产出均衡、节能双控指标(能源强度和能源消费总量)以及经济产出波动为三大约束条件,计算产业结构调整。单目标和双目标条件下的产业结构调整具有较大的相似性,其中 25 个行业的调整方向一致,即同时调增或调减,建筑业是降幅最大的行业(-0.74%),只有 3 个行业存在方向性的差异,分别是交通运输设备业(-0.04,0.01)、通信设备计算机和其他电子设备业(-0.02,0.02)和通用设备业(-0.01,0.02);只在经济增长与能源消费双目标下进行调整的行业只有煤炭采选产品(-0.01,0)1 个行业;只在能源消费单目标下进行调整的行业只有电气机械和器材(0,0.03)1 个行业。

因此,建议对建筑业加以收缩;建筑业、煤炭采选产品业、非金属矿物制品业、金属冶炼和压延加工品业、纺织服装鞋帽皮革羽绒及其制品业、木材加工品和家具业、金属制品业、通用设备业、专用设备业等 13 个行业进行负向调整,这些行业多集中在中度污染行业。单目标和多目标调整方向不同的只有 3 个行业,比例不同的有 26 个行业,说明要达到最好的节能效果,经济增长必然会付出代价。

第五章 产业结构政策的能源消费效应研究

改革开放 40 年来，我国在产业政策方面有诸多举措，其中最引人注目的应该是"四化"①，无论是新四化，还是老四化，主要针对的都是三次产业，如新四化的工业化、城镇化、农业化和信息化取得了不错的成果，但长期以来粗放型的经济发展使能源浪费严重、利用效率低下。基于此，本章选取 1978～2015 年我国 30 个省市区的面板数据，运用 VAR 模型，采用格兰杰因果分析、脉冲响应分析等研究四化与能源效率之间的影响程度变化。

马克思说，工业革命 100 年创造的财富超过人类历史上 5000 年创造财富的总额。劳动分工带来的内外部规模经济和劳动效率的提升极大地丰富了人类物质和精神世界。作为工业化机器的燃料，传统能源功不可没。根据《BP 世界能源统计年鉴》的数据显示，1980 年世界二氧化碳排放总量约为 180.71 亿吨，2016 年全球碳排放总量已达到 334.32 亿吨，36 年的时间内，排放量几乎翻了一番②。伴随着二氧化碳排放量的逐年增加，全球变暖、冰川消融、海平面上升以及一系列灾害的出现使各国开始反思能源利用方式。2015 年 12 月 12 日，《巴黎协定》正式通过，其旨在统筹各国将 21 世纪全球平均气温上升幅度控制在 2℃ 以内，并将全球气温上升控制在前工业化时期水平之上 1.5℃ 以内。2016 年中国在签署生效的《联合国气候变化框架公约》中承诺在 2030 年二氧化碳排放达到峰值且将努力达到峰值（李标，2017）。中国承诺体现中国在国际事务处理中的责任担

---

① 李裕瑞，王婧，刘彦随，等. 中国"四化"协调发展的区域格局及其影响因素[J]. 地理学报，2014，69（2）：199-212.
② 代晓东，王余宝，毕晓光，等. 2016 年世界能源供需情况分析与未来展望——基于《BP 世界能源统计年鉴》与《BP 世界能源展望》[J]. 天然气与石油，2017，35（6）：8-12.

当,但单纯依靠市场机制难以实现这一目的,因此如何在环境约束条件下发展经济成为当下的研究热点。中共十八大报告中指出,我国经济已进入新常态,要转变为以创新驱动的经济发展方式,粗放型的经济发展方式不利于国家竞争力的提升,更不能促进"中国承诺"的实现,能源利用效率亟须提高。

一、文献综述

"老四化"在中国的政治舞台上有着自己的特殊地位,它最早出现在1954年的第一届全国人民代表大会上,为"工业、农业、交通运输业和国防的四个现代化",改革开放以来,1979年邓小平将其量化为"到20世纪末,争取国民生产总值达到人均1000美元,实现小康水平"[1]。2012年,在中共第十八次全国代表大会上,李克强总理提出了"工业化、城镇化、农业现代化和信息化"新四化的概念[2]。董梅生(2014)对改革开放以来四化之间的互动关系进行研究,指出"四化"必须同步发展,且其受自身的影响最大,所以"四化"建设须依靠自身的力量推动协同发展。李标(2017)在"新四化"对能源强度的影响研究中,使用多指标测度"新四化",发现落后"新四化"水平的省份对降低能源强度方面有着更显著的效果[3]。因此,只有"新四化"的同步发展、各省份之间的协调发展,才是真正的科学可持续发展。

既有的文献研究中,大部分是三化、两化甚至一化对能源强度的影响,鲜有四化对能源强度影响的研究,其主要研究归纳如下:

在工业化对能源强度的影响中主要有两种观点。大部分观点认为工业化对能源强度有着显著的正相关关系,王珂英、张鸿武(2016)选取中国

---

[1] 周振,孔祥智. 中国"四化"协调发展格局及其影响因素研究——基于农业现代化视角[J]. 中国软科学, 2015(10): 9-26.

[2] 崔凯,冯献. "四化"演进轨迹: 1950~2012年[J]. 改革, 2013(7): 144-151.

[3] 李标,宋长旭,吴贾,等. 中国新四化对能源强度的影响[J]. 资源科学, 2017, 39(8): 1444-1456.

各省改革开放以来1978~2014年的数据通过异质性斜率系数面板数据模型进行实证分析，得出工业化水平与能源强度呈较强的正相关，并持工业化水平的提高不利于能源强度降低的观点；周少甫、王亚南（2015）利用各省面板数据模型也得到相似观点。他们解释的主要原因是我国现有的技术和硬件设备相对落后，致使能源效率低、浪费严重。另一种观点认为，工业化水平的提升有助于降低能源强度，马远、徐俐俐（2017）利用2004~2013年新疆15个地州市面板数据建立面板模型，认为工业化与能源强度负相关，天山以北地区尤为显著，所持观点为在工业化进程中，工业能源利用效率改进幅度大大高于其他部门。

城镇化对于能源强度影响的研究并未形成一致的结论。一种观点认为城镇化对能源强度的影响不确定，靖学青（2014）在对西部地区1996~2011年的省级面板数据的研究中，分析了城镇化三个层次对能源强度的影响，产业城镇化与能源强度显著负相关，而人口、地域城镇化水平与能源强度显著正相关；周少甫、王亚南（2015）认为城镇化水平对不同地区的能源强度有着不同影响，除东部地区负相关，城镇化水平对全国范围及其他地区能源强度影响为正；宋炜、周勇（2016）也对东部、中部、西部城镇化对能源效率的不同关系做了研究。这些结论主要与东部、中部、西部地区能源效率、结构和居民收入存在较大差距有关。第二种观点是城镇化对能源强度能产生确定的正或负向效应，Jones（1991）基于1980年的59个发展中国家的截面数据得出城镇化水平与能源强度正向相关的结论；李标（2015）在实证分析中国工业化、城镇化、信息化对能源效率的影响中，认为城镇化短期内能够显著降低能源强度。

学术界对于信息化的研究主要集中在信息资本对能源效率的研究，信息资本被划分为信息通信资本投入（ICT）和信息资本投入，普遍认为信息通信资本投入能够有效提高能源效率，而信息资本投入反而会降低能源效率（胡剑峰，2010；Cho et al.，2007）。在信息化的作用路径和方式上，Vu（2011）则利用1996~2005年的面板数据验证了信息通信资本投入（ICT）对经济发展的三条具体路径，即促进技术传播和创新、提高决策主体决策的质量和增加需求的同时降低了生产成本；Murota和Takase（2001）从经济和技术角度出发，认为信息通信资本投入（ICT）会通过影响宏观经济和产业结构，间接作用于能源效率；Henryson从信息的类型角度入手，认为提高微观主体投资决策效率与引导转变消费行为的信息能够直接且显著地改善能源效率。

农业现代化与能源效率的研究具有本土化特色。从农业现代化对能源效率的影响来看，漆雁斌等（2010）运用我国1994～2007年的时间序列数据，采用多元回归模型，证实了农业中燃料油、电力的消费量对能源消费总量的影响程度已经超过了煤炭等的影响，而农业机械正是消耗油和电力的主要来源，由此也侧面反映了农村机械用能效率高低决定了农业现代化对能源效率的影响大小。也有学者使用柯布—道格拉斯生产函数进一步比较了农业机械投入与其他生产要素投入对农业生产的作用，认为农业机械化对农业发展的贡献在全国都较为显著（王瑞杰、孙鹤，2004；李海明，2010）。也有不少学者研究能源效率对农业现代化的影响，栾义君（2014）将能源、资本、劳动、土地四要素作为投入指标构建DEA模型，比较分析了2002～2011年全国30个省份的农业全要素能源效率，结果发现我国农业全要素能源效率总体较低，但波动上升，表明我国农业化正由粗放型转向集约型发展。从影响结果来看，一方面，农业现代化对能源效率的影响有利有弊。农业用能提高了土地生产率、劳动生产率和商品率，有利于整体能源强度的下降（李标，2017）；另一方面，农业现代化也增加了农业生产耗能的直接费用和间接费用。

无论"旧四化"还是"新四化"，都是自改革开放以来伴随着我国经济社会的发展而同步进行的，四化之间既相互影响又相互作用，因此将城镇化、工业化、农业化和信息化部分或者全部纳入分析框架中更加符合中国情境。王珂英、张鸿武（2016）以我国1978～2014年为样本，使用共同相关效应组均值（CCEMG）估计方法对年城镇化和工业化与能源强度之间的关系进行分析，结果表明，工业化水平每增加1%，能源强度将会上升0.630%，而城镇化对能源强度的影响不显著。李标等（2015）将工业化、城镇化和信息化都纳入分析框架，从短期和长期两个角度分析了三化对能源强度的影响，研究显示，城镇化与能源强度短期内为负，长期来看却正好相反；工业化的提升能够有效改善能源强度；信息化在短期和长期都对能源效率的改善显著。"新四化"在推进过程中，必然造成更高的能源压力，但四化的稳步推进能够借助全要素生产率的传导机制有效改善能源效率。由此可见，一方面，现有文献将四化融合在一起考量其对于能源效率的影响研究较少；另一方面，对于"新四化"和能源效率的研究仍然存在较大争议，在影响路径方面还有待进一步挖掘。

二、模型构建

(一) 指标来源与数据选取

1. 工业化水平

工业化评价的单个指标有非农产业就业比重（王贝，2011）、工业化率（周建群，2013）、工业增加值占 GDP 比重等，指标体系选用人均 GDP、第二产业劳动生产率、单位能耗、工业化率（董梅生等，2014）。基于数据收集的可行性和指标的代表性，本章选用第二产业劳动生产率（ind），单位为元/人，即每单位第二产业人口所产生的 GDP，侧重第二产业人均产值的提升。

2. 城镇化水平

城镇化评价的单个指标有城镇人口占总人口的比重（钱丽等，2013）、非农业人口占总人口的比重（马远等，2010）等，指标体系选用城镇化率、非农产业的就业比重、城乡恩格尔系数比、城乡人均收入比（董梅生等，2014）等。参考董梅生等（2014）的指标体系，以数据可得性为主，本章选取了以下两个指标：

(1) 城镇化率（cou1），单位为%，即城镇人口占总人口的比重，度量人口由农村向城镇的转移。

(2) 城乡恩格尔系数比（cou2），单位为%，即城镇居民家庭恩格尔系数与农村居民家庭恩格尔系数之比，比较城镇居民家庭与农村居民家庭生活水平的增长。

3. 农业现代化水平

农业现代化的单个指标有农业部门产值比重与农业部门就业人口比重之比（王贝，2011）、农村人均机械总动力（马远等，2010），指标体系选用农业部门产值比重与农业部门就业比重之比、每公顷用电量、有效灌溉率、单位耕地农机动力（董梅生等，2014）。参考以上指标，基于数据可得性和指标代表性，本章选取以下两个指标：

(1) 农业部门产值比重与农业部门就业比重之比（agr1），单位为倍，即第一产业产值比重与第一产业从业人数比重之比，反映农业产出与投入的比重；其比值越大，表明农业部门的效率在提升。

(2) 单位耕地农机动力（agr2），单位为千瓦/公顷，体现了农业现代化中机械化普及的特点。

4. 信息化水平

信息化的衡量指标有平均每一邮政营业网点服务人口、平均每百人每年订报刊数、电话普及率、国家铁路电气化里程（董梅生等，2014）、电话普及率、移动电话普及率、各省市网站总数及互联网普及率（谢康等，2012）等，由于信息化多数指标在 2000 年后才开始有数据，本章以数据的可得性为主，选取以下 3 个指标：①每单位 GDP 邮电总量；②电话普及率（%）；③互联网普及率（%）。

对以上三个指标进行糅合得到综合信息化（inf）指标。

5. 能源强度

能源强度（EI）是衡量能源效率的重要指标，是能源效率的倒数，它反映了与能源消耗与经济发展间的关系，具体表示为单位 GDP（万元）的能源使用量（吨标准煤）。计算公式如下：

$$EI = E/Y \qquad (5-1)$$

式中，E 表示能源使用量，Y 表示国民生产总值（GDP），EI 表示衡量能源效率的指标——能源强度。

中国承诺中体现的中国决心早已在中共十八大报告中反映出来，中国正进入经济发展新常态，中国经济已进入重大转轨时期，从国内角度来看，支持中国经济长期增长的体制转轨、自然资源、投资、人口、外资外贸等要素禀赋条件都发生了新的变化。长期以来，中国经济发展立足于人口红利和土地红利，高速的经济发展掩盖了处于全球产业链和价值链劣势位置的事实。能源效率衡量了单位能源消耗下的产值，反映了经济发展与能源消耗之间的确定性关系。

（二）模型设定与变量说明

结合周少甫、王亚南（2015）和李标（2017）对"新四化"的研究，本书采用动态面板数据的回归模型，对 1978～2015 年 30 个省的面板数据进行分析，研究工业化、城镇化、农业化、信息化对能源强度的影响。此外周少甫、王亚南（2015）等认为个体的当前行为会受到过去行为的影响，上一期的能源强度会对本期的能源强度产生影响，为改善模型中解释变量的内生性，我们在模型中加入滞后一期的能源强度项；李标（2017）认为新四化之间的相互作用会影响能源强度，因此将加入新四化之间的相互影响项；进而分别设计回归模型如下：

在面板数据回归之前，根据模型形式的选择方法，采用 F 检验决定选用固定效应模型还是混和效用模型，然后使用 Hausman 检验确定选取固定效应的形式。

$$EI_{it} = C + \alpha_1 ind_{it} + \alpha_2 cou_{it} + \alpha_3 agr_{it} + \alpha_4 inf_{it} + u_{it} + \varepsilon_{it} \quad (5-2)$$

式中，i 和 t 表示省份和年份，C 表示固定效应，ind 表示工业化水平，cou 表示一组表示城镇化水平的指标，agr 为一组表示农业现代化水平的指标，inf 表示信息化，u 表示不可观测的个体差异，ε 表示误差项，假设服从正态分布。

考虑到能源效率可能存在累积滞后性，在模型（5-2）的基础上进一步构建以下动态模型：

$$EI_{it} = C + \alpha_1 ind + \alpha_2 cou + \alpha_3 agr_{it} + \alpha_4 inf_{it} + \beta_1 EI_{i,t-1} + u_{it} + \varepsilon_{it} \quad (5-3)$$

"四化"所代表的产业结构调整政策，除了会单独影响能源强度之外，其联合效应对能源效率的影响也不容忽视。在模型（5-3）的基础上加入四化的交互项，模型如下：

$$EI_{it} = C + \alpha_1 ind + \alpha_2 cou + \alpha_3 agr_{it} + \alpha_4 inf_{it} + \beta_1 EI_{i,t-1} + \beta_2 four_{it} + u_{it} + \varepsilon_{it} \quad (5-4)$$

三、我国新四化与能源强度特征分析

以改革开放以来 1978~2015 年中国 30 个省市区（由于数据可得性的原因，不含西藏、中国香港、中国澳门和中国台湾）的数据为样本，基础数据来源主要为历年《中国统计年鉴》《中国信息年鉴》《中国工业年鉴》《中国农业年鉴》《中国能源年鉴》，主要平台来自中国经济与社会发展统计数据库、EPS 全球统计数据/分析平台。

（一）描述统计

下面对农业化、信息化、工业化、城镇化和能源效率 5 项指标进行描述，并按照全国、东部地区、西部地区、中部地区进行分类，平均值和标准差如表 5-1 所示。

表 5-1 指标平均值描述

四化	指标	东部	中部	西部
	能源效率	16.4535	17.6182	24.9261
产业结构	第三产业比第二产业	0.9028	0.7738	0.8454
	非农产业就业比重	0.6035	0.5993	0.5296
	theil 指数	0.8733	0.8703	0.8514
城镇化	城乡恩格尔系数比	0.4730	0.4507	0.4183
	城镇化率	5.6918	4.8954	4.6536
工业化	第二产业劳动生产率	19188.5452	19079.8646	17678.5797
农业化	单位耕地农机动力	7.6363	6.5250	5.4984
	农业部门产值比重与农业部门就业比重之比	0.3196	0.3185	0.3237
信息化	信息化指标	83.0107	77.3916	71.7238

由表 5-1 可见，基本上，正向的指标（非农产业就业比重、城乡恩格尔系数比、城镇化率、第二产业劳动生产率、单位耕地农机动力和信息化指标）从东到西表现为梯度下滑的趋势；负向的指标（能源效率、theil 指数）从东到西表现为梯度上升的趋势。如以第二产业劳动生产率表示的工业化程度，东部地区的平均值最大，西部地区最小。

（二）四化与能源强度关系描述

为进一步说明四化和能源效率的关系，现对这 7 个指标进行相关性计算，通过 SPSS 软件计算指标两两的皮尔逊，结果如表 5-2 所示。

由表 5-2 可见，能源强度与四化的 6 个代表性指标（城市化：cou1 和 cou2；工业化：ind；农业化：agr1 和 agr2；信息化：inf）都呈现出负相关关系，初步说明这四个现代化的提高均可以抑制能源强度的提高，促进能源效率，节约能源。可能因为随着工业化水平（第二产业劳动生产率）

的逐步提高，工业部门技术的更新进步、工艺完善等都可以节约能源。而随着城镇化水平的上升，可能带来集聚效应、资源共享等提高能源效率。农业现代化水平的提高主要是单位耕地农机动力指标的提升，农业部门就业人数下降提高了劳动生产率。近年来，信息化水平得到快速发展，信息通信资本投入促进了技术传播和创新、提高决策主体决策的质量和增加需求的同时降低了生产成本，促进经济发展、降低能源强度。

表 5–2 指标相关性

	EI	cou1	cou2	ind	agr1	agr2	inf
EI	1.000	-0.314	-0.351	-0.228	-0.282	-0.013	-0.349
cou1	-0.314	1.000	0.408	0.423	0.275	-0.208	0.490
cou2	-0.351	0.408	1.000	0.608	0.328	-0.405	0.756
ind	-0.228	0.423	0.608	1.000	0.185	-0.464	0.763
agr1	-0.282	0.275	0.328	0.185	1.000	-0.230	0.374
agr2	-0.013	-0.208	-0.405	-0.464	-0.230	1.000	-0.469
inf	-0.349	0.490	0.756	0.763	0.374	-0.469	1.000

（三）VAR 模型

向量自回归（VAR，Vector Auto Regression）主要用于预测相互联系的时间序列和分析随机扰动对变量系统的动态影响，解释各种经济冲击对经济变量的影响。它是把系统中每一个内生变量作为系统中所有内生变量滞后值的函数来构造模型，从而将单变量自回归模型推广到由多元时间序列组成的向量自回归模型（高铁梅，2010）。VAR 模型第一步也要进行平稳性检验。

1. Johansen 协整检验

协整检验的结果如表 5–1 和表 5–2 所示，根据特征根迹检验，在 0.02 的显著性水平下，Johansen 迹检验结果表明，五变量存在协整方程，且标准化协整方程为：

$$EI = 6.75cou2 + 6.72cou1 - 0.36agr2 - 3.75agr1 - 0.03inf \tag{5-5}$$

由式（5–5）可知，城镇化对能源强度有正向促进作用。城乡恩格尔系数比、城镇化率每增加 1% 分别带动能源强度增加 6.75%、6.72%；单位耕地农机动力、农业部门产值比重与农业部门就业比重之比每增加1%，分别带动能源强度降低0.36%、3.75%；信息化每增加1%，带动能源强度降低0.03%。因此，从长期来看，城镇化对能源强度有促进作用，且作用较大；农业现代化对能源效率有更大的促进作用，其次是信息化，而工业化对能源效率的影响最小。Johansen迹检验结果如表5-3所示。

表5-3 Johansen迹检验结果

Hypothesized No. of CE（s）	Eigenvalue	Trace Statistic	0.02 Critical Value	Prob
None*	0.196728	547.4107	131.7608	0.0001
At most 1*	0.093668	309.7279	101.2010	0.0000
At most 2*	0.073232	203.0185	74.53441	0.0000
At most 3*	0.053710	120.5025	51.87255	0.0000
At most 4*	0.038321	60.60326	33.11561	0.0000
At most 5*	0.014141	18.20690	18.07115	0.0190

由表5-3可见，农业现代化、工业化、城镇化和信息化6个代表性指标与能源效率之间存在着显著的协整关系，进一步计算标准化协整系数如表5-4所示。

表5-4 标准化协整系数

cou2	cou1	agr2	EI	agr1	ind	inf
1.000000	-0.995653	0.053351	0.148129	0.556011	1.16E-05	0.004313
	(2.19533)	(0.07787)	(0.00923)	(2.72256)	(5.6E-05)	(0.01160)
Log likelihood -13528.06						

由表5-4可见，农业现代化、工业化、城镇化和信息化6个代表性指标与能源效率之间的标准化协整系数，进一步证明了协整关系的存在。

2. 格兰杰因果关系检验

如表5-5所示，在90%的置信度下，格兰杰因果检验结果表明，工业化、城镇化、农业化和信息化不是能源强度的格兰杰原因；能源强度也不是工业化、城镇化、农业化和信息化的格兰杰原因，表明四化与能源强度之间的关系并不明确。四化内部之间互为格兰杰因果原因，说明四化之间会相互影响。自改革开放以来,四化在我国并驾齐驱,内部相互磨合交融,近年来党和国家也进一步强调,工业化和信息化需要深度融合、工业化与城镇化需要良性互动、城镇化与农业现代化得相互协调。

表 5-5 格兰杰因果检验结果

变量	原假设	统计量	P 值	是否存在格兰杰因果关系
cou	inf 不是 cou 的格兰杰原因	13.6609	1.00E-06	是
	EI 不是 cou 的格兰杰原因	0.64199	0.5264	不是
	agr 不是 cou 的格兰杰原因	5.6936	0.0035	是
	ind 不是 cou 的格兰杰原因	17.5717	3.00E-08	是
EI	inf 不是 EI 的格兰杰原因	0.40977	0.6639	不是
	cou 不是 EI 的格兰杰原因	0.3114	0.7325	不是
	agr 不是 EI 的格兰杰原因	0.24944	0.7793	不是
	ind 不是 EI 的格兰杰原因	0.42542	0.6536	不是
agr	cou 不是 agr 的格兰杰原因	4.68636	0.0094	是
	ind 不是 agr 的格兰杰原因	10.8907	2.00E-05	是
	inf 不是 agr 的格兰杰原因	5.52446	0.0041	是
	EI 不是 agr 的格兰杰原因	1.49291	0.2252	不是
ind	cou 不是 ind 的格兰杰原因	10.7449	2.00E-05	是
	EI 不是 ind 的格兰杰原因	0.45527	0.6344	不是
	agr 不是 ind 的格兰杰原因	4.55693	0.0107	是
	inf 不是 ind 的格兰杰原因	10.5678	3.00E-05	是
inf	cou 不是 inf 的格兰杰原因	11.4548	1.00E-05	是
	EI 不是 inf 的格兰杰原因	1.33386	0.2639	不是
	agr 不是 inf 的格兰杰原因	22.4373	3.00E-10	是
	ind 不是 inf 的格兰杰原因	11.9642	7.00E-06	是

3. VAR 模型

从以上计算结果可见,四化与能源效率之间存在较为复杂的关系,为进一步探析各个指标之间的关系,下面利用 VAR 模型进行分析,结果如下:

$$cou2 = 0.84cou2(-1) + 0.05cou2(-2) - 0.03cou1(-1) + 0.05cou1(-2) - 0.0004agr2(-1) + 0.001agr2(-2) +$$

$$0.0002\text{EI}(-1) - 0.0001\text{EI}(-2) + 0.13\text{agr1}(-1) -$$
$$0.14\text{agr1}(-2) - (4.73\text{E}-07)\text{ind}(-1) + (6.11\text{E}-07)$$
$$\text{ind}(-2) + (5.59\text{E}-05)\text{inf}(-1) -$$
$$(6.27\text{E}+05)\text{inf}(-2) + 0.09 \quad (5-6)$$

$$\text{cou1} = -0.01\text{cou2}(-1) - 0.004\text{cou2}(-2) + 0.96\text{cou1}(-1) -$$
$$0.02\text{cou1}(-2) + 0.001\text{agr2}(-1) - 0.0003\text{agr2}(-2) -$$
$$(1.04\text{E}+05)\text{EI}(-1) - (9.90\text{E}+06)\text{EI}(-2) + 0.02\text{agr1}$$
$$(-1) - 0.02\text{agr1}(-2) + (1.82\text{E}-06)\text{ind}(-1) +$$
$$(-1.30\text{E}-06)\text{ind}(-2) + (2.03\text{E}-05)\text{inf}(-1) +$$
$$(4.80\text{E}-06)\text{inf}(-2) + 0.03 \quad (5-7)$$

$$\text{agr2} = -1.74\text{cou2}(-1) + 2.26\text{cou2}(-2) - 0.21\text{cou1}(-1)$$
$$+ 0.43\text{cou1}(-2) + 0.97\text{agr2}(-1) - 0.09\text{agr2}(-2) -$$
$$0.0006\text{EI}(-1) - 0.0004\text{EI}(-2) - 1.57\text{agr1}(-1) +$$
$$0.668819\text{agr1}(-2) - (4.13\text{E}+05)\text{ind}(-1) + (2.34\text{E}-05)$$
$$\text{ind}(-2) + 0.018395\text{inf}(-1) - 0.013790\text{inf}(-2) + 0.512765 \quad (5-8)$$

$$\text{EI} = 9.76\text{cou2}(-1) - 11.67\text{cou2}(-2) - 0.27\text{cou1}(-1) +$$
$$0.56\text{cou1}(-2) - 0.02\text{agr2}(-1) - 0.02\text{agr2}(-2) +$$
$$0.83\text{EI}(-1) + (4.09\text{E}-05)\text{EI}(-2) + 0.95\text{agr1}$$
$$(-1) - 0.44\text{agr1}(-2) - (5.09\text{E}+05)\text{ind}(-1) +$$
$$(3.87\text{E}-05)\text{ind}(-2) - 0.01\text{inf}(-1) + 0.01\text{inf}$$
$$(-2) + 2.94 \quad (5-9)$$

$$\text{agr1} = 0.052\text{cou2}(-1) - 0.02\text{cou2}(-2) - 0.02\text{cou1}(-1) +$$
$$0.005\text{cou1}(-2) + 0.0006\text{agr2}(-1) + (8.55\text{E}-07)\text{agr2}$$
$$(-2) + (5.82\text{E}-05)\text{EI}(-1) - (1.70\text{E}+05)\text{EI}(-2) +$$
$$0.81\text{agr1}(-1) + 0.10\text{agr1}(-2) - (2.45\text{E}+06)\text{ind}$$
$$(-1) + (2.16\text{E}-06)\text{ind}(-2) - 0.0003\text{inf}(-1) -$$
$$0.0003\text{inf}(-2) + 0.01 \quad (5-10)$$

$$\text{ind} = 1073.88\text{cou2}(-1) - 1995.16\text{cou2}(-2) - 5419.14\text{cou1}$$
$$(-1) + 6136.49\text{cou1}(-2) - 8.418\text{agr2}(-1) + 33.46\text{agr2}$$
$$(-2) - 0.95\text{EI}(-1) + 0.31\text{EI}(-2) - 2138.39\text{agr1}(-1)$$
$$+ 1446.67\text{agr1}(-2) + 1.06\text{ind}(-1) - 0.004\text{ind}(-2) -$$
$$31.92\text{inf}(-1) - 40.13\text{inf}(-2) + 1133.95 \quad (5-11)$$

$$\begin{aligned}
\text{inf} = &-0.20\text{cou2}(-1) - 6.57\text{cou2}(-2) - 1.59\text{cou1}(-1) + \\
&7.34\text{cou1}(-2) + 0.07\text{agr2}(-1) - 0.04\text{agr2}(-2) - \\
&0.003\text{EI}(-1) + 0.0008\text{EI}(-2) - 8.01\text{agr1}(-1) + \\
&1.08\text{agr1}(-2) + 0.0003\text{ind}(-1) - 0.0003\text{ind}(-2) + \\
&1.39\text{inf}(-1) - 0.41\text{inf}(-2) + 9.15
\end{aligned} \qquad (5-12)$$

从式（5-6）看，滞后一期、滞后二期的城乡恩格尔系数，滞后一期的能源效率，农业部门产值比重和农业部门就业比重之比、滞后二期的城镇化率、单位耕地农机动力系数为正，说明它们对城乡恩格尔系数之比都是正的冲击，滞后一期的城乡恩格尔系数对自身冲击力度最大（0.84）。

从式（5-7）看，滞后一期的城乡恩格尔系数、滞后两期的城镇化率、滞后一期的农业部门产值比重与农业部门就业比重之比、能源效率、信息化系数为正，说明它们对能源效率的提高有正向促进作用，其中，滞后一期的城乡恩格尔系数对能源效率的冲击力度最大（9.76），其次是农业部门产值比重与农业部门就业比重之比（0.95），最后是滞后一期的能源效率（0.84）。

城镇化对能源效率是负向的冲击且随着期数推移，负向的冲击趋势越来越强，表明城镇化使得人口逐渐向城市聚集，就长期而言会改变居民能源生活方式、消费习惯，进而增加能源消费，降低能源利用效率。农业化对能源效率在1期前呈正向，之后呈现正向冲击，随着期数向后推移，冲击逐渐趋于一个常数。工业化对能源效率的冲击在第2期内呈正向，之后逐渐呈负向，且负向趋势明显。总体来说，影响程度大小排序为工业化＞信息化＞农业化＞城镇化。

（四）基础回归分析

由于数据年份跨度较长，我们选用 CD 检验和 ADF 对数据截面相关性和序列平稳性进行检验，均通过检验。以下就各解释变量对能源效率的影响进行具体分析，分析结果如表5-6所示。

表5-6 面板回归结果

变量	(1)	(2)	(3)
ind	-0.0069*** (-0.0000)	0.0252 (0.0001)	-0.0002 (0.0002)
cou	-2.4384* (1.2608)	-0.1677 (6.1481)	-10.7384* (6.1612)
agr	-8.5183*** (1.5015)	19.8211*** (7.3702)	15.3006* (8.1239)

续表

变量	(1)	(2)	(3)
inf	-0.0289*** (0.0054)	-0.0028 (0.0270)	-0.0239 (0.0313)
EI(-1)		0.6386*** (0.0251)	0.6391*** (0.0251)
Four			0.1601*** (0.0000)
C	11.8485*** (0.8143)	0.9904 (3.9846)	3.9744 (4.5794)

注：括号内为T值；*、***分别表示在10%、1%的水平上显著。

由于表5-6中的模型（3）中交叉项的结果比较显著，下面根据三个模型的结果进行说明。城镇化对能源效率的影响有明显的负效应，能源效率的城镇化弹性为负；表明城镇化会阻碍能源强度的提高。城镇化意味着农村人口向城镇转移，人口密度变大，能源密集型基础设施增加，在城市化过程中，居民消费方式、消费观念变化引起能源消费需求量增多，随即增加能源消耗量，带来能源强度上升；但同时能源资源的使用效率会提高，进而降低能源强度，两项权衡，最终可能会带来能源强度的下降。农业化水平的提高理论上利于能源效率的改善、能源强度的下降，但3个模型的系数方向和程度都存在较大差异。农村用能问题一直是重要议题，由于我国农业耕地面积广，农村人口多，但素质较为低下，无法合理地利用能源，产值较低，近年来，随着农业机械化水平的不断提升，农村用能得到规范，农村能源浪费得到有效遏制。能源效率滞后项对能源效率的影响显著为正，弹性系数为0.6386和0.6391，表明上一期的能源效率对当期能源效率存在较大的惯性作用。工业化与农业化的作用关系难以确定，城镇化与信息化对能源效率影响为负。这可能与本书选取指标有一定关系。四化交互项对能源强度的影响显著为正，可见四化协同发展的重要性。工业化、城镇化、农业化和信息化各自对能源强度的影响存在时空异质性，其相互影响更是错综复杂，因此这一结论的出现也在情理之中。

四、新四化与能源消费总量关系研究

以改革开放以来1978~2015年中国30个省市区的数据为样本，下面对农业化、信息化、工业化、城镇化和能源总量五项指标进行分析。

（一）四化与能源消费总量的关系描述

为进一步说明四化和能源效率的关系，现对 7 个指标进行相关性计算，通过 SPSS 软件，计算指标两两的皮尔逊，系数结果如表 5-7 所示。

表 5-7　指标相关性

	ET	cou1	cou2	agr1	agr2	inf	ind
ET	1.000	0.199	0.263	0.324	-0.298	0.470	0.346
cou1	0.199	1.000	0.408	0.275	-0.208	0.490	0.423
cou2	0.263	0.408	1.000	0.328	-0.405	0.756	0.608
agr1	0.324	0.275	0.328	1.000	-0.230	0.374	0.185
agr2	-0.298	-0.208	-0.405	-0.230	1.000	-0.469	-0.464
inf	0.470	0.490	0.756	0.374	-0.469	1.000	0.763
ind	0.346	0.423	0.608	0.185	-0.464	0.763	1.000

由表 5-7 可见，能源消费总量与四化的 6 个代表性指标都呈现出一定的相关关系，除了农业部门产值比重与农业部门就业比重之比是负向相关外，其余 5 个指标都是正向相关的。可以说明这几个方面的提高都会带来能源消费总量的提高，除了农业部门产值比重与农业部门就业比重之比，本身就是效率的概念是农业产值与就业之间的弹性，能够降低能源消费，节约能源。可能是因为一方面，我国的工业化、城市化、工业化和信息化水平虽然是逐步提高的，但目前还以为回弹效应的存在，也就是虽然通过技术进步提高了能源使用效率，节约了能源消费，但技术进步的同时也会促进经济规模的扩大，对能源产生新的需求，从而部分甚至完全地抵消所节约的能源[1]。因此，在考虑能源效率改善的条件下，必须控制能源消费总量的减少和节约[2]。另一方面，我国的工业化、城镇化、农业机械化和信息化水平的快速发展，还没有从数量增长跨越至质量增长阶段，大规模的基础设施建设，尤其是在初期，带来的必然是能源消费总量的节节攀

---

[1] 邵帅，杨莉莉，黄涛. 能源回弹效应的理论模型与中国经验[J]. 经济研究，2013（2）：96-109.
[2] 冯烽. 能效改善与能源节约：助力还是阻力——基于中国 20 个行业能源回弹效应的分析[J]. 数量经济技术经济研究，2018（2）：82-98.

升,还没有达到峰值,据各个机构和专家预测,这一时间点在2035年左右。如国家高端智库试点单位——中国石油经济技术研究院发布的《2050年世界与中国能源展望》报告指出,在经济结构调整和控制能源消费总量政策的影响下,中国能源消费将在2035年前后达到峰值,中国化石能源消费将在2030年达到峰值;2045年前后天然气将超越石油成为全球第一大一次消费能源[①]。中国社会科学院数量经济与技术经济研究所资源技术经济研究室主任刘强则认为我国能源需求总体已达峰值[②]。2017年6月9日,由中国工程院主办的"推动能源生产和消费革命战略研究(一期)"成果发布会暨出版物首发式在北京会议中心举行。该研究成果称,参照发达国家历史经验与我国发展现状,我国能源消费总量有望在2040年前后达到峰值56亿~60亿吨标准煤[③]。虽然,各类意见并不统一,但能源消费总量的控制已经达成共识。

(二)基础回归分析

由于数据年份跨度较长,我们选用CD检验和ADF对数据截面相关性和序列平稳性进行检验,均通过检验。以下就各解释变量对能源消费总量的影响进行具体分析,分析结果如表5-8所示。

表5-8 四化单一面板回归结果

变量	(1)	(2)	(3)
cou1	-0.050 (-1.127)		
cou2	-0.242*** (-4.4188)	-0.246*** (-4.212)	-0.245*** (-4.221)
agr1	0.185*** (4.396)	0.179*** (4.284)	0.178*** (4.3504)
agr2	-0.099** (-2.249)	-0.102** (-2.324)	-0.103** (-2.391)
inf	-0.551*** (7.323)	-0.536*** (7.236)	-0.540*** (8.858)
ind	0.014 (0.222)	0.006 (0.094)	
年度效应	是	是	是
地区效应	是	是	是

注:括号里的数值为T值;**、***分别代表在5%、1%的水平上显著。

---

① 报告显示:中国能源消费将于2035年达峰 2045年前后天然气全球第一大一次消费能源[EB/OL]. http://www.elecfans.com/article/83/2018/20180122620313.html.
② 仝晓波. 城市化基本完成 未来能源需求必降[N]. 中国能源报,2018-07-02.
③ 我国能源消费总量或于2040年前后达峰[N]. 中国能源报,2017-06-21.

由表 5-8 可知，将四化的 6 个代表性变量都进行计算，如模型（1）可见，人口城市化（cou2）、农业化、信息化的影响显著，而且十分可喜的是，除了农业机械化是增加能源消费总量的指标，其余 5 个指标均可能降低能源消费总量。逐次去掉统计不显著的城市恩格尔系数（cou1）和工业行业效率（ind），如模型（2）和模型（3），所得的结果与模型（1）相差很小，说明城乡的差距和工业行业的效率对能源消费总量的影响还没有充分显现出来。

（三）两化融合的影响

一般意义的两化融合是指 2013 年工信部在《信息化和工业化深度融合专项行动计划（2013~2018 年）》中提出的信息化和工业化的高层次的深度结合，是指以信息化带动工业化、以工业化促进信息化，走新型工业化道路；两化融合的核心就是信息化支撑，追求可持续发展模式[1]。由于信息化与农业现代化、信息化与城镇化、农业化与城镇化的关系密切，在此，同时考虑以上的两化融合，以下就各解释变量和两化融合的交叉变量对能源消费总量的影响进行具体分析，结果如表 5-9 所示。

表 5-9　两化融合的面板回归结果

变量	(1)	(2)	(3)	(4)	(5)
cou1	0.116 (1.605)	0.142* (1.765)	-0.134*** (-3.118)	-0.138*** (-3.339)	-0.083* (-1.875)
cou2	-0.082 (-1.113)	-0.131 (-1.591)	-0.190*** (-3.413)	-0.191*** (-3.557)	-0.216*** (-3.730)
agr1	0.179*** (4.423)	0.186*** (4.456)	0.862*** (8.272)	1.047*** (10.237)	0.187*** (4.513)
agr2	-0.083** (-1.960)	-0.0932** (-2.148)	-0.164*** (-2.839)	-0.241*** (-3.608)	-0.072* (-1.645)
inf	2.413*** (6.845)	-0.531*** (-7.122)	-0.540*** (8.858)	0.329*** (4.494)	0.748*** (8.437)

---

[1] 赛迪智库.2014 年中国两化融合发展形势展望 [EB/OL].http://www.cnii.com.cn/gyhxxh/2013-12/20/content_1274952.htm.

续表

变量	(1)	(2)	(3)	(4)	(5)
ind	0.015 (0.262)	0.006 (0.094)	0.051 (0.876)	0.196 (1.613)	0.380*** (3.495)
cou1 × inf	-1.517*** (-3.873)				
cou2 × inf	-0.591*** (-4.044)				
cou1 × ind		-1.238*** (-3.333)			
cou2 × ind		-0.346** (-2.360)			
agr1 × inf			-0.864*** (-6.925)		
agr2 × inf			0.211** (2.162)		
agr1 × ind				-0.957*** (-8.810)	
agr2 × ind				0.276** (2.848)	
inf × ind					-0.545*** (-4.049)
年度效应	是	是	是	是	是
地区效应	是	是	是	是	是

注：括号里的数值为T值；**、***分别代表在5%、1%的水平上显著。

由表5-9可见，所有的代表两化融合的交叉项系数均表现为统计显著，而且除了农业化与信息化融合是5%的统计显著水平，其余都是1%的统计显著水平。

1. 城市化与信息化融合

城市化与信息化的融合能够有效地抑制能源消费总量的增长（系数分别为-1.517和-0.591）。但城市化的基尼系数由正转为负，统计不显著；而城市化率的抑制作用增强，并统计显著；农业化和工业化的作用十分稳健，信息化系数由正转为负，统计显著。可见，信息化与城市化的有效融合能够明显降低能源消费，而单纯的信息化却是增加能源消费。得出这一结论可能是因为信息化的发展能够有效地促进城市集聚效应的发挥，降低交通成本等。

2. 城市化与工业化融合

城市化与工业化的融合也表现为积极的抑制效应（系数分别为 -1.238和 -0.346）。但城市化的基尼系数（cou1）由正转为负，统计比较不显著；而城市化率（cou2）的抑制作用增强，并统计显著；农业化、信息化和工业化的作用十分稳健，统计显著。可见，工业化与城市化的有效融合能够明显降低能源消费，而单纯的工业化和城市化作用并不显著。得出这一结论可能是因为产城融合也是提高效率、优化产业结构、促进经济增长的主要手段。

3. 农业化与信息化融合

农业化与信息化的结合，对能源消费总量表现为促进和抑制的双重效应。农业机械化与信息化的结合表现为抑制效应（系数为 -0.864），而农业就业弹性与信息化的结合表现为促进效应（系数为0.211），但城市化的基尼系数（cou1）由正转为负，统计显著。而其余指标，城市化率（cou2）、农业化、信息化和工业化的作用十分稳健，统计显著。可见，农业机械化与信息化的有效融合能够明显降低能源消费。得出这一结论可能是因为前者机械化程度的提高，能够有效提高我国的农业效率，而对于后者，农业劳动力的转移，主要以第二产业为主，带来的能源消费总量更大，体现为一定的促进效应。

4. 农业化与工业化融合

农业化与工业化的结合，对能源消费总量也表现为促进和抑制的双重效应。农业机械化与工业化的结合表现为抑制效应（系数为 -0.957），而农业就业弹性与工业化的结合表现为促进效应（系数为0.276），但城市化的基尼系数（cou1）由负转为正，统计显著。而其余指标，城市化（cou1 和 cou2）、农业化和工业化的作用十分稳健，统计显著。可见，农业机械化与工业化的有效融合能够明显降低能源消费。得出这一结论可能是因为前者机械化程度与工业化本就密切相关，前者的发展前提就是工业化水平的提高，相辅相成，相互促进，提高生产效率，而对于后者，农业劳动力转移至工业产业，还没有带来的边际能源消费递减，体现为一定的促进效应。

5. 信息化与工业化融合

一般意义上的两化融合，即信息化与工业化的融合，确实对能源消费总量有显著的抑制效应（系数为 -0.545），但信息化的基尼系数（cou1）由负转为正，统计显著。而其余5个指标，城市化（cou1 和 cou2）、农业化和工业化的作用十分稳健，统计显著。可见，信息化与工业化的有效融合能够明显降低能源消费。以工业化带动信息化、以信息化深化工业化。中国制造业经过这些年的信息化发展，已经由初期的 MIS 到 ERP、CRM、SCM，从 CAD/CAM 到 CAPP、PLM，初步达到一定的规模。制造业从以往的产品竞争，到现今的服务竞争，而以物联网为代表的工业信息化的引入又将引发技术的竞争，进而引发产业的优化升级。制造业两化融合是又一次升级换代，能提升企业竞争力，使企业更多地参与到国际竞争中，引发制造业行业一场新的技术革命。为企业节能减排、提高生产效率、降低运营成本带来新的发展。

（四）三化融合的影响

三化融合的含义十分广泛，包括2018年网易云创大会上，清华大学经济管理学院陈劲教授（2018）在解读城市互联网时，提出信息化、城镇化、工业化的融合，在西方"信息化+城镇化"的智慧城市战略基础上，中国创新融合"工业化+城镇化"的产城融合战略和"工业化+信息化"的工业互联网战略，并将其引申为三化融合的城市互联网战略，进一步提升中国产业升级和城市孕育的发展水平，以城市建设突破中国经济内生增长的后劲[1]。涂文明（2014）提出工业化、城镇化与农业化协调发展是工业革命以来，各国现代化进程中的共同表现[2]；在"2008 IT两会"[中国IT财富（CEO）年会和中国信息主管（CIO）年会]及计算机世界互联网年会上，信息化专家咨询委员会常务副主任周宏仁指出，人类文明发展史上，农业化、工业化、信息化是一个相互渗透、相互融合的过程，是三条

---

[1] 李浩. 清华经管教授陈劲解读"城市互联网"：未来将是万物智能的云化城市. 中国网科学 [EB/OL]. http://science.china.com.cn/2018-09/05/content_40489628.htm.

[2] 涂文明. "三化"协调发展的理论逻辑与中国实现路径的重构[J]. 求实, 2014 (1): 53-57.

平行的轨迹,三者融合是人类发展的主题①。在此,对农业化、工业化、信息化和城镇化进行组合,共有四种方式:①农业化、工业化和信息化;②农业化、工业化和城镇化;③农业化、信息化和城镇化;④工业化、信息化和城镇化。本书将其作为解释变量进入回归,结果如表5-10所示。

表5-10 三化融合的面板回归结果

变量	(1)	(2)	(3)	(4)
cou1	-0.030 (-0.583)	-0.195*** (-3.629)	-0.186*** (-3.976)	-0.153*** (-3.716)
cou2	-0.229*** (-3.248)	-0.134 (-1.427)	-0.055 (-0.781)	-0.175*** (-3.266)
agr1	0.183*** (4.449)	0.722*** (7.536)	0.617*** (6.797)	0.835*** (11.437)
agr2	-0.071 (-1.645)	-0.197*** (-2.951)	-0.073 (-1.307)	-0.145*** (-2.652)
inf	0.762*** (8.285)	0.316*** (4.444)	0.609*** (4.405)	0.392*** (3.974)
ind	0.410*** (3.669)	0.075 (0.626)	0.096** (1.732)	0.207** (2.137)
cou1 × inf × ind	-0.625** (-2.445)			
cou2 × inf × ind	0.019 (0.109)			
agr1 × cou1 × ind		0.903*** (3.138)		
agr1 × coun2 × ind		-1.571*** (-6.459)		
agr2 × coun1 × ind		-0.081 (-0.506)		
agr2 × coun2 × ind		0.362* (1.912)		

---

① 周宏仁. 信息化论 [M]. 人民出版社, 2008.

续表

变量	(1)	(2)	(3)	(4)
agr1 × coun1 × inf			1.298*** (4.687)	
agr1 × coun2 × inf			-1.925*** (-8.186)	
agr2 × coun1 × inf			-0.353** (-2.009)	
agr2 × coun2 × inf			0.314 (1.623)	
agr1 × inf × ind				-0.817*** (-10.231)
agr2 × inf × ind				0.223* (1.877)
年度效应	是	是	是	是
地区效应	是	是	是	是

注：括号里的数值为T值。*、**、***分别表示在10%、5%、1%的水平上显著。

由表5-10可见，代表三化融合的交叉项系数大部分表现为统计显著，除了城镇化率（cou2）与其他三化之二进行融合时统计不显著，其余都是至少10%的统计显著水平。

1. 城市化、信息化与工业化融合

城市化的两个代表性指标与信息化和工业化的融合，基尼系数（cou1）的融合能够有效地抑制能源消费总量的增长（系数为-0.625），但城市化率（cou2）的融合表现为正，但统计不显著（0.019）。信息化由负转为正，统计显著；工业化的促进作用增强，并统计显著；农业化机械化、城市化的作用十分稳健，信息化系数由正转为负，统计显著。可见，信息化与工业化的融合，在城市化的推进过程中基尼系数的变动有利于降低能源消费，而单纯的城市化却是增加能源消费。得出这一结论可能是因为目前的城市化发展基本还停留于人口和土地的扩张等方面，对能源消费的节约作用不明显等。

2. 城市化、农业化与工业化融合

城市化、农业化与工业化的融合对能源消费的抑制效应并不明显，4

个指标的系数分别为0.903、-1.571、-0.0.81和0.362,前两者是统计显著的促进和抑制作用,主要是农业机械化的融合。城市化对能源消费的抑制作用是确定的,只是统计显著性发生了明显的变化;农业化和工业化的作用十分稳健,信息化由负变为正,统计显著。可见,农业化、工业化与城市化的融合是否能够明显降低能源消费,要依据各种条件而定。

3. 农业化、城市化与信息化融合

农业化、城市化与信息化的融合对能源消费总量表现为促进和抑制的双重效应,农业机械化、城市化基尼系数与信息化的结合表现为统计显著的促进效应(系数为1.289),而农业就业弹性、城市化基尼系数与信息化的结合及农业机械化、城市化率与信息化的结合表现为统计显著的抑制效应(系数为-1.925和-0.353)。但信息化(inf)由负转为正,统计显著,而其余5个指标,城市化(cou1和cou2)、农业化和工业化的作用十分稳健,统计显著。可见,信息化的作用还没有得到充分的发挥。

4. 农业化、信息化与工业化融合

农业化、信息化与工业化的结合对能源消费总量也表现为促进和抑制的双重效应,农业机械化、信息化与工业化的结合表现为抑制效应(系数为-0.817),而农业就业弹性、信息化与工业化的结合表现为促进效应(系数为0.223)。但信息化(inf)由负转为正,统计显著,而其余5个指标,城市化(cou1和cou2)、农业化和工业化的作用十分稳健,统计显著。可见,农业机械化与工业化的有效融合能够明显降低能源消费。得出这一结论可能是因为前者机械化程度、信息化与工业化本就密切相关,农业机械化的发展前提就是工业化水平的提高,信息化的发展又会进一步提高信息流的处理效率,为机械设备的智能化发展提高水平,带来更高的生产效率和产业转型。

(五) 四化融合的影响

中共十八大报告指出,到2011年底,全国城镇人口已经达到6.91亿人,城镇化率首次突破50%关口,达到了51.27%。这表明中国已经告别了以乡村型社会为主体的时代,进入到以城市型社会为主体的新时代。正是在此基础上,十八大提出了中国特色的四化目标,而且对于四化之间的关系,也做了深刻准确的描述。其一,"信息化和工业化深度融合",这既是提高经济效益的必由之路,也是提高工业经济和企业核心竞争力的重要手段。信息化必将为工业化插上腾飞的翅膀,工业化无疑又是信息化的坚实基础。其二,"工业化和城镇化良性互动",这是现代经济社会发展的显著特征。工业化是城镇化的经济支撑,城镇化是工业化的空间依托,推动工业化与城镇化良性互动,既为工业化创造了条件,也是城镇化发展的内在规律。其三,"城镇化和农业现代化相互协调",这也是中国农村发展的大势所趋。没有农业现代化,城镇化就会成为无源之水、无本之木,而没有城镇化,农业现代化也会失去依托目标。总之,四化的同步协调发展是现代中国发展的必然[①]。"四化同步"的本质是四化互动,是一个整体系统。就四化的关系来讲,工业化创造供给,城镇化创造需求,工业化、城镇化带动和装备农业现代化,农业现代化为工业化、城镇化提供支撑和保障,而信息化推进其他三化。因此,促进四化在互动中实现同步、在互动中实现协调,才能实现社会生产力的跨越式协调发展[②]。将四化的6个指标交叉项作为解释变量进入回归,结果如表5-11所示。

表 5-11 四化融合的面板回归结果

变量	模型
cou1	-0.177*** (-3.913)
cou2	-0.115* (-1.842)
agr1	0.716*** (10.169)
agr2	-0.124** (-2.444)
inf	0.372*** (4.005)
ind	0.196** (2.263)
agr1 × coun1 × inf × ind	0.693** (2.292)
agr1 × coun2 × inf × ind	-1.410*** (-4.962)
agr2 × coun1 × inf × ind	-0.118 (-0.632)
agr2 × coun2 × inf × ind	0.275* (1.732)
年度效应	是
地区效应	是

注:括号里的数值为T值;*、**、***分别代表在10%、5%、1%的水平上显著。

[①] 詹国枢.全国政协委员解读十八大"十大热词"[EB/OL].中国经济周刊,http://www.xinhuanet.com//politics/2012-11/27/c_124006705.htm.

[②] 图解十八大报告之四:"四化同步"[EB/OL].人民网,http://cpc.people.com.cn/n/2012/1220/c164113-19954396.html.

由表 5-11 可见，由于模型中农业机械化与城市化、信息化和工业化交叉项的回归结果统计比较显著，但农业的就业弹性与其他三化融合的回归效果并不显著，同时，只有农业机械化与城市化率、信息化和工业化融合会统计显著地抑制能源消费总量的增长。加入四化融合的交叉项以后，只有信息化的作用从抑制转向促进能源消费总量的增加。其余的5个代表城镇化、农业化和工业化的指标作用效应都没有发生变化，城市化是明显的抑制作用，农业机械化和工业化具有提高作用。尤其是工业化作用的性质虽然没有发生变化，但是作用的统计显著性发生了变化，由不显著到5%的统计显著性。

推进四化同步发展，绝不能走西方国家所走过的掠夺资源的现代化道路，要走低消耗、低排放的生态文明发展道路。新型工业化要发展绿色环保节能减排产业，壮大节能环保产业、清洁生产产业、清洁能源产业。信息化要开发环境保护和生态治理的绿色信息技术，充分发挥信息技术对加大生态系统保护、建设美丽中国的积极作用。城镇化要尊重自然、顺应自然、保护自然，着力推进绿色发展、循环发展、低碳发展，尽可能减少对自然的干扰和损害，实现紧凑集约、高效绿色发展。农业现代化要坚持人与自然和谐共生，走乡村绿色发展之路，统筹山水林田湖草系统治理，加强农村突出环境问题综合治理，建立市场化多元化生态补偿机制，增加农业生态产品和服务供给，实现百姓富与生态美的统一[①]。

综上所述，四化对能源效率和能源消费总量的影响有一定的差异，国家的目标一定是在提高能源利用效率的同时，降低能源消费总量。但目前来看，两化融合的效果非常好，基本能够显著地降低能源消费总量，而三化和四化融合对能源利用效率和能源消费总量的作用还不能完全确定。一方面是三化和四化融合方面本身具有一定的差距，另一方面是融合到节能减排的传导机制可能还不完善，需要从这两个方面入手进行能源效率的提高和能源消费总量的减少。

---

① 洪银兴. 推动新时代"四化"同步发展. https：//baijiahao. baidu. com/s? id = 1593065387233571126&wfr = spider&for = pc.

五、本章小结与政策建议

本章在对农业现代化、工业化、城镇化和信息化代表的新四化进行界定的基础上，构建衡量指标体系，并对四化进行统计测度；进而检验四化与能源效率的协整关系；再利用空间面板模型研究四化对能源效率和能源消费总量的影响。研究发现，城镇化对能源效率的影响有明显的负效应，能源效率的城镇化弹性为负，表明城镇化会阻碍能源强度的提高。农业化水平的提高理论上利于能源效率的改善、能源强度的下降，但3个模型的系数方向和程度都存在较大差异。能源效率滞后项对能源效率的影响显著为正，弹性系数为0.6386和0.6391，表明上一期的能源效率对当期能源效率存在较大的惯性作用。工业化与农业化的作用关系难以确定，城镇化与信息化对能源效率的影响为负。四化交互项对能源强度的影响显著为正，可见四化协同发展的重要性。工业化、城镇化、农业化和信息化各自对能源强度的影响存在时空异质性，其相互影响更是错综复杂。

在四化对能源消费总量的影响研究中，分别研究四化的单独影响以及两化融合、三化融合和四化融合的影响。将四化的6个代表性变量都进入计算可见，人口城市化、农业化、信息化的影响显著，而且十分可喜的是，除了农业机械化是增加能源消费总量的指标，其余均可能降低能源消费总量。逐次去掉统计不显著的城市恩格尔系数和工业行业效率，所得的结果相差很小，说明城乡的差距和工业行业效率对能源消费总量的影响还没有充分显现出来。

所有的代表两化融合的交叉项系数均表现为统计显著，而且除了农业化与信息化融合是5%的统计显著，其余都是1%的统计显著水平。城市化与信息化的融合，能够有效地抑制能源消费总量的增长（系数分别为－1.517和－0.591）；城市化与工业化的融合也表现为积极的抑制效应（系数分别为－1.238和－0.346）；农业化与信息化的结合对能源消费总量表现为促进和抑制的双重效应，农业机械化与信息化的结合表现为抑制效应（系数为－0.864），而农业就业弹性与信息化的结合表现为促进效应

（系数为0.211）；农业化与工业化的结合对能源消费总量表现为促进和抑制的双重效应，农业机械化与工业化的结合表现为抑制效应（系数为-0.957），而农业就业弹性与工业化的结合表现为促进效应（系数为0.276）；一般意义上的两化融合，即信息化与工业化的融合，确实对能源消费总量有显著的抑制效应（系数为-0.545）。

所有的代表三化融合的交叉项系数大部分均表现为统计显著，除了城镇化率（cou2）与其他三化之二进行融合时统计不显著，其余都是至少10%的统计显著水平。城市化的两个代表性指标与信息化和工业化的融合，基尼系数（cou1）的融合能够有效地抑制能源消费总量的增长（系数为-0.625），但城市化率（cou2）的融合表现为正，但统计不显著（0.019）。城市化、农业化与工业化的融合对能源消费的抑制效应并不明显，4个指标的系数分别为0.903、-1.571、-0.0.81和0.362，前两者是统计显著的促进和抑制作用，主要是农业机械化的融合。农业化、城市化与信息化的融合对能源消费总量表现为促进和抑制的双重效应，农业机械化、城市化基尼系数与信息化的结合表现为统计显著的促进效应（系数为1.289），而农业就业弹性、城市化基尼系数与信息化的结合，及农业机械化、城市化率与信息化的结合表现为统计显著的抑制效应（系数为-1.925和-0.353）。农业化、信息化与工业化的结合，对能源消费总量也表现为促进和抑制的双重效应，农业机械化、信息化与工业化的结合表现为抑制效应（系数为-0.817），而农业就业弹性、信息化与工业化的结合表现为促进效应（系数为0.223）。

所有的代表四化融合的4个交叉项中，模型中农业机械化与城市化、信息化和工业化交叉项的回归结果统计比较显著，但农业的就业弹性与其他三化融合的回归效果并不显著，同时，只有农业机械化与城市化率、信息化和工业化融合会统计显著地抑制能源消费总量的增长。

综上所述，四化对能源效率和能源消费总量的影响有一定的差异，我们国家的目标一定是在提高能源利用效率的同时，降低能源消费总量。但就目前来看，两化融合的效果非常好，基本能够显著地降低能源消费总量，而三化和四化融合对能源利用效率和能源消费总量的作用还不能完全确定。一方面是三化和四化融合方面本身具有一定的差距，另一方面是融合到节能减排的传导机制可能还不完善，需要从这两个方面入手进行能源效率的提高和能源消费总量的减少。

第六章　影响路径依赖性研究

在能源消费的影响因素分析上，一个比较认可的框架就是产业结构红利和效率本身的提高，但这两个方面却还没有得到一致的认可，尤其是作用的程度，这主要是源于对产业结构的界定变量和对技术进步的衡量等指标差异很大，因此，本章试图以 Malmquist 生产率指数及其分解衡量技术进步[①]，来分析能源效率变化的路径。

一、研究方法

（一）DEA

DEA 是一种测算具有相同类型投入和产出的若干系统或部门（简称决策单元，DMU）相对效率的有效方法，即数据包络法，是著名运筹学专家 Charnes 和 Cooper 等学者在相对效率评价概念基础上发展起来的一种新的系统分析方法。其实质是根据一组关于输入输出的观察值，采用数学规划模型来估计有效生产的前沿面，再将各 DMU 与此前沿做比较，进而衡量效率。凡是处在前沿面上的 DMU，DEA 认定其投入产出组合最有效率，将其效率指标定为 1；不在前沿面上的 DMU 则被认定为无效率，同时以效率前沿面之有效点为基准，给予一个相对的效率指标（大于 0，小于 1）。

---

① Zhou P, Ang B W, Han J Y. Total factor carbon emission performance：A Malmquist index analysis [J]. Energy Economics，2010，32（1）：194–201.

此外，DEA 还可以判断各个 DMU 的投入规模的适合程度，给出各 DMU 调整其投入规模的方向和程度[①]。

1978 年，Charens、Cooper 和 Rhodes 等首先给出第一个 DEA 模型 C2R，又称不变规模报酬模型（CRS 模型）[②]。由于并不是每一个 DMU 的生产过程都处在固定规模报酬下，为测算 DMU 的纯技术效率水平，Banker、Charnes 和 Cooper 于 1984 年提出了可变规模的 BC2 模型，又称可变规模报酬模型（VRS 模型）[③]。在可变规模报酬的假设下，DEA 模型分为投入导向和产出导向两种形式。投入导向模型是在给定产出水平下使投入最少，而产出导向模型则是给定一定量的投入要素，追求产出值最大[④]。BC2 模型将综合技术效率（TE）分解为纯技术效率（PE）与规模效率（SE），并且有综合技术效率 = 纯技术效率 × 规模效率[⑤]。C2R 和 BC2 模型的公式如下所示：

$$\text{Min} \theta_c$$
$$\text{s.t.} \begin{cases} X_\lambda \leqslant \theta_c X_i \\ Y_\lambda \geqslant Y_i \\ \lambda \geqslant 0 \end{cases} \tag{6-1}$$

$$\text{Min} \theta_v$$
$$\text{s.t.} \begin{cases} X_\lambda \leqslant \theta_v X_i \\ Y_\lambda \geqslant Y_i \\ I_\lambda = 1 \\ \lambda \geqslant 0 \end{cases} \tag{6-2}$$

式中，θ_c 表示被评价的 DMU 在规模报酬不变的假设条件下的技术效率（综合技术效率）；θ_v 表示被评价的 DMU 在规模报酬可变的假设条件下

[①] 章祥荪，贵斌威. 中国全要素生产率分析：Malmquist 指数法评述与应用[J]. 数量经济技术经济研究，2008，25（6）：111-122.

[②] Lawrence M Seiford, Robert M Thrall. Recent developments in DEA: The mathematical programming approach to frontier analysis [J]. Journal of Econometrics, 1990, 46 (1): 7-38.

[③] 赵伟，马瑞永，何元庆. 全要素生产率变动的分解——基于 Malmquist 生产力指数的实证分析[J]. 统计研究，2005，22（7）：37-42.

[④] Doyle J, Green R. Efficiency and Cross-efficiency in DEA: Derivations, Meanings and Uses [J]. Journal of the Operational Research Society, 1994, 45 (5): 567-578.

[⑤] Cooper W W, Park K S, Yu G. Idea and Ar-Idea: Models for Dealing with Imprecise Data in Dea [J]. Management Science, 1999, 45 (4): 597-607.

的技术效率(纯技术效率); X_i 和 Y_i 分别表示第 i 个 DMU 的 $m \times 1$ 维投入向量和产出向量; X 表示样本中所有 DM 投入的 $m \times n$ 阶矩阵; Y 表示 $1 \times n$ 维向量; I 表示由数 1 组成的行向量; λ 表示各 DMU 被赋予的权重, λ 表示一个 $n \times 1$ 维向量①。

(二) Malmquist 指数原理

Malmquist 生产率指数是由 Malmquist 提出的,它利用距离函数的比率来计算投入产出指数。1982 年,Caves 和 Diewart 首次把它应用到生产理论,并将其作为生产效率指数②。

Fare 等建立的 Malmquist 生产率变化指数的一般表达形式如下:

$$M(x_t, y_t, x_{t+1}, y_{t+1}) = \frac{D^{t+1}(x_{t+1}, y_{t+1})}{D^t(x_t, y_t)}$$

$$\left[\frac{D^t(x_{t+1}, y_{t+1})}{D^{t+1}(x_{t+1}, y_{t+1})} \times \frac{D^t(x_t, y_t)}{D^{t+1}(x_t, y_t)} \right]^{1/2} \quad (6-3)$$

其中, $D^t(x_t, y_t)$ 代表以 t 期的技术所表示的当期的效率水平; $D^{t+1}(x_{t+1}, y_{t+1})$ 代表以 $t+1$ 期的技术所表示的当期的效率水平; $D^t(x_{t+1}, y_{t+1})$ 代表以第 t 期的技术(即以第 t 期的数据为参考集)所表示的 $t+1$ 期的效率水平; $D^{t+1}(x_t, y_t)$ 代表以第 $t+1$ 期的技术(即以第 $t+1$ 期的数据为参考集)所表示的 t 期的效率水平。

显然, Malmquist 生产率变动指数由两部分构成: $\frac{D^{t+1}(x_{t+1}, y_{t+1})}{D^t(x_t, y_t)}$ 刻画了从时期 t 到时期 $t+1$ 的相对技术效率变化; $\left[\frac{D^t(x_{t+1}, y_{t+1})}{D^{t+1}(x_{t+1}, y_{t+1})} \times \frac{D^t(x_t, y_t)}{D^{t+1}(x_t, y_t)} \right]^{1/2}$ 刻画了从时期 t 到时期 $t+1$ 的技术变动,它是前沿面在时期 t 和 $t+1$ 变化的几何平均值。从时期 t 到时期 $t+1$ 生产率变化的衡量标准是这样的:当 $M>1$,表示生产率有所进步;当 $M=1$,表示生产率处于停滞状态;当 $M<1$,表示生产率有所衰退。

---

① Wang E C, Huang W. Relative efficiency of R&D activities: A cross - country study accounting for environmental factors in the DEA approach [J]. Research Policy, 2007, 36 (2): 260 - 273.

② Caves D W, Christensen L R, Diewert W E. The Economic Theory of Index Numbers and the Measurement of Input, Output and Productivity [J]. Econometrica, 1982, 50 (6): 1393 - 1414.

上述的 Malmquist 指数是在规模报酬不变状态下的分析，而实际上生产很少有能停留在规模报酬不变状态的，因此，规模报酬可变状态下的研究才更具有实际意义①。在规模报酬可变状态下，Malmquist 指数一般表达式中的技术效率变化可进一步分解为纯技术效率变化和规模效率变化，则可变规模状态下全要素生产率变动的 Malmquist 指数表达式变化如下：

$$M(x_t, y_t, x_{t+1}, y_{t+1}) = \frac{S^{t+1}(x_{t+1}, y_{t+1})}{S^t(x_t, y_t)} \times \frac{D^{t+1}(x_{t+1}, y_{t+1}/VRS)}{D^t(x_t, y_t/VRS)}$$

$$\left[\frac{D^t(x_{t+1}, y_{t+1})}{D^{t+1}(x_{t+1}, y_{t+1})} \times \frac{D^t(x_t, y_t)}{D^{t+1}(x_t, y_t)} \right]^{1/2} \quad (6-4)$$

其中，$\frac{D^{t+1}(x_{t+1}, y_{t+1}/VRS)}{D^t(x_t, y_t/VRS)}$ 部分代表规模效率变化，$\frac{S^{t+1}(x_{t+1}, y_{t+1})}{S^t(x_t, y_t)}$ 部分代表纯技术效率变化。

Malmquis 指数最初由 Malmquist 提出，Caves 等首先将该指数应用于生产率变化的测算，此后与 Carnes 等建立的 DEA 理论相结合，在生产率测算中的应用日益广泛。

Malmquist 生产率指数可以弥补 C2R 和 BC2 模型的缺点。Wheelock 和 Wilson 在其文章中曾提到，静态 C2R 模型和 BC2 模型只能就同一期间的资料做水平式分析，并不能探讨工业污染治理效率在不同时期的变动，而 Malmquist 生产率指数则是运用面板数据，辅以距离函数的概念，求出一个可以作为垂直比较分析的生产率指数②，以此可弥补静态 C2R 模型和 BC2 模型的缺点，使分析更加完整③。DEA - Malmquist 指数除能较好地处理多投入多产出的数据集外，还能够描述出决策单元动态绩效变化，它可被分解为技术效率、规模效率、纯技术效率和技术进步等指数，并且能够深入地剖析依靠技术进步的生产单位的经济增长方式④。

---

① 原毅军，刘浩，白楠. 中国生产性服务业全要素生产率测度——基于非参数 Malmquist 指数方法的研究[J]. 中国软科学，2009（1）：159 - 167.

② Wheelock D C, Wilson P W. Technical Progress, Inefficiency and Productivity Change in U. S. Banking, 1984 - 1993 [J]. Journal of Money Credit & Banking, 1999, 31 (2): 212 - 234.

③ C A Knox Lovell. The Decomposition of Malmquist Productivity Indexes [J]. Journal of Productivity Analysis, 2003, 20 (3): 437 - 458.

④ Orea L. Parametric Decomposition of a Generalized Malmquist Productivity Index [J]. Journal of Productivity Analysis, 2002, 18 (1): 5 - 22.

二、DEA – Malmquist 分解

（一）对全要素生产率的分解

我们假定规模报酬不变，在此基础上利用软件 DEAP 2.1 选定投入法对要素进行分解[①]。分别将技术进步分解为一项全要素生产率（tfpch），两项指标分别为效率变化（effch）和技术效率（techch）；进一步分解效率变化为纯技术效率（pech）和规模效率（sech），因此形成三因素分解，共 5 个因素，2000~2016 年我国全年 5 项技术进步的分解结果如表 6-1 所示。

表 6-1 2000~2016 年全要素生产率分解

时期（年）	effch 效率变化 (1) = (3)×(4)	techch 技术效率 (2)	pech 纯技术效率 (3)	sech 规模效率 (4)	tfpch 全要素生产率 (5) = (1)×(2)
2000~2001	1.013	0.960	1.007	1.006	0.972
2001~2002	1.017	0.956	1.015	1.003	0.973
2002~2003	1.006	0.956	1.006	1.000	0.961
2003~2004	0.989	0.975	0.988	1.001	0.964
2004~2005	0.975	0.981	0.969	1.006	0.956
2005~2006	0.974	1.004	0.972	1.002	0.978
2006~2007	0.983	1.004	0.974	1.009	0.987
2007~2008	0.992	0.987	1.007	0.985	0.979
2008~2009	0.991	0.974	0.977	1.014	0.964
2009~2010	0.993	0.993	0.990	1.003	0.986
2010~2011	0.982	0.992	0.988	0.993	0.974
2011~2012	0.993	0.987	0.999	0.995	0.980

---

① 屈小娥.中国省际全要素能源效率变动分解——基于 Malmquist 指数的实证研究[J].数量经济技术经济研究，2009（8）：29-43.

续表

时期 (年)	effch 效率变化 (1) = (3) × (4)	techch 技术效率 (2)	pech 纯技术效率 (3)	sech 规模效率 (4)	tfpch 全要素生产率 (5) = (1) × (2)
2012~2013	0.994	0.995	1.006	0.989	0.990
2013~2014	0.954	1.024	0.974	0.979	0.977
2014~2015	0.981	1.012	0.987	0.994	0.993
2015~2016	0.992	1.083	0.997	0.995	1.075
平均值	0.989	0.992	0.991	0.998	0.982

由表6-1可见，就全国而言，sech（规模效率）在2000~2010年的数值基本大于1，在2010~2016年后的数值都小于1，平均值为0.998，趋近于1，说明我国经济发展的规模效率自2000年来呈现出由强变弱的总体趋势。pech（纯技术效率）在2000~2003年、2007~2008年和2012~2013年共5年的效率值大于1，17年的平均值为0.991，可见我国技术创新能力仍然有待加强。effch（效率变化）作为sech（规模效率）和pech（纯技术效率）的乘积，显然会受到两者大小变化的综合影响，在总值上，effch（效率变化）在2000~2003年大于1，2003年之后都明显小于1，且在2013~2014年出现最低值为0.954，主要是由于sech（规模效率）数值偏小造成的，总体呈现先大后小的趋势，这可能由我国长期以来高投资、高污染、高消耗的经济发展特征所影响。可见资本、劳动力和能源的大量投入并不意味着经济发展的高效率，更需关注要素之间的协调关系。techch（技术效率）呈现双峰值的变化，2005~2007年以及2013~2016年数值大于1，且明显具有在波动中上升的趋势，明显高于其他效应的变化效率。本书将其归因于我国科技进步以及管理水平的提高，即广义的技术进步。有数据显示近年来我国研发投入呈指数增长，2016年后研发支出在全球占比已超过欧洲仅次于美国，相对应的，我国专利申请数自2008年以来也迅速提升，现今也仅次于美国。至于tfpch（全要素生产率），由effch（效率变化）与techch（技术效率）的乘积计算而得，总体而言呈现上升趋势，由2000~2001年的0.972上升至2015~2016年的1.075，根据前文的分析effch（效率变化）呈现先大后小，techch（技术效率）在波动中上升，而tfpch（全要素生产率）明显呈现上升趋势，说明techch对tfpch的变化贡献较大，也显示了我国经济发展状况朝着正确的方向变化。

具体的对比性变动,如图6-1所示。

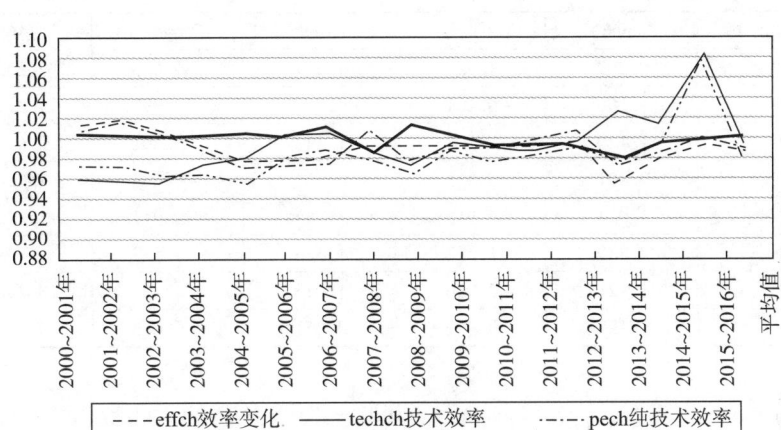

图6-1 技术进步分解因素对比

通过图6-1的对比可见,五因素基本是在1的上下波动,为进一步分析和对比五因素的变化,现计算五因素变化率,公式如下:

$$R_{it} = \frac{T_{it}}{T_{i,t-1}} \times 100\% \qquad (6-5)$$

式中,R代表变化率,i代表第i个技术进步分解要素,共有5个,即全要素生产率(tfpch)、效率变化(effch)、技术效率(techch)、纯技术效率(pech)和规模效率(sech)。t为时间段,即表6-1中的第一列所标示的时间段。计算结果如表6-2所示。

表6-2 各时期全要素生产率变化率　　　　单位:%

	effch	techch	pech	sech	tfpch
1	0.395	-0.417	0.794	-0.298	0.103
2	-1.082	0.000	-0.887	-0.299	-1.233
3	-1.690	1.987	-1.789	0.100	0.312
4	-1.416	0.615	-1.923	0.500	-0.830
5	-0.103	2.345	0.310	-0.398	2.301
6	0.924	0.000	0.206	0.699	0.920
7	0.916	-1.693	3.388	-2.379	-0.811
8	-0.101	-1.317	-2.979	2.944	-1.532

续表

	effch	techch	pech	sech	tfpch
9	0.202	1.951	1.331	-1.085	2.282
10	-1.108	-0.101	-0.202	-0.997	-1.217
11	1.120	-0.504	1.113	0.201	0.616
12	0.101	0.811	0.701	-0.603	1.020
13	-4.024	2.915	-3.181	-1.011	-1.313
14	2.830	-1.172	1.335	1.532	1.638
15	1.121	7.016	1.013	0.101	8.258
平均	-0.128	0.829	-0.051	-0.066	0.701

由表6-2可见，就全国而言，2000~2016年，sech（规模效率）的变化很小，在-2.38%~2.94%波动；pech（纯技术效率）相对波动更大一些，在-3.18%~3.39%；effch（效率变化）的负向波动比率更大一些（-4.04%），正向的只有2.83%；techch（技术效率）的正向波动比率更大一些（7.02%），负向的只有-1.69%；至于tfpch（全要素生产率），也是正向波动比率更大一些（8.26%），负向的只有-1.53%；5个因素的变化率基本恰好是一半时间段是上涨的，一半时间段是下跌的。具体如图6-2所示。

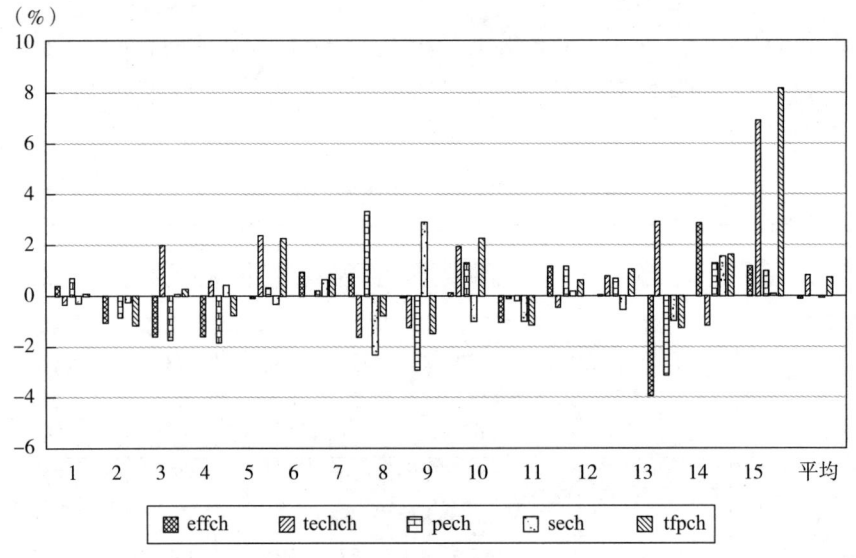

图6-2 全要素生产率分解变化率对比

（二）各地区间全要素生产率分解

为描述各地区间全要素生产率的分解状况，对 30 个省域 2000～2016 年进行分解，具体数值如表 6-3 所示。

表 6-3　2000～2016 年各地区全要素生产率分解情况

	effch	techch	pech	sech	tfpch
北京	1.003	1.049	1.003	1.000	1.051
天津	0.999	1.025	1.000	0.999	1.025
河北	0.993	0.970	0.990	1.003	0.964
山西	0.979	0.967	0.979	0.999	0.947
内蒙古	0.962	0.980	0.964	0.998	0.943
辽宁	0.878	0.988	0.877	1.001	0.868
吉林	0.981	1.013	0.981	1.001	0.994
黑龙江	1.000	0.976	1.001	0.999	0.975
上海	1.000	1.040	1.000	1.000	1.040
江苏	1.003	1.018	1.005	0.999	1.021
浙江	0.996	1.029	0.999	0.997	1.025
安徽	1.001	0.960	0.996	1.005	0.962
福建	0.999	1.020	1.000	0.999	1.019
江西	0.987	0.981	0.989	0.997	0.968
山东	0.998	0.975	1.000	0.998	0.974
河南	0.977	0.980	0.978	0.999	0.957
湖北	1.014	0.969	1.012	1.002	0.983
湖南	0.994	0.962	0.992	1.001	0.956
广东	0.996	1.005	1.000	0.996	1.001
广西	0.971	1.000	0.973	0.998	0.971
海南	0.988	1.014	1.000	0.988	1.002
重庆	0.999	0.971	1.001	0.999	0.971
四川	1.014	0.961	1.009	1.004	0.974
贵州	1.012	0.953	1.015	0.998	0.965
云南	0.984	0.963	0.983	1.001	0.948
陕西	0.991	0.967	0.991	1.000	0.959

续表

	effch	techch	pech	sech	tfpch
青海	0.985	0.985	1.012	0.973	0.971
宁夏	0.964	0.987	0.971	0.993	0.951
新疆	0.979	0.999	0.980	0.999	0.978
平均值	0.990	0.993	0.991	0.998	0.983

由表6-3可见，从全要素生产率角度看北京、天津、吉林、上海、江苏、浙江、福建、广东、海南和甘肃10个省市高于全国平均水平，且这些省份中80%为沿海发达省份，少量为中西部省份，尤其是北京、天津、上海、江苏和福建5个省市各项指标均超全国平均水平，结果与各地区的经济发展水平关系较大。在低于全国平均全要素生产率水平的省份中，由于techch（技术效率）对effch（效率变化）的贡献较大，结果显示，techch低于平均值的省份的tfpch（全要素生产率）值也正好都低于全国平均值，较低的techch使得全要素生产率的数值较小。粗略分析显示技术效率低下是落后省份的主要限制原因。为进一步对比，将所有指标数值按照tfpch（全要素生产率）值从小到大进行排列，如图6-3所示。

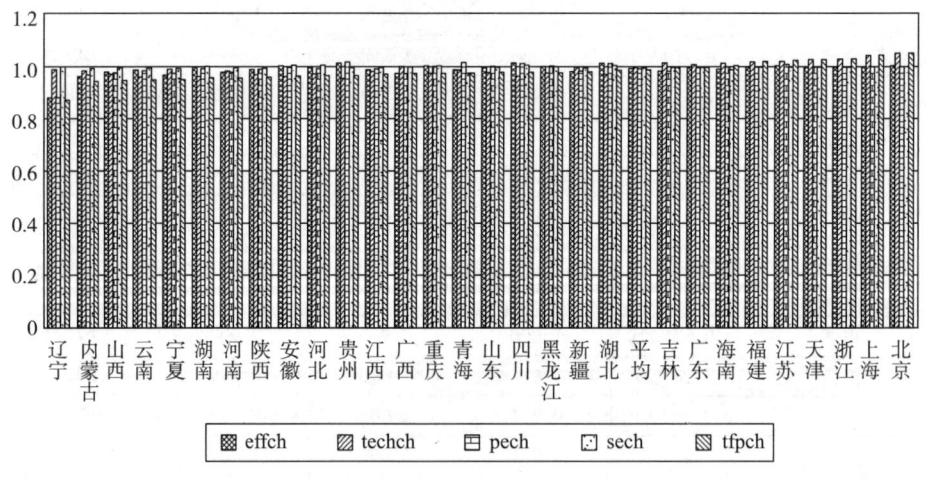

图6-3 各省全要素生产率分解表

由图6-3可见，按照全要素生产率，从小到大，对30个样本省市区进行排序，基本是按照经济发展水平和资源禀赋进行排序的，一般化石能源资源相对丰富、重工业比较发达的省份,如辽宁的重工业比较发达,内蒙古、江西、宁夏、河南、陕西、河北等省市区的煤炭和石油等资源丰富,全要素生产率相对比较低;同时,经济发达的广东、海南、福建、江苏、天津、浙江、上海、北京等省市全要素能源效率很高。

(三) 四大板块全要素生产率分解

将全国2000~2016年的全要素生产率的平均值作为参考依据既不能完全反映经济发展过程的全貌也不能体现地区间的异质性,因此下面将我国30个省市区进一步划分为东部、中部、西部和东北四大板块。东部包括北京、天津、河北、上海、浙江、江苏、福建、山东、广东和海南10个省市;中部包括山西、安徽、江西、湖北、湖南和河南共计6个省;西部包括内蒙古、广西、重庆、贵州、四川、陕西、青海、甘肃、宁夏、云南以及新疆共计11个省市区(西部地区应为12个省市,西藏在此未作为样本);东北包括辽宁、吉林和黑龙江3个省。下文将梳理四大板块2000~2016年全要素生产率的分解及变化状况。

1. 东部地区

对东部的10个省市的全要素生产率进行分解,得到2000~2016年的5个分解因素,结果如表6-4所示。

表6-4 2000~2016年东部地区全要素生产率分解情况

时期(年)	effch	techch	pech	sech	tfpch
2000~2001	0.998	1.002	0.995	1.003	1.000
2001~2002	1.008	0.995	0.998	1.010	1.003
2002~2003	0.995	1.002	0.994	1.001	0.996
2003~2004	1.001	1.001	0.989	1.013	1.001
2004~2005	1.026	0.965	1.006	1.020	0.987
2005~2006	0.993	1.032	1.003	0.990	1.025
2006~2007	0.994	1.032	0.995	1.000	1.026
2007~2008	1.004	1.009	1.008	0.995	1.013
2008~2009	0.996	1.008	1.004	0.992	1.003

续表

时期（年）	effch	techch	pech	sech	tfpch
2009~2010	1.020	1.019	1.010	1.009	1.041
2010~2011	0.973	1.017	0.991	0.981	0.989
2011~2012	0.994	1.021	1.000	0.995	1.015
2012~2013	1.018	1.019	1.014	1.002	1.035
2013~2014	0.976	1.043	0.997	0.979	1.018
2014~2015	0.999	1.032	1.002	0.998	1.031
2015~2016	0.980	1.045	0.994	0.986	1.023
平均值	0.998	1.015	1.000	0.998	1.013

由表6-4的要素分解结果可知，sech（规模效应）在2000~2007年基本大于1，2007年后减弱，可能是受到2008年金融危机的影响使得产业规模效应受到一定影响。pech（纯技术效应）多年来一直围绕1上下波动，可能与纯技术创新的不确定性有关，新基础的开发往往需要一定时间的沉淀，突破性技术的开发并不简单。effch（效率变化）受到上述两者的综合影响呈现出在1左右波动的特征。techch（技术效率）上升趋势明显，尤其是2008年之后。可见，东部地区的技术能力发展良好，鉴于改革开放以来，国家对东部地区优先发展的策略，且凭借得天独厚的区位优势，东部地区经济发展水平领跑全国，从而对科技的投入增大，高素质人才逐渐向东部转移。tfpch（全要素生产率）指数也呈现波动上升趋势，从2000~2001年的1增长到2015~2016年的1.023，且在2009~2010年达到峰值1.041。总体而言，东部地区的effch（效率变化）并不占优，而全要素生产率近年来基本大于1，主要是由于techch（技术效率）增长所贡献的。进一步对比如图6-4所示。

由图6-4可见，5个分解因素之间的差距随着时间基本呈现越来越大的趋势，在2000~2004年5个因素不仅自身波动很小，同时，彼此之间的差距也很小，而2005~2016年，波动程度和差异程度却不断变大。

第六章 影响路径依赖性研究

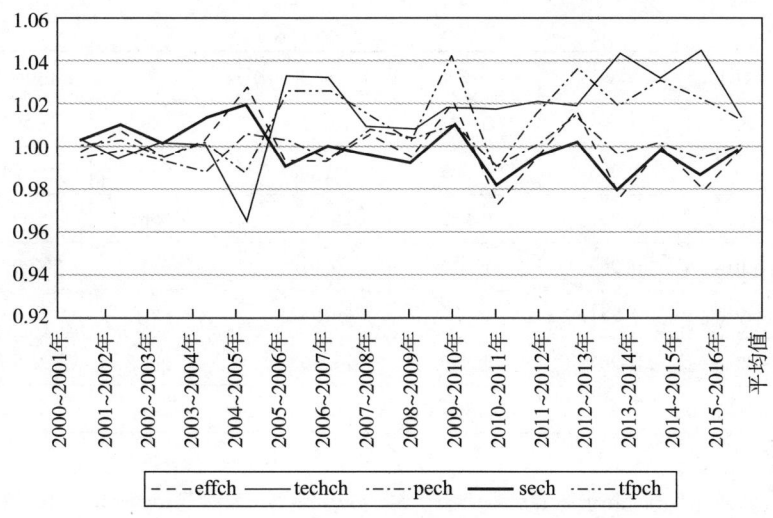

图 6-4 2000~2016 年东部地区全要素生产率分解对比

2. 中部地区全要素生产率分解

对中部 6 个省的全要素生产率进行分解得到 2000~2016 年的 5 个分解因素，结果如表 6-5 所示。

表 6-5 2000~2016 年中部地区全要素生产率分解情况

时期（年）	effch	techch	pech	sech	tfpch
2000~2001	1.030	0.931	1.017	1.013	0.959
2001~2002	1.037	0.932	1.020	1.017	0.966
2002~2003	1.028	0.930	1.010	1.017	0.955
2003~2004	1.000	0.957	1.000	1.001	0.958
2004~2005	0.962	0.983	0.966	0.996	0.945
2005~2006	0.957	0.989	0.959	0.998	0.946
2006~2007	0.984	0.980	0.975	1.008	0.964
2007~2008	0.985	0.974	0.984	1.001	0.959
2008~2009	0.993	0.952	0.994	0.999	0.945
2009~2010	0.991	0.974	0.991	1.000	0.965

续表

时期（年）	effch	techch	pech	sech	tfpch
2010~2011	0.993	0.973	0.994	0.999	0.966
2011~2012	1.005	0.963	1.006	0.999	0.968
2012~2013	0.991	0.982	0.996	0.996	0.974
2013~2014	0.959	1.011	0.970	0.988	0.970
2014~2015	0.981	1.000	0.982	0.999	0.981
2015~2016	0.985	0.999	1.003	0.983	0.982
平均值	0.992	0.971	0.992	1.001	0.963

由表6-5中部地区的全要素分解表可知，中部地区pech（纯技术效率）和sech（规模效率）在2000~2004年都大于1，但2004年后都普遍小于1，从而引致effch（效率变化）也呈现先大后小的状况，可见规模效率和纯技术效率在2000~2004年发挥了一定作用，但由于技术发展有其偶然性，规模效应也具有瓶颈从而限制住效率效应的进一步增长。techch（技术效率）的变化与东部地区类似，呈现增长趋势，由2000~2001年的0.931增长为2015~2016年的0.999，改革开放以来我国经济发展呈现高速增长趋势，GDP年平均增长率达到8%，经济发展一定程度上会提高科技的投入，带动技术效率的提升。tfpch（全要素生产率）也在波动中上升，但是总值均小于1，2000~2004年的effch（效率变化）虽然超过1，但techch（技术效率）却处在最低值，尽管techch（技术效率）在上升，但其值相对较小，大部分都小于1，加上effch（效率变化）变化不稳定，围绕1上下波动，从而引起中部地区tfpch（全要素生产率）指数的大小不尽如人意。进一步对比如图6-5所示。

由图6-5可见，中部地区5个分解因素之间的差距随着时间基本呈现越来越小的趋势，2010~2016年，5个因素不仅自身波动很小，同时，彼此之间的差距也很小，2000~2004年，波动程度和差异程度都很大。

3. 西部地区全要素生产率分解

对西部地区11个省市区的全要素生产率进行分解，得到2000~2016年的5个分解因素，结果如表6-6所示。

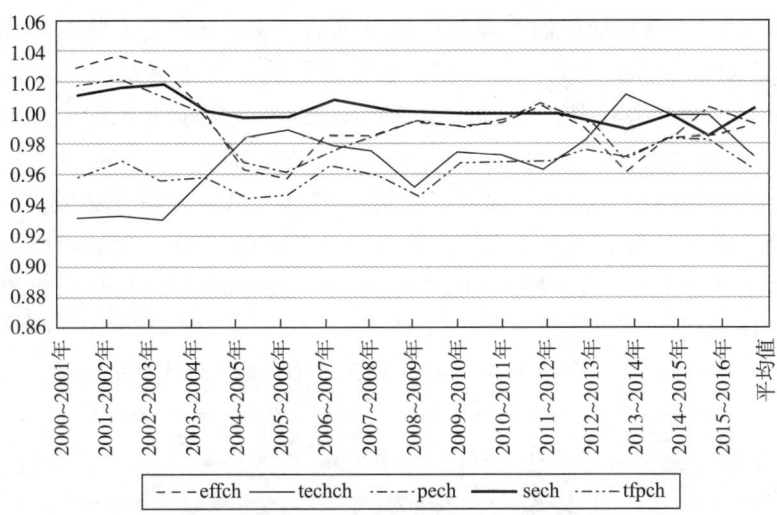

图6-5 2000~2016年中部地区全要素生产率分解对比

表6-6 2000~2016年西部地区全要素生产率分解情况

时期（年）	effch	techch	pech	sech	tfpch
2000~2001	1.026	0.936	1.021	1.005	0.959
2001~2002	1.030	0.934	1.042	0.990	0.960
2002~2003	1.015	0.934	1.027	0.988	0.947
2003~2004	0.989	0.966	0.996	0.993	0.955
2004~2005	0.968	0.991	0.964	1.006	0.960
2005~2006	0.985	0.993	0.972	1.015	0.978
2006~2007	0.996	0.992	0.978	1.019	0.987
2007~2008	1.001	0.976	1.047	0.969	0.978
2008~2009	0.997	0.956	0.964	1.055	0.953
2009~2010	0.983	0.980	0.986	0.997	0.962
2010~2011	0.994	0.979	0.993	1.000	0.973
2011~2012	0.994	0.968	1.002	0.993	0.962
2012~2013	0.981	0.979	1.006	0.976	0.960
2013~2014	0.936	1.014	0.963	0.972	0.949
2014~2015	0.960	1.004	0.973	0.987	0.964
2015~2016	0.969	1.005	0.978	0.992	0.973
平均值	0.989	0.975	0.994	0.997	0.964

由表6-6西部地区的全要素分解表可知，pech（纯技术效率）和sech（规模效率）与其他地区类似，该指数呈现围绕1上下波动状态，且并没有显示严格的趋势状况。但effch在2001~2003年大于1，此后在2007~2008年和2015~2016年才大于1。techch（技术效率）与此前所分析的类似，上升趋势明显，且与中部地区类似，2013~2014年首次突破1，说明中西部发展的技术变化速度相当。tfpch（全要素生产率）指数较小，长期以来并未超过1，从数据结果中反映，由effch和techch均较小造成的。进一步对比如图6-6所示。

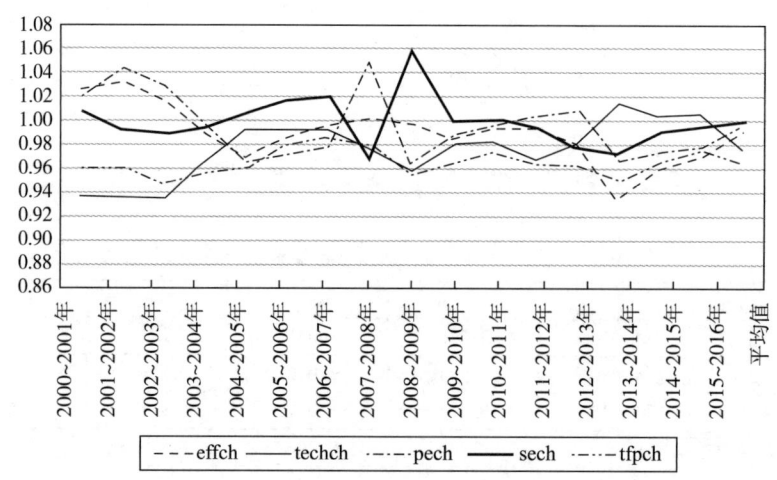

图6-6 2000~2016年西部地区全要素生产率分解对比

由图6-6可见，中部地区5个分解因素之间的差距随着时间基本呈现越来越小的趋势，2003~2006年和2010~2016年，5个因素不仅自身波动很小，彼此之间的差距也很小，2000~2003年和2006~2009年波动程度和差异度都很大。

4. 东北地区全要素生产率分解

对东北地区3个省的全要素生产率进行分解，得到2000~2016年的5个分解因素，结果如表6-7所示。

表6-7　2000～2016年东北地区全要素生产率分解情况

时期（年）	effch	techch	pech	sech	tfpch
2000～2001	0.984	0.971	0.979	1.005	0.955
2001～2002	0.975	0.969	0.969	1.006	0.945
2002～2003	0.976	0.945	0.972	1.006	0.922
2003～2004	0.939	0.963	0.943	0.996	0.904
2004～2005	0.884	0.997	0.888	0.994	0.881
2005～2006	0.911	0.992	0.911	1.000	0.904
2006～2007	0.909	1.009	0.900	1.010	0.916
2007～2008	0.936	0.984	0.940	0.996	0.920
2008～2009	0.950	0.974	0.947	1.003	0.925
2009～2010	0.954	0.998	0.948	1.007	0.952
2010～2011	0.956	1.003	0.955	1.000	0.959
2011～2012	0.970	0.997	0.977	0.993	0.968
2012～2013	0.984	1.013	1.003	0.981	1.001
2013～2014	0.946	1.027	0.951	0.994	0.972
2014～2015	1.001	1.012	1.003	0.998	1.014
2015～2016	0.997	1.033	0.982	1.015	1.026
平均值	0.954	0.993	0.954	1.000	0.948

东北地区的数据具有明显的起伏特征，2004～2005年的几项指数出现跌落，明显低于其他年份，主要是由于当年pech（纯技术效率）的降低所引起的，在随后的年份中逐渐开始回升。此外，与其他地区不同，东北地区的effch和techch指数均呈现上升趋势，其全要素生产率在2011～2012年突破1，相较于中西部地区而言较早一些。进一步对比如图6-7所示。

由图6-7可见，东北地区5个分解因素之间的差距随时间的动态变化规律，与其他三个区域都不同，基本是2000～2003年，5个因素不仅自身波动很小、彼此之间的差距也很小，呈现越来越小的趋势；2004～2008年，5个因素不仅自身波动很大、彼此之间的差距也很大；2009～2016年，5个因素自身波动很大，但差距很小。

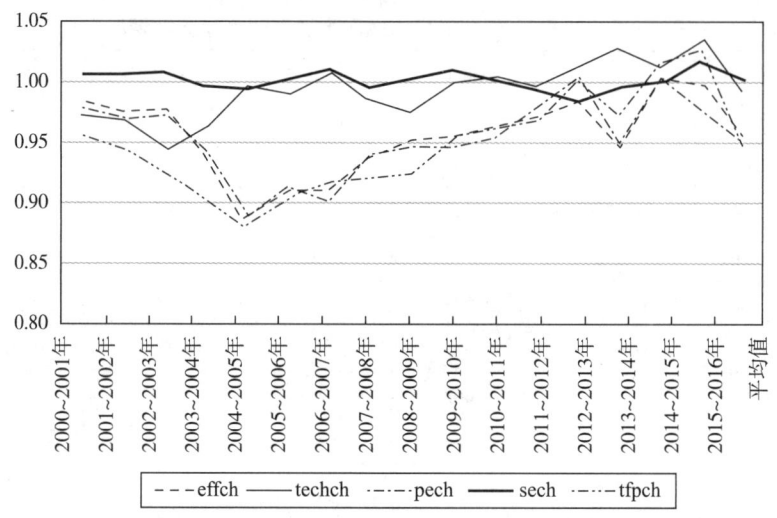

图 6-7 2000~2016 年东北地区全要素生产率分解对比

5. 各地区全要素生产率分解比较

为进一步对比各个区域之间的 5 要素分解因素之间的差距，将 4 个区域的各个要素的均值进行计算，如表 6-8 所示。

表 6-8 2000~2016 年各地区全要素生产率分解要素比较

地区	effch	techch	pech	sech	tfpch
东部	0.998	1.015	1.000	0.998	1.013
中部	0.992	0.971	0.992	1.001	0.963
西部	0.989	0.975	0.994	0.997	0.964
东北	0.954	0.993	0.954	1.000	0.948

由表 6-8 可见，就均值而言，东部地区各项数值都领先于其他 3 个地区，中部、西部地区各项数值较为接近，而东北地区除 techch（技术效率）指数外，其他 4 项指数都明显低于其他 3 个地区。从 tfpch（全要素生产率）上看，东部地区高于 1，远超全国平均水平，中部、西部地区数值相当接近但仍然低于 1，东北地区最低，排名末尾。为对比大小，将 5 个分解要素指标的平均值制作成图 6-9。

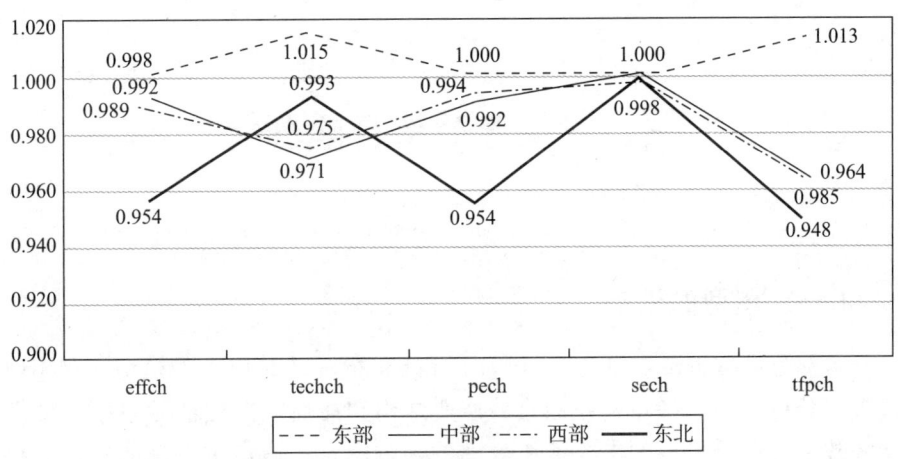

图 6-8 4 个区域全要素生产率分解对比

由图 6-8 可见，中部和西部地区的 5 项分解要素指标相伴而行，差距很小；各地区 sech（范围效率）差额很小（0.997~1.001）。剖析东北地区 tfpch（全要素生产率）低的原因，主要是因为 pech（纯技术效率）相差甚远，被其他 3 个区域远远拉开，东部、中部、西部差额不大，进而使得东北地区 effch（效率变化）指数严重偏低。techch（技术效率）指数也只有东部地区超过 1，东北地区紧随其后，中西部地区最低。因此，东北地区 tfpch 值最低的原因可解释为 peach（纯技术效率）低下，这反映出东北近年来经济下行、人才外流、经济发展动力不足的现状。中部、西部地区只有 techch（技术效率）显著低于其他地区，因此可以认为，techch（技术效率）是影响中部、西部地区 tfpch（全要素生产率）的主要因素。相比于东部地区而言，中部、西部地区缺乏政策优势，优先发展战略为东部地区经济发展赢得了政策优势，接踵而来的外商投资及其溢出效应发展了东部地区的软技术和硬技术；东北地区作为我国老工业基地，虽然技术进步的后劲不足但底蕴较深；西部地区依托得天独厚的自然能源资源禀赋，同时也提前受到西部大开发政策的支持，而中部地区的 techch（技术效率）值最低。东部地区各项指数都相对较高，但对于自身而言，effch 值并未达到 1，仍然缺乏效率，因此，应该要求东部地区进一步发挥自身优势，以创新驱动发展，促进科技创新推动 pech（纯技术效率）的提高。

三、对能源效率影响分析

(一) 模型的设定

本部分借鉴 Jones (1989,1991) 和 Sadorsky (2013) 的模型,利用面板数据分析方法,考察科技因素、产业结构和滞后一期的能源效率对即期能源效率的影响,以便考察能源效率的影响因素,或者说提高的路径。科技因素主要使用以下 5 个分解指标,tfpch (全要素生产率)、effch (效率变化)、techch (技术效率)、pech (纯技术效率)、sech (规模效率),同时,为了消除结构变化的影响,引入工业化程度作为衡量指标 (Bernardini and Galli, 1993),则模型设定如下:

$$EE_{it} = C + \alpha_1 EE_{it-1} + \alpha_2 TE_{it} + \alpha_3 IND_{it} + u_{it} + v_{it} + \varepsilon_{it} \qquad (6-6)$$

式中,EE 代表区域能源效率,TE 代表科技进步的 5 个指标的其中至少一个,IND 代表工业化程度,α_i 代表异质性结构变量的系数;i ($i=1, 2, \cdots, N$) 代表第 i 个地区;变量 t ($t=1, 2, \cdots, T$) 代表年度,C 代表常数项,个体时序固定效应、未观测影响和白噪声分别用 u_{it}、v_{it} 和 ε_{it} 代表。为了消除潜在的内生性,本书将滞后期数设定为 1~3 期。需要说明的是,除地区能源利用效率指标外,解释变量的数据都来自历年《中国统计年鉴》。其余价值指标均以当年价表示,因为经过比例相对数后,数值大小不受价格要素的影响。

(二) 省域基本回归

分别以 30 个省市区为考察样本,采用固定效应模型与随机效应模型对模型 (6-5) 进行回归,依据 Hausman 检验结果,此处应选择固定效应模型。为结果的稳健性,依据科技进步的影响一般是延展三年,对考察变量——5 个分解指标即 tfpch (全要素生产率)、effch (效率变化)、techch (技术效率)、pech (纯技术效率)、sech (规模效率) 分别进行了当期和滞后 1~3 期的回归分析,结果较为相似,鉴于篇幅,只在此列示当期的结果。

1. 技术进步单独考察

初步考察,先以技术进步的指标单独进行回归分析,分别以单一技术进步指标 tfpch(全要素生产率)、双技术进步指标 effch(效率变化)和 techch(技术效率)以及三因素指标 techch(技术效率)、pech(纯技术效率)和 sech(规模效率)与能源强度进行面板回归分析,结果如表 6-9 所示。

表 6-9 科技进步对地区能源利用效率的影响

	(1)	(2)	(3)
tfpch	-0.9926*(0.6932)		
effch		-0.1994(0.9933)	
techch		-2.2712*(1.3031)	-1.8351*(1.2966)
pech			-0.7701(1.0099)
sech			-0.2376(1.1076)
控制变量	是	是	是
年份效应	是	是	是
地区效应	是	是	是
R^2	0.2028	0.1668	0.0950
观测值	480	480	480
Hausman Test	chi2(2)=6.64 Prob>chi2=0.0362	chi2(3)=6.57 Prob>chi2=0.0871	chi2(4)=6.67 Prob>chi2=0.1543

注:括号里的数值为 T 值;*表示在 10% 的水平上显著。

由表 6-9 可见,单独考虑技术进步因素 tfpch(全要素生产率)对能源强度的影响时,因素 tfpch(全要素生产率)就是在 C-D 函数中设定的技术进步因素 A,对能源强度的影响是显著的负向性的(-0.9926),充分表明技术进步可以降低能源强度,提高能源使用效率。考虑 tfpch(全要素生产率)分解的双技术进步指标 effch(效率变化)和 techch(技术效率)对能源强度的影响时,两者都能够降低能源强度,但作用程度有所差异,分别是 -0.1994 和 -2.2712,同时前者不具有统计显著性,因此说,在技术进步对能源强度的提高有抑制作用时,主要是技术效率的变化。分解 effch(效率变化)得到技术进步三因素指标 techch(技术效率)、pech(纯技术效率)和 sech(规模效率)对能源强度的影响,pech(纯技术效率）和 sech（规模效率）的影响都比 techch（技术效率）的影响要小，说明在能源强度下降时，最主要的因素是技术效率，而规模因素和纯技术效率作用不显著。

2. 加入控制变量

在考察科技进步对地区能源效率的影响时，由于能源效率的影响因素，还有产业结构和内生性等问题，因此，依据 Jones（1989，1991）和 Sadorsky（2013）的模型，加入产业结构，表示的指标为第二产业增加值占当年总体 GDP 的比，设为 ind，为消除内生性的影响，也加入能源效率指标的滞后一期指标，设为 $ee1$，再次进行回归的结果，如表 6-10 所示。

表 6-10 科技进步对地区能源利用效率的影响

	（1）	（2）	（3）
tfpch	-0.0317（0.4305）		
effch		0.1176（0.4739）	
techch		-0.4157（0.6443）	0.5081（0.6409）
pech			-0.1864（0.4817）
sech			-0.1117（0.5267）
ee1	0.8525***（0.0239）	0.8514***（0.0239）	0.8516***（0.0239）
ind	-0.2642***（0.0753）	-0.2583***（0.0757）	-0.2595***（0.0758）
年份效应	是	是	是
地区效应	是	是	是
R^2	0.9967	0.9966	0.9966
观测值	450	450	450
Hausman Test	chi2（4）=52.06 Prob>chi2=0.0000	chi2（5）=53.97 Prob>chi2=0.0000	chi2（6）=54.77 Prob>chi2=0.0000

注：括号里的数值为 T 值；＊＊＊表示在1％的水平上显著。

由表 6-10 可见，在能源效率的影响因素中，本身的内生性比较强，回归的拟合优度从单纯考虑科技进步因素的拟合优度最高为 0.2028，到现在的最低为 0.9966，拟合效果大幅度地提升。在拟合方程中，能源效率自身滞后一期均为1％的统计显著，影响系数均在 0.85 以上，最低为两因素分解的系数（0.8514），最高为单因素的系数（0.8525）。加入产业结构因素后，变化明显的是产业结构的抑制因素，系数最小的为两因素分解的系数

(0.2583),最高也为单因素的系数(0.2642),但无论如何,工业化的发展对能源强度的下降有积极的作用,能够有效遏制能源强度上升的惯性。科技进步对能源强度具有一定的下降作用,但统计的检验并不显著。

(三) 四区域基本回归

本节以四个区域,即东部、中部、西部和东北地区为研究样本,分别用固定效应模型与随机效应模型对模型(6-6)进行回归,依据 Hausman 检验结果,此处应选择固定效应模型。为结果的稳健性,依据科技进步的影响一般是延展3年,对考察变量——5个分解指标即 tfpch(全要素生产率)、effch(效率变化)、techch(技术效率)、pech(纯技术效率)、sech(规模效率)分别进行了当期和滞后 1~3 期的回归分析,结果较为相似,鉴于篇幅,只在此列示当期的结果。

1. 技术进步单独考察

当单独以科技进步对地区能源效率进行考察时,科技进步的影响表现并不显著,具体回归结果如表 6-11 所示。

表 6-11 科技进步对地区能源利用效率的影响

	(1)	(2)	(3)
tfpch	-2.9039* (2.4104)		
effch		-3.8229* (2.4443)	
techch		0.6844 (4.5442)	1.4970 (4.5611)
pech			-4.0278** (2.5903)
sech			1.2209 (4.0915)
控制变量	是	是	是
年份效应	是	是	是
地区效应	是	是	是
R^2	0.3952	0.0002	0.0560
观测值	64	64	64
Hausman Test	chi2 (2) = 1.09 Prob > chi2 = 0.5796	chi2 (3) = 1.45 Prob > chi2 = 0.6946	chi2 (3) = 42.11 Prob > chi2 = 0.0000

注:括号里的数值为 T 值;*、** 分别表示在 10%、5% 的水平上显著。

由表6-11可见，只有tfpch（全要素生产率）代表的整体科技进步、effch（效率变化）、pech（纯技术效率）对能源强度具有一定的抑制作用，而techch（技术效率）和sech（规模效率）确实具有一定的促进作用。但有趣的是，在统计显著性上，正向的促进作用均不显著，负向的抑制作用都具有一定的统计显著性。可见，科技进步对强度，用4个区域为研究样本，还是具有一定程度的影响，但与30个省市区程度有所下降。

2. 加入控制变量

与30个省市区为样本考察科技进步对地区能源效率的影响时，同样依据Jones（1989，1991）和Sadorsky（2013）的模型，以4个区域为样本进行回归分析，回归结果如表6-12所示。

表6-12 科技进步对地区能源利用效率的影响

	（1）	（2）	（3）
tfpch	0.9368（1.1055）		
effch		0.5356（1.1321）	
techch		3.0778（2.0025）	3.0032（2.0159）
pech			0.3759（1.2025）
sech			0.5587（1.7102）
ee1	0.8774***（0.0696）	0.8741***（0.0695）	0.8688***（0.0711）
ind	-0.2114（0.1460）	-0.2046（0.1456）	-0.2071（0.1479）
年份效应	是	是	是
地区效应	是	是	是
R^2	0.9992	0.9977	0.9976
观测值	60	60	60
Hausman Test	chi2(3) = 7.66 Prob > chi2 = 0.0536	chi2(3) = 8.64 Prob > chi2 = 0.0345	chi2(3) = 8.33 Prob > chi2 = 0.0397

注：括号里的数值为T值；***表示在1%的水平上显著。

由表6-12可见，在以4个区域为样本时，能源效率的影响因素中，还是本身的内生性比较强，回归的拟合优度最高为0.9992到现在的最低为0.9976，拟合效果也比单纯考虑科技进步有大幅度的提升。在拟合方程中，能源效率自身滞后一期均为1%的统计显著，影响系数均在0.86以上，最低为三因素分解的系数（0.8688），最高为单因素的系数（0.8774）。产业结构明显是抑制性因素，系数非常接近，差距很小（-0.2114～-0.2046），这再次验证了工业化的发展对能源强度的下降有积极的作用。但科技进步对能源强度的作用在统计检验上并不显著。

从以上分析可见，按照最经典的分解方式，能源效率的影响因素是结构红利和效率因素两个方面，依据Jones（1989，1991）和Sadorsky（2013）的模型进行检验，无论是30个省市区还是4个区域，能源效率的自身惯性都起到很大的作用。同时，产业结构或者说第二产业的发展对能源强度具有较强的抑制作用，但科技进步的作用，在全要素生产率整体效率提高的前提下，能源强度会被抑制，进行分解后，科技进步的作用并不如设定的那么理想。因此说，能源强度的路径依赖十分明显，对于我国的能源强度或者说能源效率的提升路径，目前首先是能源生产、消费或者技术方面的革命，打破惯性的上升趋势，其次是进一步加强工业化水平，优化产业结构，抑制能源强度的上升，最后才是科技进步，降低能源强度。但这将是一个十分缓慢的过程。

四、对能源消费总量影响分析

（一）模型的设定

本部分利用面板数据分析方法，考察科技因素、产业结构对能源消费总量的影响，以便考察能源消费总量的影响因素，或者说提高的路径。科技因素主要使用5个分解指标，即tfpch（全要素生产率）、effch（效率变化）、techch（技术效率）、pech（纯技术效率）、sech（规模效率），同时，产业结构变化的影响引入工业化程度作为衡量指标（Bernardini and Galli，1993），则模型设定如下：

$$ET_{it} = C + \alpha_1 TE_{it} + \alpha_2 IND_{it} + \alpha_3 GDP_{it} + u_{it} + v_{it} + \varepsilon_{it} \qquad (6-7)$$

式中，ET代表区域能源消费总量，TE代表科技进步的5个指标的其中至少一个，IND 代表工业化程度，GDP 是国内生产总值，代表经济发展程度，α_i 代表异质性结构变量的系数；$i(i=1, 2, \cdots, N)$ 代表第 i 个地区；变量 $t(t=1, 2, \cdots, T)$ 代表年度，C 是常数项，个体时序固定效应、未观测影响和白噪声分别用 u_{it}、v_{it} 和 ε_{it} 代表。为了消除潜在的内生性，本书将滞后期数设定为 1~3 期。以上所有变量的数据都来自历年《中国统计年鉴》。价值指标均以 2000 年价进行平减。

（二）省域基本回归

分别以 30 个省市区为考察样本，我们采用固定效应模型与随机效应模型对模型（6-5）进行回归，依据 Hausman 检验结果，此处应选择固定效应模型。为结果的稳健性，依据科技进步的影响一般是延展 3 年，对考察变量——5 个分解指标即 tfpch（全要素生产率）、effch（效率变化）、techch（技术效率）、pech（纯技术效率）、sech（规模效率）分别进行了当期和滞后 1~3 期的回归分析，结果较为相似，鉴于篇幅，只在此列示当期的结果。

1. 技术进步单独考察

初步考察，先以技术进步的指标单独进行回归分析，分别以单一技术进步指标 tfpch（全要素生产率）、双技术进步指标 effch（效率变化）和 techch（技术效率）以及三因素指标 techch（技术效率）、pech（纯技术效率）和 sech（规模效率）与能源消费总量进行面板回归分析，结果如表 6-13 所示。

表 6-13 科技进步对地区能源消费总量的影响

	（1）	（2）	（3）
tfpch	1092.479（2691.792）		
effch		3606.501（3921.303）	
techch		-3824.364（2988.811）	-4257.154（3901.517）
pech			4563.421（3039.237）
sech			1055.767（3333.069）
控制变量	是	是	是
年份效应	是	是	是

续表

	(1)	(2)	(3)
地区效应	是	是	是
R^2	0.7244	0.7264	0.7271
观测值	480	480	480
Hausman Test	chi2(2)=6.64 Prob>chi2=0.0362	chi2(3)=6.57 Prob>chi2=0.0871	chi2(4)=6.67 Prob>chi2=0.1543

注：括号里的数值为 T 值。

由表 6-13 可见，单独考虑技术进步因素 tfpch（全要素生产率）对能源消费总量的影响时，因素 tfpch（全要素生产率）对能源消费总量的影响是统计非显著的正向性的（1092.479），对比 tfpch（全要素生产率）对能源强度的负向效应，充分表明技术进步可以降低能源强度，提高能源使用效率，但可能由于回弹效应的存在，却反而会增加能源消费总量。考虑 tfpch（全要素生产率）分解的双技术进步指标 effch（效率变化）和 techch（技术效率）对能源消费总量的影响时，前者和后者分别是统计非显著的促进效应和抑制效应（系数分别为 3606.501 和 -3824.364），对比两者都能够降低能源强度的结果，在技术进步对能源消费总量和能源强度的提高有抑制作用时，主要是技术效率的变化，而回弹效应主要是因为效率的提高会导致能源资源等投入成本的降低，反而引起相对更大量的投入使用。分解 effch（效率变化）得到技术进步三因素指标 techch（技术效率）、pech（纯技术效率）和 sech（规模效率），对能源消费总量的影响与前文类似，techch（技术效率）表现为负向效应，而 pech（纯技术效率）和 sech（规模效率）表现为正向效应，对比能源强度的影响，只有 techch（技术效率）的抑制作用比较明显，规模因素和纯技术效率对能源消费总量和能源强度作用都并不显著。

2. 加入控制变量

在考察科技进步对地区能源消费总量的影响中，由于能源消费总量的影响因素，依据已有的研究可知，主要还有产业结构和区域国内生产总值 GDP 等因素，因此，依据 Jones（1989，1991）和 Sadorsky（2013）的模型，加入产业结构，表示的指标为第二产业增加值占当年总体 GDP 的比，设为 ind，以及区域国内生产总值，设为 GDP，再次进行回归的结果，如表 6-14 所示。

表 6-14 科技进步对地区能源消费总量的影响

	（1）	（2）	（3）
tfpch	-2056.798*（1732.636）		
effch		-2151.268（1938.926）	
techch		-1784.291（2539.62）	-1900.644（2529.309）
pech			-1796.484（1975.078）
sech			-3040.388（2153.878）
ind	18883.9***（3113.241）	18854.69***（3126.281）	18864.14***（3127.514）
GDP	1.633***（0.065）	1.634***（0.066）	1.633***（0.067）
年份效应	是	是	是
地区效应	是	是	是
R^2	0.8867	0.9954	0.8873
观测值	480	480	480
Hausman Test	chi2（4）=52.06 Prob>chi2=0.0000	chi2（5）=53.97 Prob>chi2=0.0000	chi2（6）=54.77 Prob>chi2=0.0000

注：括号里的数值为 T 值；*、*** 分别表示在 10%、1% 的水平上显著。

由表 6-14 可见，加入控制变量产业结构 ind 和国内生产总值 GDP 后，在能源消费总量的影响因素中，回归的拟合优度从单纯考虑科技进步因素的拟合优度最高为 0.7271 到现在的最低为 0.8867，拟合效果得到较大幅度的提升。在拟合方程中，控制变量产业结构 ind 和国内生产总值 GDP 均为 1% 的统计显著，对能源消费总量的增加作用十分明显。科技进步的 5 个分解要素的影响系数均为负向的抑制作用。tfpch 的系数是 -2056.798，在 10% 统计显著，其余的两因素分解和三要素分解的系数虽然统计上并不显著，但都是明显的抑制效应，两因素分解的系数分别为 -2151.268 和 -1784.291；三要素的分解系数分别为 -1900.644、-1796.484 和 -3040.388。对比而言，effch（效率变化）和 sech（规模效率）对能源消费总量的下降有更加积极的作用，能够有效遏制能源消费总量的上升惯性。只是这种科技进步对能源消费总量具有下降作用，统计检验并不显著。

(三) 四区域基本回归

本部分依旧以 4 个区域，即东部、中部、西部和东北地区为研究样本，分别用固定效应模型与随机效应模型对模型（6－7）进行回归，依据 Hausman 检验结果，此处应选择固定效应模型。为结果的稳健性，依据科技进步的影响一般是延展 3 年，对考察变量——5 个分解指标即 tfpch（全要素生产率）、effch（效率变化）、techch（技术效率）、pech（纯技术效率）、sech（规模效率）分别进行了当期和滞后 1~3 期的回归分析，结果较为相似，鉴于篇幅，只在此列示当期的结果。

1. 技术进步单独考察

当单独以科技进步对地区能源消费总量进行考察时，科技进步的影响表现具有一定的统计显著性，具体回归结果如表 6－15 所示。

表 6－15　科技进步对地区能源消费总量的影响

	(1)	(2)	(3)
tfpch	－18006.41** (6759.535)		
effch		－18293.33** (6977.793)	
techch		－21021.46 (13287.68)	－12350.46 (16278.31)
pech			－9543.623** (5621.123)
sech			－120301.756** (5569.236)
控制变量	是	是	是
年份效应	是	是	是
地区效应	是	是	是
R^2	0.9671	0.9962	0.9996
观测值	64	64	64
Hausman Test	chi2(2) = 1.09 Prob > chi2 = 0.5796	chi2(3) = 1.45 Prob > chi2 = 0.6946	chi2(3) = 42.11 Prob > chi2 = 0.0000

注：括号里的数值为 T 值；** 表示在 5% 的水平上显著。

由表 6－15 可见，5 个科技进步的分解要素对能源消费总量都具有一定的抑制作用，只有 techch（技术效率）不具有统计显著性，其余 4 个要素，单独地代表整体科技进步 tfpch（全要素生产率）、effch（效率变化）、pech（纯技术效率）和 sech（规模效率）对能源消费总量的抑制作用，都是5%的统计显著性。以4个区域为研究样本，与30个省市区对比，抑制效应非常明显。

2. 加入控制变量

与30个省市区为样本考察科技进步对地区能源效率的影响时，同样依据 Jones（1989，1991）和 Sadorsky（2013）的模型，以4个区域为样本进行回归分析，回归结果如表6-16所示。

表6-16 科技进步对地区消费总量的影响

	(1)	(2)	(3)
tfpch	-3961.768（9304.269）		
effch		-11357.3**（5406.949）	
techch		-5185.138*（9928.122）	-3621.169**（8126.986）
pech			-6948.572***（4682.167）
sech			-6235.615**（3958.625）
ind	39268.72***（8984.844）	29721.07***（9741.334）	18762.319***（7698.325）
GDP	1.336***（0.185）	1.209***（0.187）	1.192***（0.183）
年份效应	是	是	是
地区效应	是	是	是
R^2	0.9838	0.9977	0.9976
观测值	60	60	60
Hausman Test	chi2(3) = 7.66 Prob > chi2 = 0.0536	chi2(3) = 8.64 Prob > chi2 = 0.0345	chi2(3) = 8.33 Prob > chi2 = 0.0397

注：括号里的数值为T值；*、**、***分别表示在10%、5%、1%的水平上显著。

由表6-16可见，在以4个区域为样本时，回归的拟合优度最高为0.9992，到现在的最低为0.9976，拟合效果也比单纯考虑科技进步有大幅度的提升。在能源消费总量的影响因素中，科技进步有明显的抑制作用。在拟合方程中，除单独地代表整体科技进步 tfpch（全要素生产率）呈现不明显的统计显著性外，其余的基本均为5%的统计显著。产业结构和国内生产总值是明显的促进性因素，系数比较接近，差距较小（1.192～

1.336），再次验证了工业比例的升高和 GDP 的快速增长都是能源消费总量上升的主要原因之一。

从以上分析可见，按照最经典的文献研究结论，能源消费总量的影响因素主要是经济发展、产业结构和科技进步 3 个方面，依据面板模型进行检验，无论是 30 个省市区还是 4 个区域，经济发展、产业结构或者第二产业的发展对能源消费总量具有较强的促进作用，但科技进步的作用在全要素生产率整体效率提高的前提下，能源消费总量显著会被抑制，进行分解后，科技进步的作用相对也较为明显。因此，能源消费总量的下降受多种因素的影响，因为再向前进行追溯，影响经济发展、产业结构和科技进步的因素还有很多，经济系统的发展内部因素相互影响，与外部因素也相互影响，但有一点是毋庸置疑的，这 3 种因素的上升和下降都不是一蹴而就的，也因此，能源消费总量的控制将是一个系统工程，要综合考量各种因素。

五、本章小结与政策建议

在科技进步衡量方式选择后，采用基于 DEA – Malmquist 指数法，在假定规模报酬不变的基础上，利用软件 DEAP 2.1 选定投入法对要素进行分解。分别将技术进步分解为一项全要素生产率（tfpch），两项指标分别为效率变化（effch）和技术效率（techch）；进一步分解效率变化为纯技术效率（pech）和规模效率（sech），因此形成三因素分解，共 5 个因素。分析 2000～2016 年我国全年的 5 项技术进步的分解，就全国而言，sech（规模效率）的变化很小，在 – 2.38% ～ 2.94% 波动；pech（纯技术效率）相对波动更大一些，在 – 3.18% ～ 3.39% 波动；effch（效率变化）的负向波动比率更大一些（– 4.04%），正向的只有 2.83%；techch（技术效率）的正向波动比率更大一些（7.02%），负向的只有 – 1.69%；至于 tfpch（全要素生产率），也是正向波动比率更大一些（8.26%），负向的只有 – 1.53%。5 个因素的变化率基本恰好一半时间段是上涨的，一半时间段是下跌的。按照全要素生产率从小到大，对 30 个样本省市区基本是按照经济发展水平和资源禀赋进行排序的，一般化石能源资源相对丰富，重工业比较发达的省份，如辽宁的重工业比较发达，内蒙古、江西、宁夏、河南、陕西、河北等省市区的煤炭和石油等资源丰富，全要素生产率相对比较低；同时，经济发达的广东、海南、福建、江苏、天津、浙江、上海、北京等省市全要素能源效率很高。

依据 Jones（1989，1991）和 Sadorsky（2013）的模型进行检验，无论是 30 个省市区还是 4 个区域，能源效率的自身惯性都起到很大的作用。同时，产业结构或者第二产业的发展对能源强度具有较强的抑制作用，但科技进步的作用在全要素生产率整体效率提高的前提下，能源强度会被抑制，进行分解后，科技进步的作用并不如设定的那么理想。因此，能源强度的路径依赖十分明显，对于我国的能源强度或者能源效率的提升路径，目前首先是能源生产、消费或者技术方面的革命，打破惯性的上升趋势；其次是进一步加强工业化水平，优化产业结构，抑制能源强度的上升；最后才是科技进步，降低能源强度。但这将是一个十分缓慢的过程。

能源消费总量的影响因素主要是经济发展、产业结构和科技进步 3 个方面，依据面板模型进行检验，无论是 30 个省市区还是 4 个区域，经济发展、产业结构或者第二产业的发展对能源消费总量都具有较强的促进作用，但科技进步的作用在全要素生产率整体效率提高的前提下，能源消费总量显著被抑制，进行分解后，科技进步的作用相对也较为明显。因此，能源消费总量的下降受多种因素的影响，因为再向前进行追溯，影响经济发展、产业结构和科技进步的因素还有很多，经济系统发展的内部因素相互影响，与外部因素也相互影响，但有一点是毋庸置疑的，这 3 种因素的上升和下降都不是一蹴而就的，也因此，能源消费总量的控制将是一个系统工程，要综合考量各种因素。

第七章 结论与展望

一、研究结论与建议

本章将对前文的主要研究结论进行阐述,包括产业结构对能源消费的影响、能源消费约束下产业结构的调整、产业结构政策对能源消费的影响和影响的路径依赖性研究。

(一) 产业结构对能源消费的影响

在对产业结构高级化和合理化进行测度的基础上,通过 BP 神经网络分析,将产业结构、第二产业劳动生产率和信息化 3 个因素采取逐次进入的方式,模拟能源效率的变化。

首先,以产业结构单因素两个变量进入模拟时,模拟效果约有 1/2 的省市区较好,其余效果较差。两个变量的重要程度在各个省份之间具有比较大的差异性。产业合理化和高级化的重要程度 30 个省市区的平均值分别为 0.4332 和 0.5667,可见,产业结构高级化的重要性更大;离散系数分别为 0.5842 和 0.4464,高级化的重要性在 30 个省市区之间差异性相对较小;按全国进行计算,产业合理化和高级化的重要程度分别为 0.329 和 0.671,后者是前者的两倍多,可见高级化的重要性更加凸显。

其次,以产业结构合理化、高级化和地区第二产业劳动生产率双因素三个指标进入模拟时,模拟效果很好。三个指标的重要程度 30 个省市区的平均值分别为 0.1269、0.2683 和 0.6048,可见,第二产业劳动生产率的重要性最大,是前两者分别平均减少数值(0.3062 和 0.2986)之和。相对而言,产业结构合理化的减少幅度更大。离散系数分别为 0.6974、0.4473 和 0.2206,高级化的重要性在 30 个省市区之间差异性相对较小。第二产业劳动生产率的重要性在 30 个省市区之间差异性最小。按全国进行计算,产业合理化和高级化及第二产业劳动生产率的重要程度分别为 0.073、0.319 和 0.607,后者约是前两者之和的两倍,可见第二产业劳动生产率的重要性更加凸显。由于三者相加为 1,因此,产业合理化和高级化的重要程度权重的变化值之和恰好等于第二产业劳动生产率的重要性值。

最后,以产业结构合理化、高级化、地区第二产业劳动生产率和信息化三因素四个指标进入模拟时,模拟效果同样很好,但与双因素的模拟效果进行对比并没有更大的改进。对全国来说,产业结构合理化、高级化、第二产业劳动生产率和信息化四个指标的重要性分别为 0.049、0.192、0.557 和 0.202,而 30 个省市区的重要性平均值分别为 0.1096、0.2776、0.4212 和 0.1903,对比可知,最重要的是第二产业劳动生产率,其次是产业结构高级化和信息化,重要性最低的是产业结构合理化。对比三因素条件下 30 个省市区的四个变量的重要性数值可知,第二产业劳动生产率仍然是最重要的,而信息化则处于中间的一般重要性的位置,基本是高于产业结构合理化的重要性,只有天津、河北、上海、广东、重庆、海南、云南 7 个省市产业结构合理化的重要性略高于信息化的重要性,差异最大的上海,也只是 0.15,最小的天津,只相差 0.004。

因此,下一阶段,提高第二产业劳动生产率、促进产业结构高级化、加强信息化建设等将是能源效率提高的关键。

(二) 能源消费约束下的产业结构调整

首先,在参考已有文献的基础上,将 2015 年投入产出表中所有的 42 个行业合并为 31 个行业。其次,以环境污染指数为主,能源强度指标为辅,将全部 31 个行业分为高污染、中污染、低污染三大类,其中,高污染行业为工业中环境污染指数排名前 10 的行业,中污染行业为工业行业中余下的 15 个行业,低污染行业排名以能源强度指标大小为依据,主要是第一产业和第三产业的 6 个行业。最后,采用多目标线性规划法,通过设置能源消费最小化的单目标和经济增长与节能双目标,以投入产出均衡、节能双控指标(能源强度和能源消费总量)以及经济产出波动为三大约束条件,计算产业结构调整。单目标和双目标条件下的产业结构调整具有较大的相似性,其中25个行业的调整方向是一致的,即同时调增或调减,建筑业是降幅最大的行业(-0.74%),只有3个行业存在方向性的差异,分别是交通运输设备业(-0.04,0.01)、通信设备计算机和其他电子设备业(-0.02,0.02)和通用设备业(-0.01,0.02);只在经济增长与能源消费双目标下进行调整的行业只有煤炭采选产品业(-0.01,0)一个行业;只在能源消费单目标下进行调整的行业只有电气机械和器材业(0,0.03)一个行业。

综上所述,建筑业是降幅最大的行业,说明建筑业已经达到饱和,需要加以收缩;建筑业、煤炭采选产品业、非金属矿物制品业、金属冶炼和压延加工品业、纺织服装鞋帽皮革羽绒及其制品业、木材加工品和家具业、金属制品业、通用设备业、专用设备业等13个行业都需要进行负向调整,这些多集中在中度污染行业。单目标和多目标调整方向不同的只有3个行业,比例不同的有26个行业,三点基本分布在对称轴线的左上方,说明在能源消费单目标条件下,对比经济增长和能源消费双目标条件下的产业结构调整,前者降幅要求更大,如果要达到最好的节能效果,经济增长必然会付出代价。

(三)产业结构政策对能源消费的影响研究

在对农业现代化、工业化、城镇化和信息化代表的"新四化"进行界定的基础上,构建衡量指标体系,并对四化进行统计测度;进而检验四化与能源效率的协整关系;再利用空间面板模型,研究四化对能源效率和能源消费总量的影响。研究发现,城镇化对能源效率的影响有明显的负效应,能源效率的城镇化弹性为负,表明城镇化会阻碍能源强度的提高。农业化水平的提高在理论上有利于能源效率的改善、能源强度的下降,但3个模型的系数方向和程度都存在较大差异。能源效率滞后项对能源效率的影响显著为正,弹性系数为0.6386和0.6391,表明上一期的能源效率对当期能源效率存在较大的惯性作用。工业化与农业化的作用关系难以确定,城镇化与信息化对能源效率的影响为负。四化交互项对能源强度的影响显著为正,可见四化协同发展的重要性。工业化、城镇化、农业化和信息化各自对能源强度的影响存在时空异质性,其相互影响更是错综复杂。

在四化对能源消费总量的影响研究中,分别研究四化的单独影响以及两化融合、三化融合和四化融合的影响。将四化的6个代表性变量都进入计算可见，人口城市化、农业化、信息化的影响显著，而且十分可喜的是，除了农业机械化是增加能源消费总量的指标，其余均可能降低能源消费总量。逐次去掉统计不显著的城市恩格尔系数和工业行业效率，所得的结果相差很小，说明城乡差距和工业行业效率对能源消费总量的影响还没有充分显现出来。

所有代表两化融合的交叉项系数均表现为统计显著，而且除了农业化与信息化融合是5%的统计显著，其余都是1%的统计显著水平。城市化与信息化的融合能够有效地抑制能源消费总量的增长（系数分别为 -1.517和 -0.591）；城市化与工业化的融合表现为积极的抑制效应（系数分别为 -1.238 和 -0.346）；农业化与信息化的结合对能源消费总量表现为促进和抑制的双重效应，农业机械化与信息化的结合表现为抑制效应（系数为 -0.864），而农业就业弹性与信息化的结合表现为促进效应（系数为 0.211）；农业化与工业化的结合对能源消费总量表现为促进和抑制的双重效应，农业机械化与工业化的结合表现为抑制效应（系数为 -0.957），而农业就业弹性与工业化的结合表现为促进效应（系数为 0.276）。这说明一般意义上的两化融合，即信息化与工业化的融合，确实对能源消费总量有显著的抑制效应（系数为 -0.545）。

所有的代表三化融合的交叉项系数大部分均表现为统计显著，除了城镇化率（cou2）与其他三化之二进行融合时统计不显著，其余都是至少在10%的统计显著水平。城市化的两个代表性指标与信息化和工业化的融合，基尼系数（cou1）的融合能够有效地抑制能源消费总量的增长（系数为 -0.625），但城市化率（cou2）的融合表现为正，但统计不显著（0.019）。城市化、农业化与工业化的融合对能源消费的抑制效应并不明显，4个指标的系数分别为 0.903、-1.571、-0.081 和 0.362，前两者是统计显著的促进和抑制作用主要是农业机械化的融合。农业化、城市化与信息化的融合对能源消费总量表现为促进和抑制的双重效应，农业机械化、城市化基尼系数与信息化的结合表现为统计显著的促进效应（系数为 1.289），而农业就业弹性、城市化基尼系数与信息化的结合及农业机械化、城市化率与信息化的结合表现为统计显著的抑制效应（系数为 -1.925和 -0.353）。农业化、信息化与工业化的结合对能源消费总量也表现为促进和抑制的双重效应，农业机械化、信息化与工业化的结合表现为抑制效应（系数为-0.817），而农业就业弹性、信息化与工业化的结合表现为促进效应（系数为0.223）。

所有的代表四化融合的4个交叉项中，模型中农业机械化与城市化、信息化和工业化交叉项的回归结果统计比较显著，但农业的就业弹性与其他三化融合的回归效果并不显著，同时，只有农业机械化与城市化率、信息化和工业化融合会统计显著地抑制能源消费总量的增长。

综上所述，四化对能源效率和能源消费总量的影响有一定的差异，国家的目标一定是在提高能源利用效率的同时，降低能源消费总量。但目前来看，两化融合的效果非常好，基本能够显著地降低能源消费总量，而三化和四化融合对能源利用效率和能源消费总量的作用还不能完全确定。一方面是三化和四化融合方面本身具有一定的差距，另一方面是融合到节能减排的传导机制可能还不完善，需要从这两个方面入手进行能源效率的提高和能源消费总量的减少。

（四）影响的路径依赖性研究

在科技进步衡量方式选择后，我们采用基于DEA-Malmquist指数法，在假定规模报酬不变的基础上，利用软件DEAP 2.1选定投入法对要素进行分解。分别将技术进步分解为一项全要素生产率（tfpch），两项指标分别为效率变化（effch）和技术效率（techch）；进一步分解效率变化为纯技术效率（pech）和规模效率（sech），因此形成三因素分解，共5个因素。分析2000~2016年我国全年的5项技术进步的分解，就全国而言，sech（规模效率）的变化很小，在-2.38%~2.94%波动；pech（纯技术效率）相对波动更大一些，在-3.18%~3.39%波动；effch（效率变化）的负向波动比率更大一些（-4.04%），正向的只有2.83%；techch（技术效率）的正向波动比率更大一些（7.02%），负向的只有-1.69%；至于tfpch（全要素生产率），也是正向波动比率更大一些（8.26%），负向的只有-1.53%。5个因素的变化率恰好是一半时间段是上涨的，一半时间段是下跌的。按照全要素生产率从小到大，对30个样本省市区按照经济发展水平和资源禀赋进行排序，一般化石能源资源相对丰富，重工业比较发达的省份，如辽宁的重工业比较发达，内蒙古、江西、宁夏、河南、陕西、河北等省市区的煤炭和石油等资源丰富，全要素生产率相对比较低；同时，经济发达的广东、海南、福建、江苏、天津、浙江、上海、北京等市区全要素能源效率很高。

依据Jones（1989，1991）和Sadorsky（2013）的模型进行检验，无论是30个省市区，还是4个区域，能源效率的自身惯性都起到很大的作用。同时，产业结构或者第二产业的发展对能源强度具有较强的抑制作用，但科技进步的作用在全要素生产率整体效率提高的前提下，能源强度会被抑制，进行分解后，科技进步的作用并不如设定的那么理想。因此，能源强度的路径依赖十分明显，对于我国能源强度或者能源效率的提升，目前首先是能源生产、消费或者技术方面的革命，打破惯性的上升趋势；其次是进一步加强工业化水平，优化产业结构，抑制能源强度的上升；最后才是科技进步，降低能源强度，但这将是一个十分缓慢的过程。

能源消费总量的影响因素主要是经济发展、产业结构和科技进步3个方面，依据面板模型进行检验，无论是30个省市区，还是4个区域，经济发展、产业结构或者第二产业的发展对能源消费总量具有较强的促进作用，但科技进步的作用在全要素生产率整体效率提高的前提下，能源消费总量显著被抑制，进行分解后，科技进步的作用相对也较为明显。因此，能源消费总量的下降受多种因素的影响，因为再向前进行追溯，影响经济发展、产业结构和科技进步的因素还有很多，经济系统的发展内部因素相互影响，与外部因素相互影响，但有一点是毋庸置疑的，这三种因素的上升和下降都不是一蹴而就的，也因此，能源消费总量的控制将是一个系统工程，要综合考量各种因素。

二、研究展望

为更加精确地表示未来的研究展望，在此应用科学知识图谱绘制软件工具进行分析。常用的科学知识图谱绘制软件工具包括VOSviewer、Sci、CoPalRed、INSPIRE、VanagePoint、Bibexel等。VOSviewer是荷兰莱顿大学的艾克（Nees Jan van Eck）博士和瓦尔特曼（Ludo Walt-man）博士合作开发的一款可视化软件，可以提供4种可视化方案，即标签视图（Iabel View）、密度视图（Density View）、聚类密度视图（Cluster Density View）

和散点视图（Scatter View）。如利用 VOSviewer 软件自带的数据绘制的期刊共被引密度视图。Sci 是美国印第安纳大学布卢明顿分校图书馆与信息科学学院信息基础设施网络科学中心及信息可视化实验室合作开发的一款专门为科学学研究而设计的软件，是一个模块化的工具集，支持对微观（个体）、中观（局部）及宏观（全局）三个层面的数据进行基本统计、时间、空间、主题和网络层面的分析以及可视化。CoPalRed 是由西班牙格拉纳达大学的 EC 研究团队开发的商业软件，使用共词单元来分析文献，包括结构分析、战略分析和动态分析三个方面。IN – SPIRE 是由美国西北太平洋国家实验室开发的，提供 Galaxies 星空分布和 ThemeScape 地貌图两种可视化图谱，也提供系列工具来发现隐藏的知识，如 Time Slicer。美国搜索技术公司开发的免费文本挖掘和可视化软件 VanagePoint 可从大量的机构数据中发现模式和关系，快速确定知识内容。Bibexel 是瑞典于莫奥大学的佩尔森（Olle Persson）教授开发的一款文献计量学软件，可以对 Web of Science（WoS）、Scopus 等数据库下载的文献题录数据进行处理，实现一些基础的文献计量学功能，如频次分布、共现分析等。CiteSpace 是美国德雷克塞尔大学信息科学与技术学院（College of Computing and Informatics, Drexel University）陈超美（Chaomei Chen）博士于 2004 年 9 月基于引文分析理论将 ACA（作者共被引分析，Author Cocited Analysis）理论[1]的应用范围进行了扩展，应用 Java 计算机编程语言开发的 Information Visualization – CiteSpace 信息可视化软件，这是近年来在信息分析中最具有特色和影响力的信息可视化软件，本书将采用 citespace 软件进行文献的分析。

（一）文献研究方法——CiteSpace 软件

为更好地基于已有的研究文献和本书的研究对未来的研究方法、研究内容、研究方向等进行展示，本部分运用 CiteSpace 软件进行分析验证。

CiteSpace 版本不断升级和更新，当前版本为 CiteSpace 5.3[2]。CiteSpace 软件被至少超过 60 个国家上万次启用，已经成为科学计量学普遍采用的新工具。在大连理工大学 WISE 实验室的推广下，中国已成为最大的使用

---

[1] 刘林青. 绘制战略管理研究的知识地图：作者共被引分析[J]. 管理评论，2005，17（3）：57 – 64.

[2] Visualizing Patterns and Trends in Scientific Literature. CiteSpace© 2003 – 2016 Chaomei Chen. http: //cluster.cis.drexel.edu/ ~ cchen/citespace/.

国，尤其是 2009 年由 WISE 实验室举办了首届全国培训班后，CiteSpace 在中国的使用范围迅速扩大，使用数量急剧增长①。

1. 设计理念

CiteSpace 的设计理念是"改变看世界的方式"。在著名科学哲学家波普尔（K R Popper）的三个世界理论中，存在着物理世界（世界1）、精神世界（世界2）和客观知识世界（世界3）。传统的看世界的方式是通过人的视觉，即通过世界2来认识世界1，形成世界3。在科学语境中，世界3属于一阶科学范畴。而 CiteSpace 的设计理念是要通过绘制科学知识图谱来认识世界1。制作科学知识图谱是复杂的认识与思维过程，需要觉悟、感悟，主要是视觉顿悟、视觉思维，它属于对世界3的加工，即二阶科学范畴。"改变看世界的方式"就是将原来认识世界1的单一渠道世界2打通到世界3，从而为人们认识世界又提供一种方式，以利于科学的新发现，如图7-1所示。

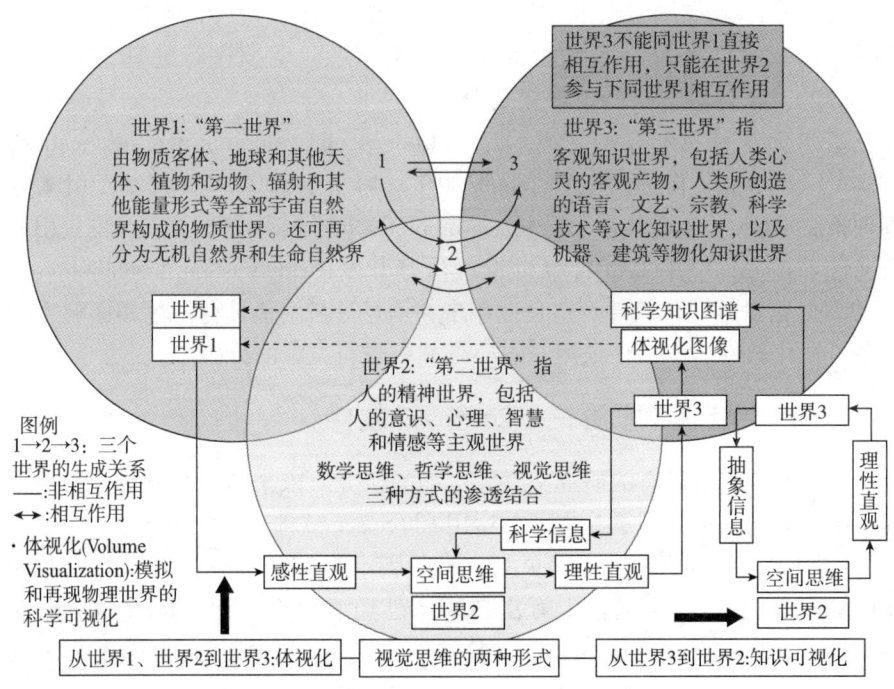

图 7-1 CiteSpace 看世界的方式——基于波普尔的三个世界论

---

① 陈悦，陈超美，胡志刚，等. 引文空间分析原理与应用：CiteSpace 实用指南 [M]. 科学出版社，2014.

在以科学知识图谱方式认识世界的过程中,视觉思维、数学思维和哲学思维得以统一。首先,绘制出的图谱必须具有映射性、美观性和易读性,而品质优良的图谱要通过各种算法才得以实现,图谱的整体设计、算法选择及解读依赖的是哲学思维。法国数学家波尔达—笛西莫(Bordas - Demoulin)曾说过,"没有数学,人们无法看透哲学的深度;没有哲学,人们也无法看透数学的深度;而若没有两者,人们就什么也看不透"。因而,不从科学哲学的角度去把握 CiteSpace,不理解其中各种算法的选择,就难以绘制出令人满意的图谱,更难以科学地解读图谱。

2. 概念模型

基于"改变看世界的方式"这一设计理念,CiteSpace 创造性地将引证分析(历时性)和共引分析(结构性)方法综合起来,创建了从知识基础映射到研究前沿的理论模型。用时间切片抓拍(Time - sliced Snapshot)来显示研究领域的演变,即"如果我们把研究前沿定义为一个研究领域的发展状况"(如研究思路),那么研究前沿的引文就形成了相应的知识基础。一个研究领域可以被概念化为一个从研究前沿到知识基础的时间映射,如图7-2所示。

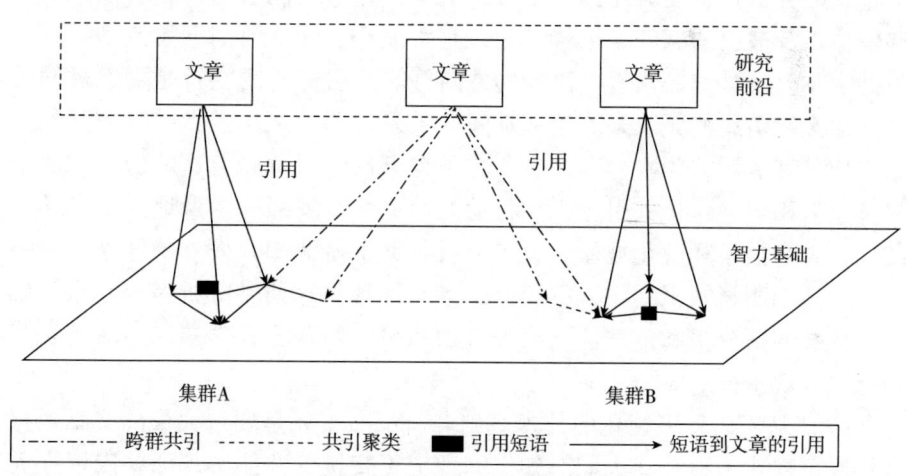

图 7-2 CiteSpace 的概念模型

CiteSpace 的概念模型体现出的最直接的两个基础是:一方面,科学计量学主流的引文分析图谱基本原理,这里的引文分析是融合了社会网络分析和复杂网络分析思想的引文网络分析，构成了 CiteSpace 图谱学科的基本原理；另一方面，以信息可视化和可视（视觉）分析为手段将抽象的引文网络变为直观的空间形式的图谱技术基础。这也是体现 CiteSpace 主标题的学科基础与技术基础。

（1）基于引文分析的学科基础。自 1955 年加菲尔德（Eugene Garfield）发表论文《引文索引应用于科学》，提出了用引文索引检索科技文献的方法，引文分析便逐渐成为科学计量学研究领域的重要研究方法，现已被国内外学者广泛应用于多个学科领域的研究，尤其在描述学科的演进发展方面取得了诸多卓有成效的结果。所谓引文分析，就是运用数学和计算机等方法与手段，分析文献之间引证和被引证的知识联系与知识网络，揭示文献之间知识流动规律的一种计量方法。而知识流动是以知识单元为基本单位的流动。随着计算机的发展以及信息手段的日益先进，社会网络及复杂性网络的理论和方法逐渐被引入信息科学领域，引文分析也逐渐从分析知识流动过程拓展为分析知识元的关系，即派生出相关的共引分析、耦合分析等方法，引申出引文网络分析、知识图谱方法等。

知识流动过程的引用分析，即对集合起来的海量引文所包含的知识流动过程的分析。它更关注文献是否被引证、什么时间被引证、引证的周期和峰值以及被引的宽度，也就是知识是否流动、什么时间开始流动、流动量的大小以及流速的快慢、流动的方向等。共引分析的主旨是要通过同时被其他文献引用的频次来表达文献间的关系，即某两份文献同时被其他文献引用，其引用的频次越高，表明关系越密切，即意味着这两份文献的学科背景越相似。这种共引分析能帮助人们更好地理解和定量地揭示科学的结构、亲缘关系和演化规律。引用分析有助于捋清知识发展的脉络，共引分析有助于明晰知识结构，CiteSpace 创造性地将这两种分析综合起来，融入了社会网络分析和复杂性网络分析的思想，展示了科学知识形成的宏观指标和微观指标。

（2）基于信息可视化的技术基础。CiteSpace 就是要把大量的文献数据转换成可视化图谱，让人们对知识的理解更直接，并能发现那些隐埋在大量数据中的规律和让人不易察觉的事物，即绘制科学知识图谱。所谓知识图谱是以知识域为对象，显示科学知识的发展进程与结构关系的一种图形。它具有图和谱的双重性质与特征：既是可视化的知识图形，又是序列化的知识谱系，显示了知识单元或知识群之间网络、结构、互动、交叉、演化或衍生等诸多隐含的复杂关系，而这些复杂的知识关系正孕育着新的知识的产生。科学知识图谱的概念源于2003年美国国家科学院组织的一次研讨会，随着信息可视化的发展，绘制科学知识图谱蓬勃发展，CiteSpace是其中应用最为广泛的信息可视化工具之一。

在基于引文分析的学科基础和基于信息可视化的技术基础上，CiteSpace形成了两个重要的基本概念，研究前沿和知识基础。简单地说，研究前沿就是某个科学领域中科学文献的暂时性成分。它们还没有稳定，也许以后会成为经典的文献，也许会很长一段时间没有任何踪迹而蒸发了，人们还不能轻易地确定它们是否具有长期价值。在CiteSpace中，一个学科的研究前沿表现为涌现的施引文献群组。它从描述观点的正文和引用的参考文献两个方面来体现研究前沿的特征。具体来说，研究前沿是由形成文献共被引矩阵中的文献及其施引文献中使用的凸显词或凸显词的聚类来体现的。一个学科的知识基础是对应于研究前沿的所有前期文献集合。研究前沿和知识基础之间的关系本质上是对应的。换句话说，不提及对方，它们任一方都无法充分地定义自我。例如，同一组文献很可能作为不同研究领域的知识基础。某个研究前沿可能将以前彼此不相干的文献集中在一起以形成自己的知识基础。除了一对一的对称图谱，从科学演进或科学革命的角度看，非对称的图谱似乎更有意义。

在CiteSpace中，这样的知识基础主要是根据文献共被引聚类来体现的。以往的文献共被引网络，只能让我们看到知识基础，而看不到隐含的研究前沿。而由CiteSpace生成的多视角共引网络将使读者直接地了解这种对应关系。

（二）产业结构与能源效率

1. 外文文献研究

在web of science数据库的高级检索中采用TS = (Industrial structure AND energy intensity OR Industrial structure AND energy efficiency) 产业结构与能源效率/强度的命令进行检索，共搜索出符合条件的文献628条，保留核心合集文献共计558条，导入CiteSpace进行分析。

(1) 采用共引文献分析方法。共引文献分析可针对文献引用与被引用的情况进行反应，节点名称为某一文献的基本信息，其节点（圆圈）越大代表其被引次数越高。具体如图7-3所示。

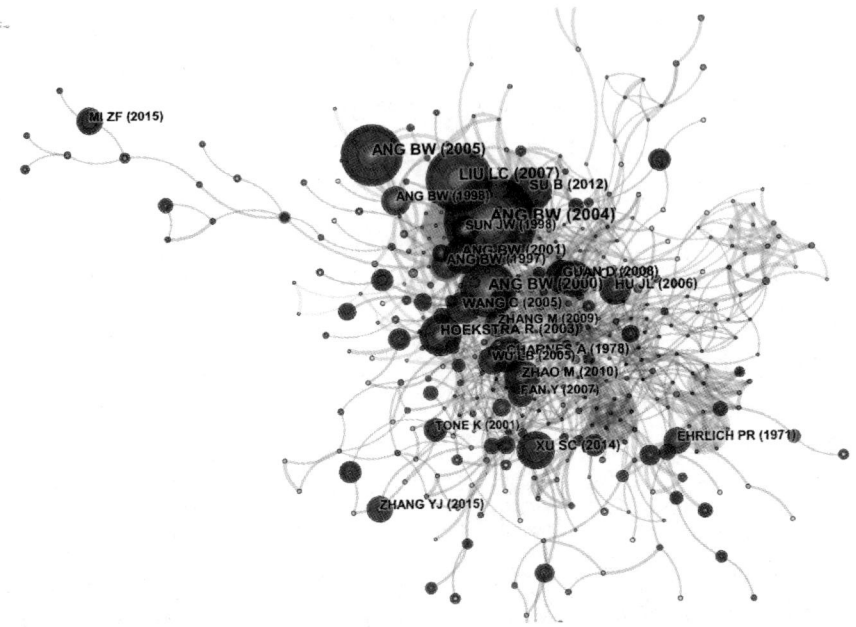

图 7-3　共引文献分析

由图 7-3 可见，在共引文献中，就被引次数而言，Ang B W 在 2004 年①和 2005 年②发表在期刊 Energy Policy 上的两篇文章被引次数分别达到 1176 次和 910 次，排名分别为第一和第三，被引频次排列第二的为 Liu L C 于 2007 年同在 Energy Policy 上发表的文章。学者 Ang B W 在这一研究方向做出较大贡献，撰写的相关论文被引数都较为靠前，2000 年的文献被引次数为 1003 次③，1998 年的文献被引次数为 897 次④，2001 年的文献被引次数为 531 次⑤。对文章进行聚类分析，结果如图 7-4 所示。

---

① Ang B W. Decomposition analysis for policymaking in energy: Which is the preferred method? [J]. Energy Policy, 2004, 32 (9): 1131-1139.

② Ang B W. The LMDI approach to decomposition analysis: A practical guide [J]. Energy Policy, 2005, 33 (7): 867-871.

③ Ang B W, Zhang F Q. A survey of index decomposition analysis in energy and environmental studies [J]. Energy, 2000, 25 (12): 1149-1176.

④ Ang B W, Zhang F Q, Choi K H. Factorizing changes in energy and environmental indicators through decomposition [J]. Energy, 1998, 23 (6): 489-495.

⑤ Ang B W, Liu F L. A new energy decomposition method: perfect in decomposition and consistent in aggregation [J]. Energy, 2001, 26 (6): 537-548.

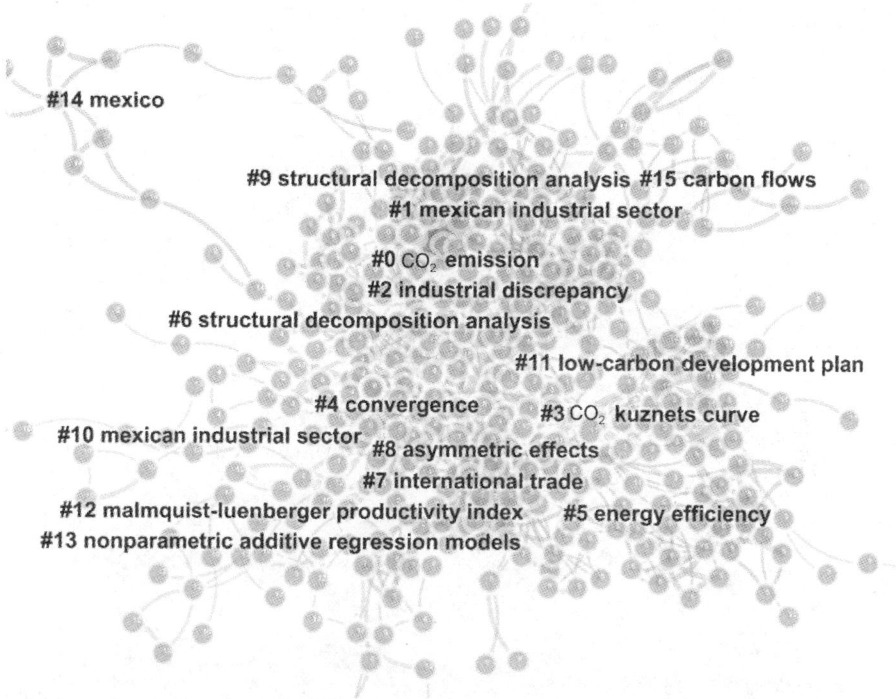

图 7-4　共引文献聚类分析

由图 7-4 可见，一共分为 14 个类别，排名靠前的领域主要有：CO_2 emission、industrial discrepancy、CO_2 kuznets curve、convergence、energy efficiency、structural decomposition analysis、international trade、asymmetric effects、Mexican industrial sector、low-carbon development plan、malmqiust-luenberger productivity index、nonparametric additive regression models、mexico 和 carbon flow；这 14 个聚类方向主要涉及的是研究的主体、方法和客体等。

（2）对关键词进行分析。对以上进入分析的 558 篇外文文献的关键词进行分析，一般每一篇论文有关键词 3~5 个，对所有的关键词进行统计分析如图 7-5 所示。

由图 7-5 可见，按照词频高低排列，CO_2 emission、energy consumption、china 分列前三名，同时 economic growth、consumption、energy efficiency 的词频也较为突出，可见经济增长、CO_2 排放是研究产业结构与能源强度/效率问题的最主要落脚点之一。同时，中国的能源效率、产业结构

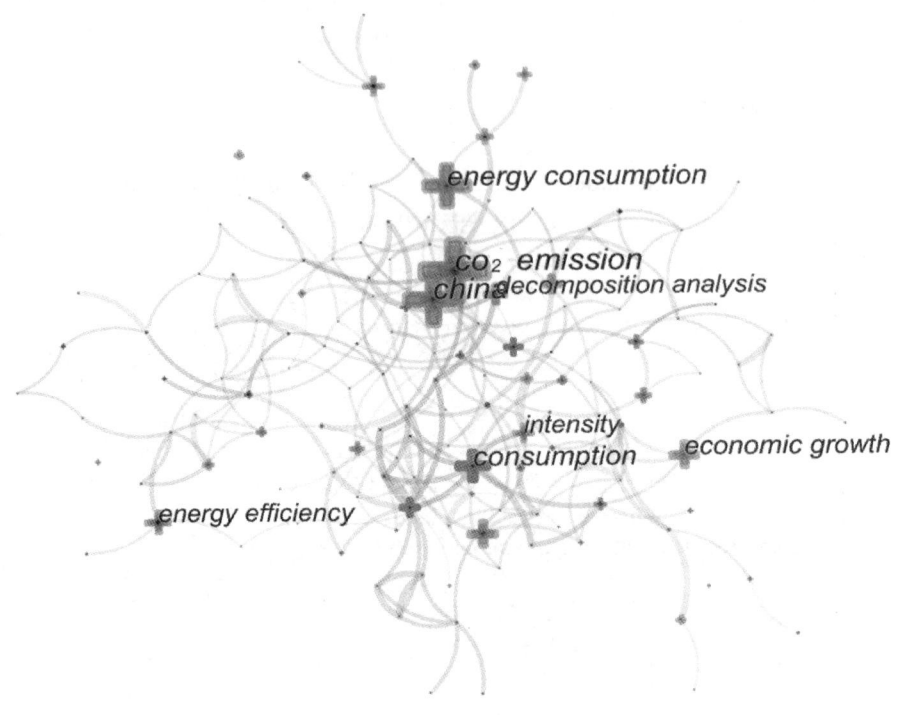

图7-5 关键词分析

和经济增长以及由此引起的 CO_2 排放引起了最多的关注。而近年来采用最多的研究方法是 decomposition analysis，即分解分析法。对关键词进行聚类分析结果如图7-6所示。

由图7-6可见，关键词的聚类结果与共引文献的分析结果差异较大，排前三位的研究方向分别为：buildings、Mexican industrial sector 和 energy usage。进行深入分析，在共引文献中所出现的关键性的聚类条目，在本图中都有所体现，但只是更加强调能源使用的经济结构、产业发展和可持续性发展以及建筑业这一关键行业，这一点在本研究中也提到过产业结构调整的最主要的产业之一就是建筑业。

2. 中文文献

在中国知网cnki数据库中进行搜索，主题为"产业结构和能源效率"或"产业结构和能源强度"的相关文献，共计746篇。根据文献的关键词进行分析如图7-7所示。

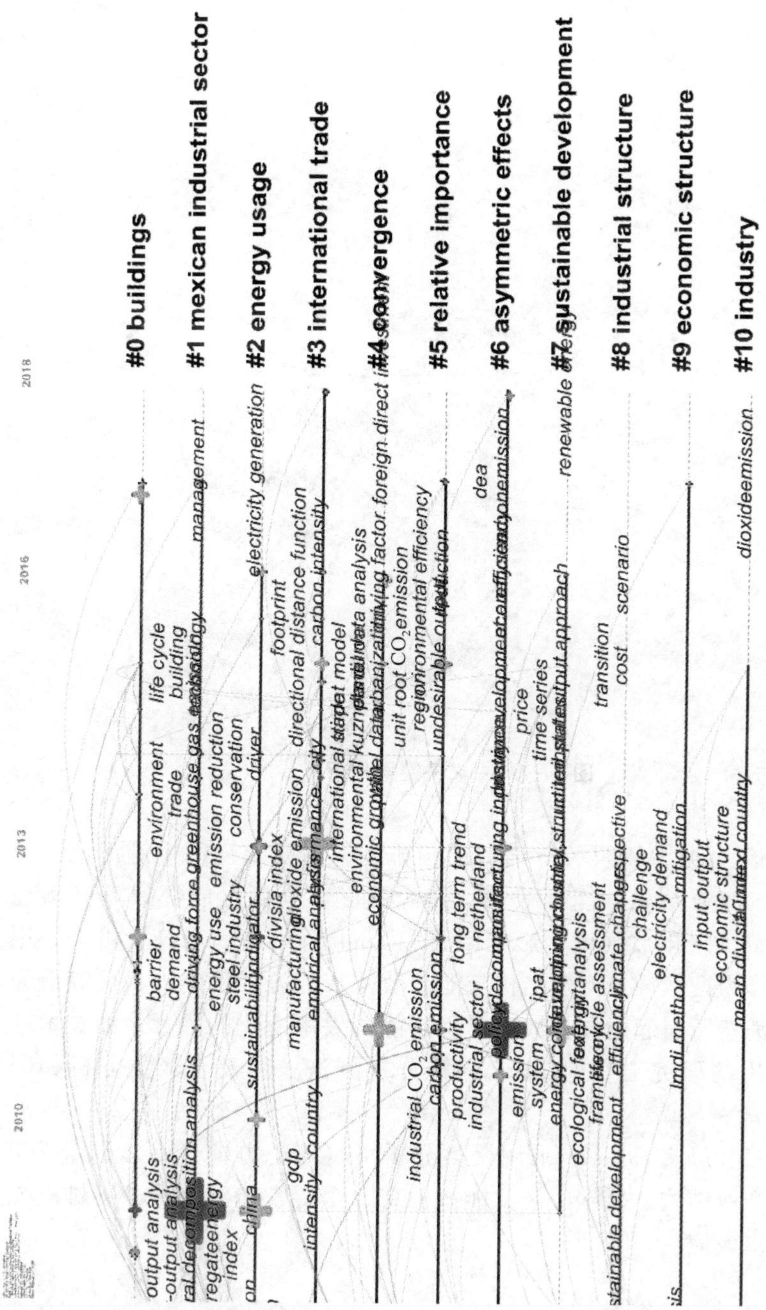

第七章 结论与展望

图 7-6 关键词聚类分析（一）

图 7-7 中文关键词分析

由图 7-7 可见,依照关键词的词频排列,主要出现的关键词依次分别为碳排放、产业结构、能源效率、能源强度、全要素能源效率低碳经济、能源消费、碳排放强度、影响因素和 Lmdi 等。进一步分析可知,用以上关键词作为搜索词:产业结构与能源效率或能源强度之外,研究最为关注的能源消费所引起的碳排放以及引起能源效率变化的因素,如技术进步;而最常用的研究方法是 Lmdi 分解分析方法。进一步聚类分析如图 7-8 所示。

由图 7-8 可见,进一步采用聚类分析可将研究方向进一步划分为 6 类,分别是产业结构、低碳经济、能源消费、全要素能源效率、碳排放强度和空间溢出效应。

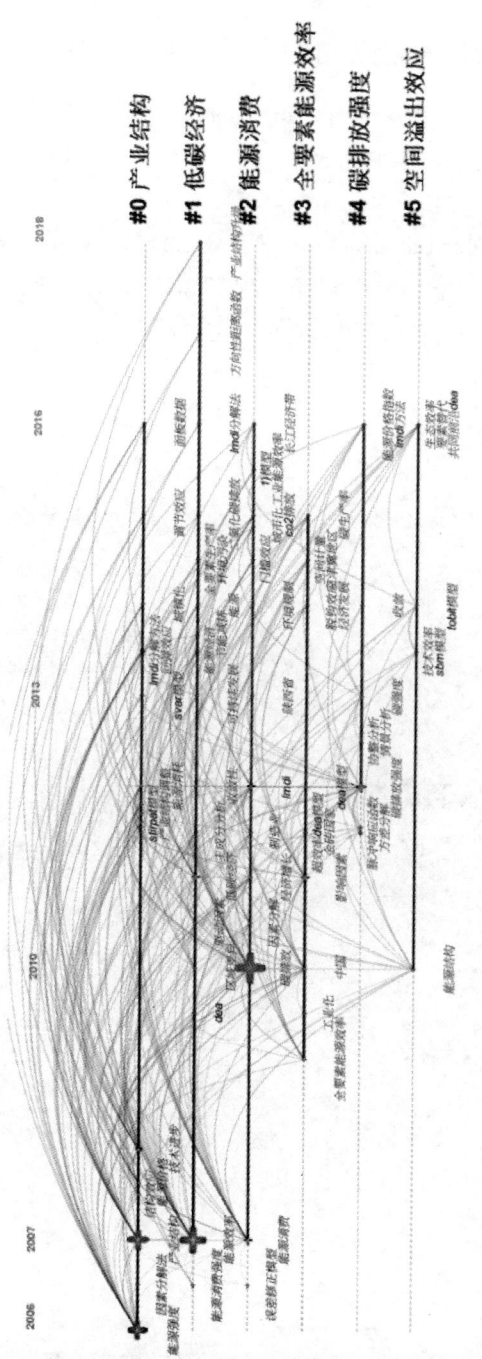

图7-8 关键词聚类分析（二）

(三) 产业结构与能源结构文献研究

依据以上的研究步骤，利用 CiteSpace 软件，下面对产业结构和能源结构的相关文献进行梳理和研究。

1. 外文文献

采用 TS =（Industrial structure AND energy structure）的命令进行检索，共搜索符合条件的文献 1300 多条，保留 wob 核心合集文献共计 977 条，导入 CiteSpace 进行分析。结果如图 7-9 所示。

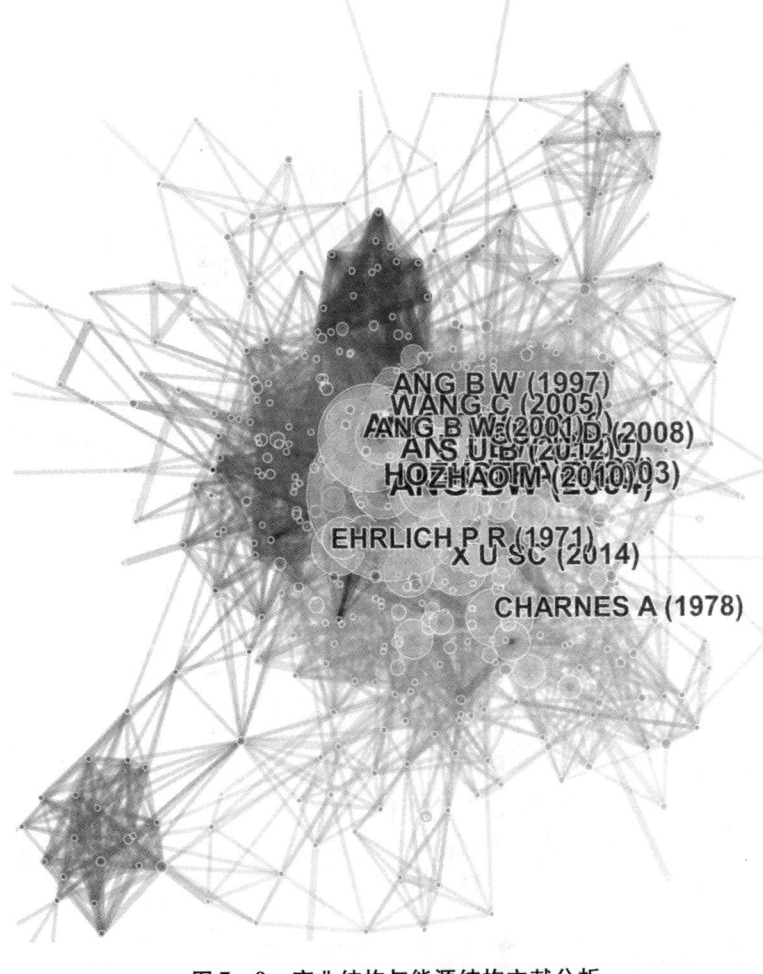

图 7-9 产业结构与能源结构文献分析

由图 7-9 可见，从文献被引的频次上看，Ang B W 的文章被引频次也基本是最高的，时间上基本可以追溯到 1971 年 Ehrlich P R 的研究成果①，被引次数为 1956 次。这也说明了，在第二次世界能源危机以后，学术界开始关注能源使用安全，注意对化石能源使用的环境影响进行研究，不可避免地，从使用安全角度要降低化石能源的使用，从供应安全的角度要依据各国的具体情况，尽量减少单一品种能源的对外依存度，对能源结构进行适度的调整，以达到国家的战略安全。下面进行聚类分析如图 7-10 所示。

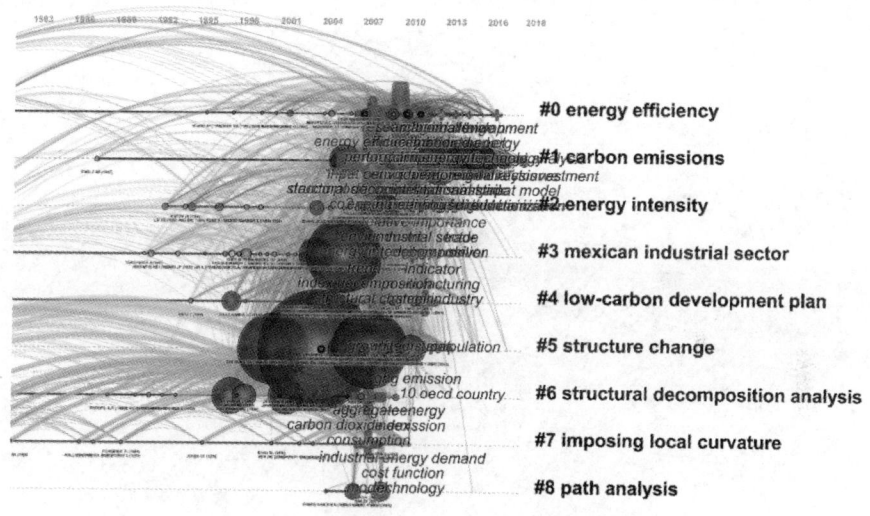

图 7-10 关键词聚类分析（三）

由图 7-10 可见，聚类分析发现主题词主要为 energy efficiency、carbon emission、energy intensity、mexican industrial sector、low-carbon development plan、structural change、structural decomposition analysis、imposing local curvature 和 path analysis，在这 9 个类别中，既包括研究的主题（产业结构、能源结构等），也包括了常使用的方法，如 structural decomposition analysis

---

① Ehrlich P R, Holdren J P. Impact of population growth. [J]. Science, 1971, 171 (3977): 1212-1217.

和 path analysis。同时可见，结构的研究是为了能源效率的提高，碳排放的减少以及低碳发展计划的承诺等。

2. 中文

在 cnki 数据库中，搜索主题为"产业结构和能源结构"的相关文献，共计 490 篇。根据关键词分析如图 7-11 所示。

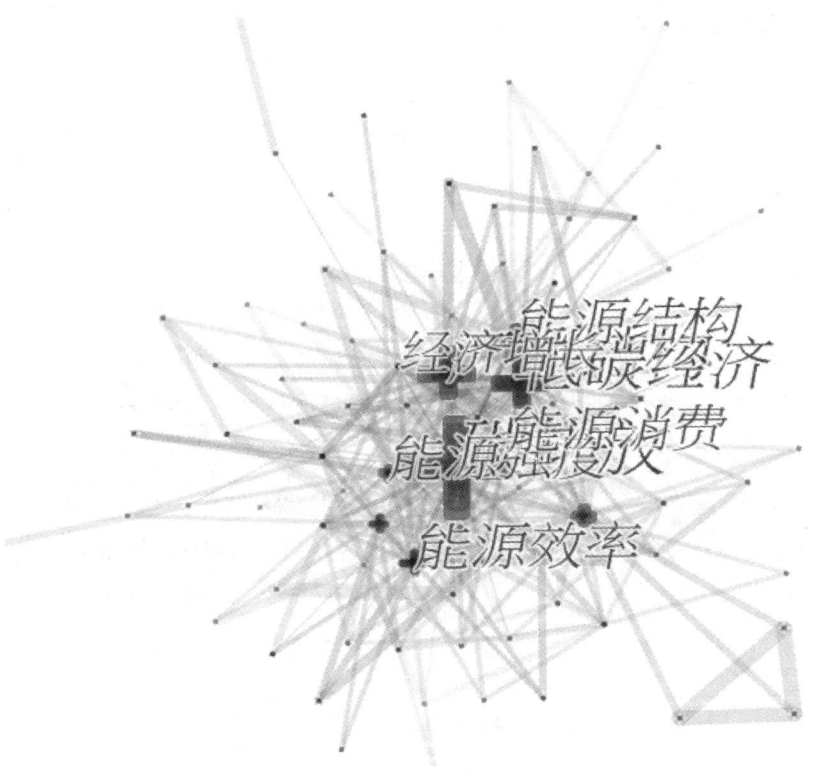

图 7-11　共引文献分析

由图 7-11 可见，依照词频排列分别为碳排放、产业结构、低碳经济、能源结构、能源效率和能源消费等。可见中文的研究重点基本与外文对应，只是在研究方法上体现得相对少一些。对关键词聚类分析结果如图 7-11 所示。

第七章 结论与展望

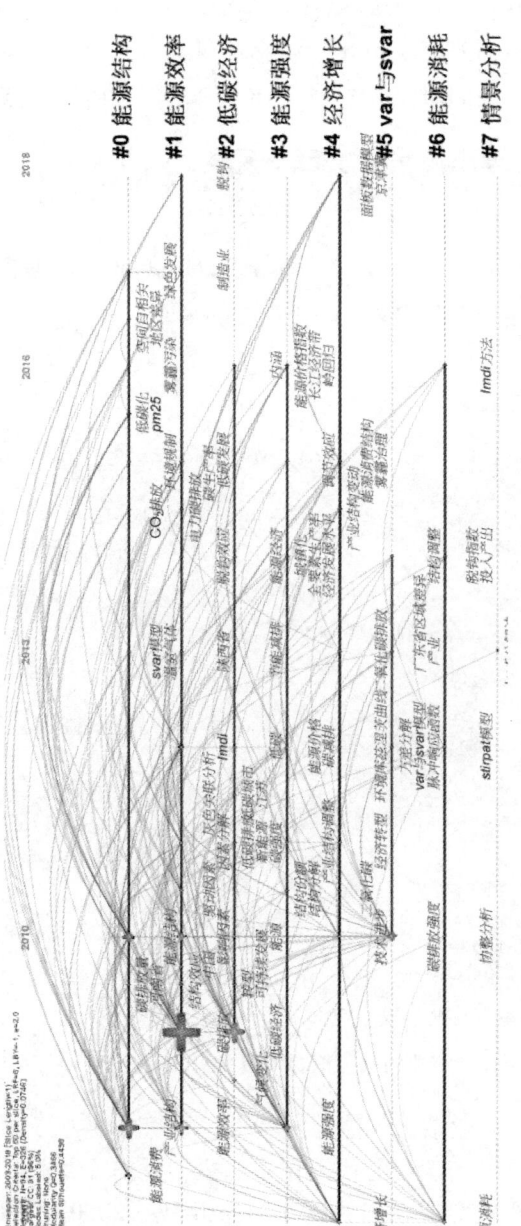

图 7-12 关键词聚类分析（四）

由图 7-12 可见,依照词频排列分别为能源结构、能源效率、低碳经济、能源强度、经济增长、VAR 与 SVAR 和情景分析 7 大类关键词。进一步分析,除检索的主题词能源结构外,在这一研究中,最为关注的还是能源效率、经济增长,主要的研究方法是 VAR 与 SVAR 和情景分析等。

(四) 产业结构与能源消费文献研究

1. 外文文献

采用 TS = (Industrial structure AND energy consumption) 的命令进行检索,保留符合条件的共计 566 条,导入 CiteSpace 进行分析。共引文献的分析结果,如图 7-13 所示。

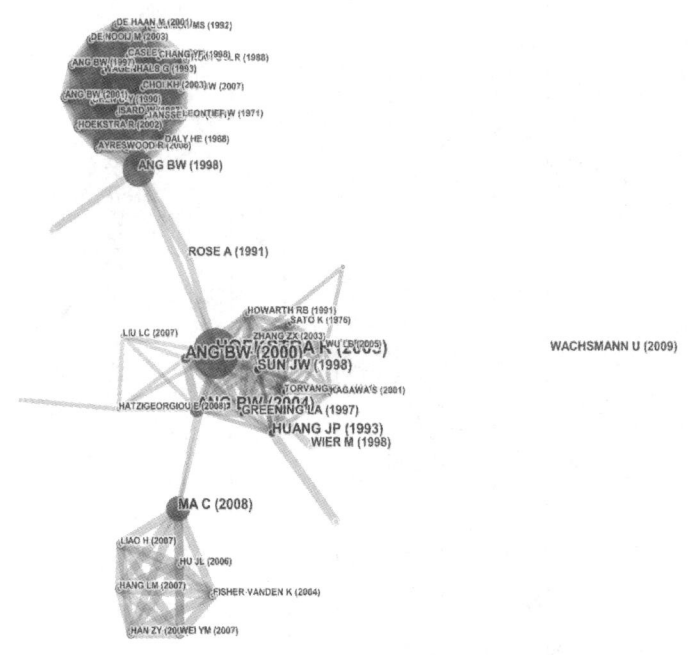

图 7-13 产业结构与能源消费共引文献分析

由图 7-13 可见,产业结构与能源消费关系研究的共引文献节点十分明晰,主要集中在几位著名学者的代表作上。主要是三个组团,一是基于 Ang B W (1998) 的研究分支,二是基于 Ang B W (2000) 的研究分支,三是基于 Ma C (2008) 的研究分支。进一步对其进行聚类如图 7-14 所示。

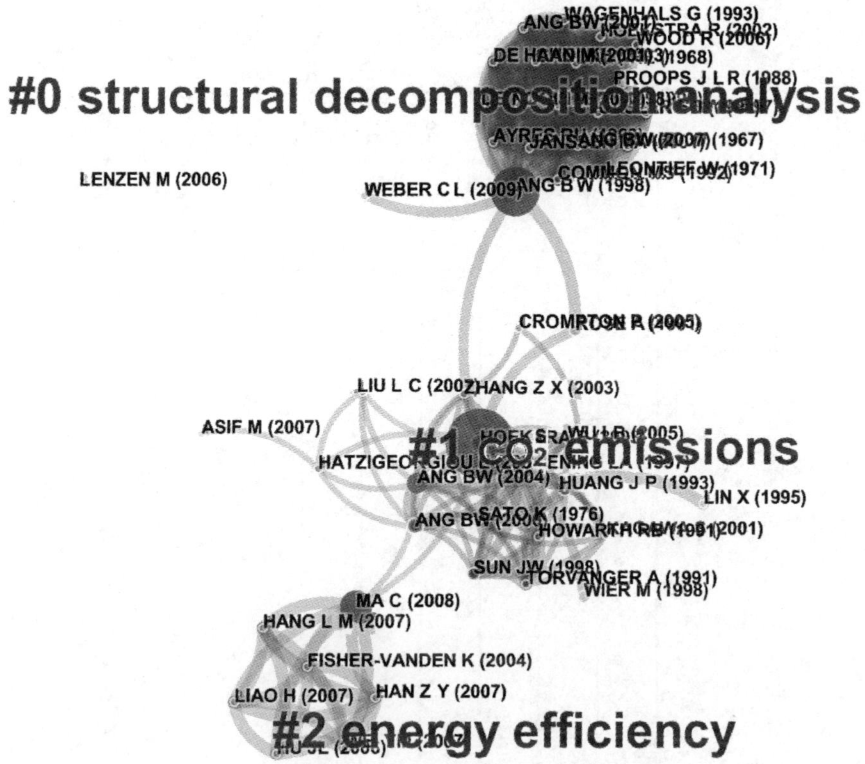

第七章 结论与展望

图 7-14 文献聚类分析

由图 7-14 可见，聚类分析结果与共引文献梳理出来的观点差别不大，关键词主要集中在 structural decomposition analysis（结构分解法）、CO_2 emission（碳排放）以及 energy efficiency（能源效率）三个方面。可见在能源消费研究中，最受关注的能源效率，被认为是最清洁的能源，也是解决能源问题和环境污染的关键，其次是能源消费引起的碳排放，减少碳排放所引起的关键行动是能源消费的减少和能源效率的提高；涉及产业结构方面主要应用的是结构分解法。

2. 中文文献

在中文的 cnki 数据库中搜索主题为"产业结构和能源消费"的相关文献，共计 871 篇。根据关键词分析，依照词频排列分别为产业结构、碳排放、能源消费能源效率和低碳经济等关键词，如图 7-15 所示。

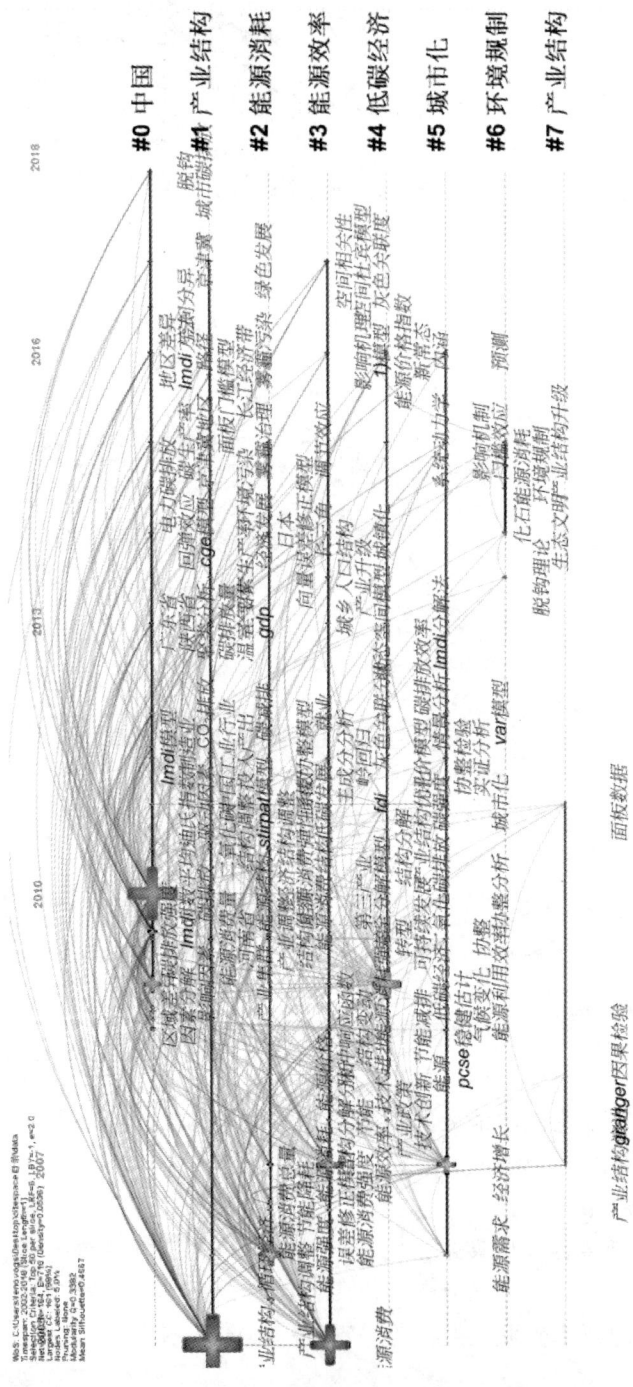

图 7-15 关键词聚类分析（五）

由图 7-15 可见，聚类分析的结果被分为八大类，第一大类为产业结构和能源消费的空间异质性研究；其他类别有产业结构、能源消耗、能源效率、低碳经济等热点问题，并开始关注中国的城市化和环境规制的影响。

（五）研究展望

由以上分析可见，在产业结构与能源消费方面，城市化、空间研究和深入更加具体的地区研究是研究的重要方向。本书主要研究了产业结构与能源效率的双向互动的关系，主要是因为能源效率被认为是解决能源环境问题的最佳良方。目前，对产业结构与能源结构以及产业结构与能源消费的研究不多。因此，未来将从以下一些方面进行进一步的研究。

1. 深入剖析城市化在产业结构与能源效率关系的影响

产业结构对能源效率的影响，在本书中重点分析了双向的互动关系，但对于发生的机制分析方面，由于我国城市化的不断推进，未来还应该进一步考虑产业结构与能源效率关系中城市化进程的影响，尤其是产城融合与城市能源效率的关系。

2. 精准模拟产业结构与能源结构及能源消费的关系

随着社会发展，可再生能源的消费量和消费比例不断提高，但鉴于社会的稳定、就业的需求、产业结构与能源结构的双向耦合关系、发生的机理以及对劳动就业的影响和相对充分就业约束下，产业结构与能源结构的变化规律将是一个研究的热点。

参考文献

[1] Arias A D, Beers C V. Energy subsidies, structure of electricity prices and technological change of energy use [J]. Energy Economics, 2013, 40 (40): 495-502.

[2] Blesl M, Kober T, Bruchof D, et al. Effects of climate and energy policy related measures and targets on the future structure of the European energy system in 2020 and beyond [J]. Energy Policy, 2010, 38 (10): 6278-6292.

[3] Bi-Ai W U, Gao J H, Chong X U. The decomposition of carbon emissions in Henan province based on the industrial structure and energy structure [J]. Economic Geography, 2010.

[4] Bilgen S. Structure and environmental impact of global energy consumption [J]. Renewable & Sustainable Energy Reviews, 2014, 38 (5): 890-902.

[5] Chambers E. Energy and Structure: A Theory of Social Power. Richard Newbold Adams [J]. American Anthropologist, 2010, 79 (2): 451-452.

[6] Chang D, Yeh L, Chen Y. The Effects of Economic Development, International Trade, Industrial Structure and Energy Demands on Sustainable Development [J]. Sustainable Development, 2015, 22 (6): 377-390.

[7] Chang W R, Hwang J J, Wu W. Environmental impact and sustainability study on biofuels for transportation applications [J]. Renewable & Sustainable Energy Reviews, 2017 (67): 277-288.

[8] Chen L J, Lu L J, Tai M Y, et al. Energy structure, energy policy and economic sustainable development [J]. International Review of Economics & Finance, 2014, 34 (C): 203-210

[9] Chi en-Chiang Lee, Chun-Ping Chang. Structural breaks, energy

consumption J and economic growth revisited – Evidence from Taiwan [J]. Energy Economics, 2005 (27): 857 –872.

[10] Cho Y, Lee J, Kim T – Y. The impact of ICT investment and energy price on industrial electricity demand: Dynamic growth model approach, Energy Policy, 2007 (35): 4730 –4738.

[11] Fisher – Vanden K, Jefferson G H, Liu H M, Tao Q. What is driving China's decline in energy intensity. Resource and Energy Economics [J]. 2014, 26 (1): 77 –97.

[12] Henderson J V. Efficiency of Resource Usage and City Size [J]. Journal of Urban Economics, 1986, 19 (1): 47 –70.

[13] Jonathan E. Sinton, Mark D. Levine. Changing energy intensity in Chinese industry: The relatively importance of structural shift and intensity change [J]. Energy Policy, 1994, 22 (3): 239 –255.

[14] Jones D W. How urbanization affects energy – use in developing countries [J]. Energy Policy, 1991, 19 (7): 621 –630.

[15] Li Minqi. Peak Energy, Climate Change and Limits to China's Economic Growth [J]. Chinese Economy, 2012, 45 (1): 45 –59.

[16] Liu W, Li H. Improving energy consumption structure: A comprehensive assessment of fossil energy subsidies reform in China [J]. Energy Policy, 2011, 39 (7): 4134 –4143.

[17] Liu Y, Zhao G, Zhao Y. An analysis of Chinese provincial carbon dioxide emission efficiencies based on energy consumption structure [J]. Energy Policy, 2016 (96): 524 –533.

[18] Mi Z F, Pan S Y, Yu H, et al. Potential impacts of industrial structure on energy consumption and CO_2, emission: A case study of Beijing [J]. Journal of Cleaner Production, 2015 (103): 455 –462.

[19] Michael Kuby, Canfei He, Barbara TrapidoLurie, et al. The Changing Structure of Energy Supply, Demand and CO_2 Emissions in China [J]. Annals of the Association of American Geographers, 2011, 101 (4): 795 –805.

[20] Murtishaw S, Schipper L. Disaggregated analysis of US energy consumption in the 1990s: Evidence of the effects of the internet and rapid economic growth [J]. Energy Policy, 2001, 29 (15): 1335 –1356.

[21] Ralf Martinabc, Laure B de Preux, Ulrich J. Wagnerf. Anatomy of a paradox: Management practices, organizational structure and energy efficiency [J]. Journal of Environmental Economics and Management, 2012, 63 (2): 208-223.

[22] Ringel M. Energy efficiency policy governance in a multi-level administration structure — evidence from Germany [J]. Energy Efficiency, 2016 (2): 1-24.

[23] Stem D I. Energy Use and Economic Growth in the USA: a Multivariate Approach [J]. Energy Economics, 1993 (15): 137-150.

[24] Talha Yalta A, Cakar Hatice. Energy consumption and economic growth in China: A reconciliation [J]. Energy Policy, 2012 (41): 512-531.

[25] Vance L, Eason T, Cabezas H. Energy sustainability: Consumption, efficiency and environmental impact [J]. Clean Technologies & Environmental Policy, 2015, 17 (7): 1-12.

[26] Vu K M. ICT as A Source of Economic Growth in the Information Age: Empirical Evidence from the 1996-2005 Period [J]. Telecommunications Policy, 2011 (35): 357-372.

[27] Yang X, Wang S, Zhang W, et al. Impacts of energy consumption, energy structure and treatment technology on SO_2, emissions: A multi-scale LMDI decomposition analysis in China [J]. Applied Energy, 2016 (184): 714-726.

[28] Yang Z, Shao S, Yang L, et al. Improvement Pathway of Energy Consumption Structure in China's Industrial Sector: From the Perspective of Directed Technical Change [J]. Energy Economics, 2018 (1): 72.

[29] Yu Eden S H, Jang C Jin. Cointegration Tests of Energy Consumption, Income, and Employment [J]. Resources and Energy, 1992, 14 (3): 259-266.

[30] Yu S, Zheng S, Ba G, et al. Can China realise its energy-savings goal by adjusting its industrial structure? [J]. Economic Systems Research, 2016, 28 (2): 1-21.

[31] Zhang D, Cao H, Zou P. Exuberance in China's renewable energy investment: Rationality, capital structure and implications with firm level evi-

dence[J]. Energy Policy, 2016 (95): 468-478.

[32] Zhao Y, Cheng H, Xi W, et al. Research on improving energy efficiency and the annual distributing structure in electricity and gas consumption by extending use of GEHP[J]. Energy Policy, 2011, 39 (9): 5192-5202.

[33] Zheng Y, Qin B. The Drive of Energy Efficiency, Structure Improvement or Technological Change? An Analysis of the Provincial Panel Data in China [J]. Journal of Accounting & Economics, 2016 (5).

[34] 安福仁, 刘峰. 运用财税政策促进能源产业结构优化[J]. 西安财经学院学报, 2013, 26 (2): 57-61.

[35] 边恕, 孙雅娜. 能源要素禀赋与俄罗斯产业结构初级化倾向研究[J]. 东北亚论坛, 2008 (4): 97-102.

[36] 柴泽阳, 杨金刚, 孙建. 产业结构对能源消费的环境门槛效应——基于长江经济带的实证分析[J]. 广西社会科学, 2016 (9): 81-86.

[37] 陈宇峰, 汤余平. 产业结构调整对缓解能源区域经济冲击的影响: 以浙江省为例[J]. 国际贸易问题, 2011 (6): 47-58.

[38] 陈晓毅. 能源价格、产业结构、技术进步与能源效率关系研究[J]. 统计与决策, 2015 (1): 120-122.

[39] 陈诗一. 节能减排、结构调整与工业发展方式转变研究[M]. 北京大学出版社, 2011.

[40] 陈首丽, 马立平. 产业结构变动对我国能源消费的影响——基于因素分解的统计分析[J]. 中国统计, 2009 (11): 52-53.

[41] 董梅生, 杨德才. 工业化、信息化、城镇化和农业现代化互动关系研究——基于VAR模型[J]. 农业技术经济, 2014 (4): 14-24.

[42] 董锋, 谭清美, 周德群, 李晓晖. 技术进步、产业结构和对外开放程度对中国能源消费量的影响——基于灰色关联分析—协整检验两步法的实证[J]. 中国人口·资源与环境, 2010, 20 (6): 22-27.

[43] 丁建勋, 罗润东. 技术进步和产业结构对能源利用效率的影响[J]. 山西财经大学学报, 2009, 31 (5): 45-51.

[44] 邓光耀, 韩君, 张忠杰. 产业结构升级、国际贸易和能源消费碳排放的动态演进[J]. 软科学, 2018, 32 (4): 35-38, 48.

[45] 东方社奇, 杨瑞霞. 中国产业结构变动与能源消费关系研究

[J]. 统计与信息论坛, 2012, 27 (2): 30-35.

[46] 樊艳云, 陈首丽. 北京产业结构调整与能源消费的灰色关联分析[J]. 山西财经大学学报, 2010, 32 (S1): 92-93.

[47] 傅京燕, 李丽莎. 环境规制、要素禀赋与产业国际竞争力的实证研究——基于中国制造业的面板数据[J]. 管理世界, 2010 (10): 87-98.

[48] 符淼. 全要素生产率和产业结构对能源利用影响的实证分析[J]. 数理统计与管理, 2008 (2): 189-196.

[49] 方时姣, 周倩玲. 产业结构、能源消费与我国雾霾的时空分布[J]. 学习与实践, 2017 (11): 49-58.

[50] 高辉, 吴昊. 区域工业能源效率差异研究——基于产业结构与技术进步的视野[J]. 贵州财经大学学报, 2014 (2): 58-64.

[51] 高志刚, 韩宇. 资源型省区产业结构调整对能源消费影响的计量分析——以新疆为例[J]. 甘肃社会科学, 2014 (2): 181-183.

[52] 眭纪刚, 智强. 产业结构调整期的创新与投资: 以新能源为例[J]. 科技进步与对策, 2011, 28 (19): 52-56.

[53] 郭雅恒, 谢德泳. 产业结构、经济增长及能源消耗的计量分析[J]. 统计与决策, 2013 (16): 102-105.

[54] 郭文. 环境规制影响区域能源效率的阈值效应[J]. 软科学, 2016, 30 (11): 61-65.

[55] 古丽娜尔·玉素甫. 能源消费结构与产业结构关系研究——以新疆为例[J]. 求索, 2008 (4): 27-29.

[56] 干春晖, 郑若谷, 余典范. 中国产业结构变迁对经济增长和波动的影响[J]. 经济研究, 2011, 46 (5): 4-16, 31.

[57] 贺建林, 李慢. 湖南省产业结构变动与能源消费的关系研究——基于经济减物质化的分析[J]. 湘潭大学学报(哲学社会科学版), 2011 (3505): 82-86.

[58] 何建坤, 张希良. 我国产业结构变化对GDP能源强度上升的影响及趋势分析[J]. 环境保护, 2005 (12): 37-41.

[59] 胡剑锋. 信息化资本对能源强度的影响研究——基于我国省际面板数据的实证分析[J]. 中国经济问题, 2010 (4): 26-32.

[60] 何晓萍. 中国工业的节能潜力及影响因素[J]. 金融研究, 2011

(10).

[61] 黄芳,江可申.中国能源结构、产业结构与碳强度的动态关系——基于VAR模型的实证研究[J].技术经济,2013,32(3):100-104.

[62] 江洪,赵宝福.碳排放约束下能源效率与产业结构解构、空间分布及耦合分析[J].资源科学,2015,37(1):152-162.

[63] 江洪,赵宝福.低碳视角下能源效率变动与产业结构演进非线性动态关系——基于1990~2012年面板数据[J].经济问题探索,2015(7):68-76.

[64] 姜磊,季民河.基于空间异质性的中国能源消费强度研究——资源禀赋、产业结构、技术进步和市场调节机制的视角[J].产业经济研究,2011(4):61-70.

[65] 蒋秀兰,沈志渔.产业结构对能源消耗的影响——以河北省为例[J].南方经济,2016(3):54-67.

[66] 纪玉俊,赵娜.产业结构变动、地区市场化水平与能源消费[J].软科学,2017,31(5):16-20.

[67] 靖学青.城镇化进程与西部地区能源强度——基于1996~2011年省级面板数据的实证分析[J].中国人口·资源与环境,2014,24(11):261-264.

[68] 梁广华.基于能源边际产出的中国产业结构调整研究[J].统计与信息论坛,2009,24(7):63-66.

[69] 梁日忠.上海市经济增长与能源结构、产业结构关联状况的评价研究[J].华东经济管理,2014,28(1):42-46.

[70] 林伯强,孙传旺.如何在保障中国经济增长前提下完成碳减排目标[J].中国社会科学,2011(9).

[71] 李标,宋长旭,吴贾,吴波.中国新四化对能源强度的影响[J].资源科学,2017,39(8):1444-1456.

[72] 李标,吴贾,陈姝兴.城镇化、工业化、信息化与中国的能源强度[J].中国人口·资源与环境,2015,25(8):69-76.

[73] 李金铠.产业结构对能源消费的影响及实证分析:基于面板数据模型[J].统计与信息论坛,2008(10):30-35.

[74] 李霞,文琦,杨瑞兰.能源开发区产业结构演变的环境效应分

析——以榆林市为例[J]. 经济地理, 2016, 36 (8): 127-133, 141.

[75] 李春霄, 王晓娟, 何珊. 产业结构合理化对全要素能源效率的影响研究——一个非径向DEA模型分析框架[J]. 工业技术经济, 2017, 36 (5): 147-155.

[76] 李应振, 李玉举. 加快形成能源节约型产业结构[J]. 宏观经济管理, 2008 (9): 44-46.

[77] 李世奇, 朱平芳. 产业结构调整与能源消费变动对大气污染的影响——基于上海投入产出表的实证分析[J]. 上海经济研究, 2017 (6): 82-89.

[78] 李海明. 广东省农业机械化对广东农业生产的影响[J]. 吉林农业大学学报, 2010, 32 (5): 575-578.

[79] 李科. 中国产业结构对全要素能源效率的阈值效应分析[J]. 管理学报, 2013, 10 (11): 1671-1680.

[80] 李姝, 姜春海. 战略性新兴产业主导的产业结构调整对能源消费影响分析[J]. 宏观经济研究, 2011 (1): 36-40, 49.

[81] 吕明元, 陈维宣. 中国产业结构升级对能源效率的影响研究——基于1978~2013年数据[J]. 资源科学, 2016, 38 (7): 1350-1362.

[82] 雷鸣, 杨昌明, 王丹丹. 中国经济增长中能源尾效约束的计量分析[J]. 能源技术与管理, 2007 (5).

[83] 雷鸣. 日本与德国新能源产业结构转型的比较分析[J]. 现代日本经济, 2013 (1): 79-86.

[84] 路正南. 产业结构调整对我国能源消费影响的实证分析[J]. 数量经济技术经济研究, 1999 (12): 53-55.

[85] 刘满平. 我国产业结构调整与能源协调发展[J]. 宏观经济管理, 2006 (2): 24-27.

[86] 刘赢时, 田银华, 罗迎. 产业结构升级、能源效率与绿色全要素生产率[J]. 财经理论与实践, 2018, 39 (1): 118-126.

[87] 刘亚清, 闫洪举. 基于环渤海地区的产业结构调整的能源消费效应分析[J]. 系统工程, 2018, 36 (2): 121-129.

[88] 刘凤朝, 孙玉涛. 技术创新、产业结构调整对能源消费影响的实证分析[J]. 中国人口·资源与环境, 2008 (3): 108-113.

[89] 刘媛媛, 孙慧, 张娜娜. 石油、天然气能源产业集聚与区域产

业结构优化——以新疆为例的研究[J].经济管理,2013,35(2):29-40.

[90] 刘冰,孙华臣.能源消费总量控制政策对产业结构调整的门槛效应及现实影响[J].中国人口·资源与环境,2015,25(11):75-81.

[91] 刘小军,涂俊.天津市产业结构与能源消费强度分析[J].城市问题,2011(7):43-48.

[92] 刘爱东,刘文静.新贸易保护主义背景下中国能源产业结构优化升级研究——以光伏产业"双反"为例[J].科技进步与对策,2013,30(23):130-133.

[93] 刘爱东,刘文静.中国新能源产业结构优化升级的思考——以光伏产业"两型"市场驱动产业系统的构建为例[J].东岳论丛,2014,35(3):142-146.

[94] 刘佳骏,董锁成,李宇.产业结构对区域能源效率贡献的空间分析——以中国大陆31省(市、自治区)为例[J].自然资源学报,2011,26(12):1999-2011.

[95] 刘鹤,刘毅,许旭.黄河中上游能源化工区产业结构的演进特征及机理[J].经济地理,2010,30(10):1657-1663.

[96] 马远,徐俐俐.工业化与城镇化对能源强度的影响研究——基于新疆面板数据的FGLS和SYS-GMM的实证分析[J].生态经济,2017,33(7):66-70.

[97] 马立平,陈首丽.产业结构变化对我国能源消费的动态冲击分析[J].统计与决策,2010(8):117-119.

[98] 马晓微,石秀庆,王颖慧,廖华.中国产业结构变化对能源强度的影响[J].资源科学,2017,39(12):2299-2309.

[99] 聂永有,尹应凯.后工业化初期的能源、环境与产业结构优化升级问题研究——以上海为例的分析[J].学术研究,2013(3):71-76.

[100] 欧晓万.能源消费对产业结构调整的长期与短期约束[J].统计与决策,2007(14):68-71.

[101] 彭源贤,张光明.中国能源消费效率提高因素分析:1995~2003——产业结构和真实效率,谁更重要[J].生产力研究,2007(10):98-99.

[102] 漆雁斌,毛婷婷,殷凌霄.能源紧张情况下的低碳农业发展问

题分析[J]. 农业技术经济, 2010 (3): 106 – 115.

[103] 冉启英. 产业结构与能源效率的协整分析——基于新疆的实证研究[J]. 生产力研究, 2010 (2): 187 – 189.

[104] 苏屹, 王璐, 张赟. 基于改进灰色关联的能源消耗与产业结构分析[J]. 管理现代化, 2016, 36 (3): 19 – 22, 46.

[105] 石秀华, 刘伦. 中国地区能源消费与产业结构的关系研究[J]. 中国地质大学学报 (社会科学版), 2014, 14 (6): 39 – 47.

[106] 宋炜, 周勇. 城镇化、收入差距与全要素能源效率——基于2000~2014年省级面板数据的经验分析[J]. 经济问题探索, 2016 (10): 28 – 35.

[107] 宋涛, 董冠鹏, 唐志鹏, 陈明星, 胡志丁, 梁宜. 能源—环境—就业三重约束下的京津冀产业结构优化[J]. 地理研究, 2017, 36 (11): 2184 – 2196.

[108] 史丹, 张金隆. 产业结构变动对能源消费的影响[J]. 经济理论与经济管理, 2003 (8): 30 – 32.

[109] 史丹. 产业结构变动对能源消费需求的影响[J]. 数量经济技术经济研究, 1999 (12): 50 – 52.

[110] 帅通, 袁雯. 上海市产业结构和能源结构的变动对碳排放的影响及应对策略[J]. 长江流域资源与环境, 2009, 18 (10): 885 – 889.

[111] 时乐乐, 赵军. 环境规制、技术创新与产业结构升级[J]. 科研管理, 2018, 39 (1): 119 – 125.

[112] 唐晓华, 刘相锋. 能源强度与中国制造业产业结构优化实证[J]. 中国人口·资源与环境, 2016, 26 (10): 78 – 85.

[113] 唐志鹏, 刘卫东, 付承伟, 武红. 能源约束视角下北京市产业结构的优化模拟与演进分析[J]. 资源科学, 2012, 34 (1): 29 – 34.

[114] 田泽, 黄萌萌. 长江经济带终端能源消费碳减排效率与产业结构耦合分析[J]. 安徽师范大学学报 (人文社会科学版), 2018, 46 (1): 92 – 100.

[115] 陶长琪, 李翠, 王夏欢. 环境规制对全要素能源效率的作用效应与能源消费结构演变的适配关系研究[J]. 中国人口·资源与环境, 2018, 28 (4): 98 – 108.

[116] 王丹枫. 我国能源利用效率、经济增长及产业结构调整的区域

特征——基于1995~2007年31个省域数据的分位点回归分析[J].财经研究,2010,36(7):104-113.

[117] 王珂英,张鸿武.城镇化与工业化对能源强度影响的实证研究——基于截面相关和异质性回归系数的非平衡面板数据模型[J].中国人口·资源与环境,2016,26(6):122-129.

[118] 汪小英,沈镭,成金华,林语秋.中国产业结构与能源消费结构的协同度量分析[J].统计与决策,2016(14):113-117.

[119] 王韶华.基于低碳经济的能源结构和产业结构协调度评价研究[J].工业技术经济,2013,32(10):55-63.

[120] 王韶华,张伟.基于能源强度和经济增长目标的京津冀产业结构优化研究[J].中国科技论坛,2018(7):88-96.

[121] 王瑞杰,孙鹤.云南省农业机械化对农业产值影响的比较分析[J].农机化研究,2004(3):57-60.

[122] 文淑惠,王海婷,禤巨能.云南省产业结构调整的能源消费效应及碳排放分析[J].学术探索,2012,03:74-77.

[123] 吴彼爱,高建华,徐冲.基于产业结构和能源结构的河南省碳排放分解分析[J].经济地理,2010,30(11):1902-1907.

[124] 吴伟,关新.区域能源产业结构调整的评价体系和模型构建研究[J].生态经济,2014,30(12):37-41.

[125] 吴伟,关新.低碳经济下区域能源产业结构调整的评价模型构建研究[J].经济问题探索,2014(8):43-48.

[126] 吴海兵,肖地楚,王欣欣,邹安全,王建平.基于固定效应模型的能源资源禀赋与产业结构关系研究[J].宏观经济研究,2013(10):59-66.

[127] 谢康,肖静华,周先波,乌家培.中国工业化与信息化融合质量:理论与实证[J].经济研究,2012,47(1):4-16,30.

[128] 徐成龙.环境规制下产业结构调整及其生态效应研究[D].山东师范大学博士学位论文,2015.

[129] 许涤龙,钟雄,汤智斌.产业结构对能源消耗与经济增长的协同影响分析[J].经济问题,2012(6):19-24.

[130] 徐丽娜,赵涛,刘广为,孙金帅.中国能源强度变动与能源结构、产业结构的动态效应分析[J].经济问题探索,2013(7):40-44.

[131] 徐卓顺. 东北三省能源效率与产业结构耦合协调度测度[J]. 城市问题, 2015 (10): 63-68.

[132] 徐盈之, 张全振. 能源消耗与产业结构调整: 基于投入产出模型的研究[J]. 南京师大学报(社会科学版), 2012 (1): 66-71.

[133] 颜文燕, 胡文峰. 基于产业结构和能源视角的浙江省经济增长的实证分析[J]. 数理统计与管理, 2008 (4): 593-599.

[134] 杨大光, 刘嘉夫. 中国碳金融对产业结构和能源消费结构的影响——基于CDM视角的实证研究[J]. 吉林大学社会科学学报, 2012, 52 (5): 98-105.

[135] 杨洁, 刘运材. 促进"两型"试验区产业结构升级的能源价格改革研究——以长株潭为例[J]. 湖南社会科学, 2012 (6): 141-143.

[136] 杨洋, 王非, 李国平. 能源价格、产业结构、技术进步与我国能源强度的实证检验[J]. 统计与决策, 2008 (11): 103-105.

[137] 尹敬东, 代秀梅. 单位GDP能源消耗与产业结构特征——来自江苏的证据[J]. 产业经济研究, 2009 (5): 67-73.

[138] 尹硕, 张耀辉, 燕景. 中国产业结构、能源效率与能源消费的动态关系——基于协整与VECM的实证研究[J]. 华东经济管理, 2014, 28 (7): 53-56, 80.

[139] 于斌斌. 产业结构调整如何提高地区能源效率?——基于幅度与质量双维度的实证考察[J]. 财经研究, 2017, 43 (1): 86-97.

[140] 尤济红, 高志刚. 政府环境规制对能源效率影响的实证研究——以新疆为例[J]. 资源科学, 2013, 35 (6): 1211-1219.

[141] 余泳泽, 杜晓芬. 技术进步、产业结构与能源效率——基于省域数据的空间面板计量分析[J]. 产业经济评论, 2011 (4).

[142] 原毅军, 谢荣辉. 环境规制的产业结构调整效应研究——基于中国省际面板数据的实证检验[J]. 中国工业经济, 2014 (8): 57-69.

[143] 叶彬, 杨敏, 李方一, 王宝. 能源约束下安徽省产业结构优化目标与对策研究[J]. 华东经济管理, 2017, 31 (3): 21-27.

[144] 张传平, 高伟, 赵亚楠. 山东省能源消费、产业结构和经济发展关系实证研究[J]. 华东经济管理, 2014, 28 (4): 23-26.

[145] 张华, 王玲, 魏晓平. 能源的"波特假说"效应存在吗?[J]. 中国人口·资源与环境, 2014, 24 (11): 33-41.

[146] 张丽峰. 我国产业结构、能源结构和碳排放关系研究[J]. 干旱区资源与环境, 2011, 25 (5): 1-7.

[147] 张路蓬, 苏屹, 刘晓静. 基于灰色关联的能源消耗与产业结构调整分析[J]. 统计与决策, 2011 (15): 122-125.

[148] 张意翔, 孙涵. 我国能源消费误差修正模型研究——基于产业结构重型化视角的实证分析[J]. 中国人口·资源与环境, 2008 (1): 74-78.

[149] 张意翔, 刘捷, 成金华. 我国能源效率变化趋势及调整政策——基于产业结构重型化视角的实证分析[J]. 管理学报, 2009, 6 (6): 818-822.

[150] 张毅, 张恒奇, 欧阳斌, 达亚彬. 绿色低碳交通与产业结构的关联分析及能源强度的趋势预测[J]. 中国人口·资源与环境, 2014, 24 (3): 5-9.

[151] 张瑞, 丁日佳, 尹岚岚. 中国产业结构变动对能源强度的影响[J]. 统计与决策, 2007 (10): 73-74.

[152] 张唯实. 能源效率、产业结构与我国区域经济发展[J]. 山西财经大学学报, 2010, 32 (7): 63-69.

[153] 张文玺. 中日韩 GDP、人口、产业结构对能源消费的影响研究[J]. 中国人口·资源与环境, 2013, 23 (5): 125-134.

[154] 张一清, 刘传庚. 基于能源优化配置的我国第二产业结构调整研究[J]. 中国海洋大学学报 (社会科学版), 2014 (1): 80-85.

[155] 张勇, 蒲勇健. 产业结构变迁及其对能源强度的影响[J]. 产业经济研究, 2015 (2): 15-22, 67.

[156] 张元元, 王琴梅. 能源消耗与陕西省产业结构关系的实证研究[J]. 经济与管理, 2011, 25 (9): 79-83.

[157] 张宗益, 陈夕红, 吴俊, 张国荣. 产业结构调整、能源要素流动与能源生产率增长——基于结构红利假说的实证分析[J]. 管理工程学报, 2014, 28 (2): 174-181.

[158] 张伟, 朱启贵, 高辉. 产业结构升级、能源结构优化与产业体系低碳化发展[J]. 经济研究, 2016, 51 (12): 62-75.

[159] 张丽峰. 中国经济增长、产业结构对能源消费影响分析[J]. 经济问题探索, 2008 (5): 1-6.

[160] 周仁, 王新华. 能源利用率与区域经济发展、产业结构实证分析[J]. 统计与决策, 2017 (22): 139-142.

[161] 周江, 李颖嘉. 中国能源消费结构与产业结构关系分析[J]. 求索, 2011 (12): 42-44.

[162] 周肖肖, 丰超, 魏晓平. 能源效率、产业结构与经济增长——基于匹配视角的实证研究[J]. 经济与管理研究, 2015, 36 (5): 13-21.

[163] 周明磊, 任荣明. 产业结构高级化与能源制约[J]. 中国科技论坛, 2011 (2): 105-111.

[164] 周少甫, 王亚南. 中国工业化、城镇化对能源强度的影响——基于动态面板数据模型的研究[J]. 生态经济, 2015, 31 (2): 75-79.

[165] 周密, 刘伟. 我国能源产业与产业结构相关性研究——基于改革开放三十年发展历程[J]. 江淮论坛, 2009 (5): 48-55.

[166] 周茜, 胡慧源. 中国经济发展与环境质量之困——基于产业结构和能源结构视角[J]. 科技管理研究, 2014, 34 (22): 231-236.

[167] 郑丽琳, 朱启贵. 能源环境约束下垂直技术进步、产业结构变迁与经济可持续增长[J]. 财经研究, 2013, 39 (7): 49-60.

[168] 赵涛, 时洪功. 能源结构和产业结构对能源强度的冲击效应和贡献度研究[J]. 干旱区资源与环境, 2013, 27 (12): 1-6.

[169] 朱胜清, 曹卫东, 罗健, 蒋晓威, 唐云云. 我国能源效率对产业结构演变响应的区域差异研究[J]. 人文地理, 2013, 28 (6): 118-125.

[170] 臧爽. 能源约束下日本产业结构调整的行政机制的效果及其特点——以第一次石油危机为例[J]. 学术论坛, 2013, 36 (9): 127-130, 134.